PROGRAMA

Consejo de dirección:

MARCELO CAMPAGNO   (Universidad de Buenos Aires-CONICET);

JULIÁN GALLEGO   (Universidad de Buenos Aires-CONICET);

CARLOS GARCÍA MAC GAW   (Universidad Nacional de La Plata-Universidad de Buenos Aires).

Comité asesor externo:

JEAN ANDREAU   (École des Hautes Études en Sciences Sociales, París);

JOSEP CERVELLÓ AUTUORI   (Universidad Autónoma de Barcelona, España);

CÉSAR FORNIS   (Universidad de Sevilla, España);

ANTONIO GONZALÈS   (Université de Franche-Comté, Francia);

ANA IRIARTE   (Universidad del País Vasco, España);

PEDRO LÓPEZ BARJA   (Universidad de Santiago de Compostela, España);

ANTONIO LOPRIENO   (Universidad de Basilea, Suiza);

FRANCISCO MARSHALL   (Universidade Federal de Rio Grande do Sul, Brasil);

DOMINGO PLÁCIDO   (Universidad Complutense de Madrid, España).

Colección

Pefscea

Estudios del Mediterráneo Antiguo

Edición: Primera. Abril 2024
Lugar de edición: Barcelona / Buenos Aires
ISBN: 978-84-18095-74-0
E-ISBN: 978-84-18095-75-7
Depósito legal: M-

Código Thema: NHC (Ancient history)
NHD (European history)
NHTB (Social and cultural history)

Código Bisac: ART015060 (History / Ancient & Classical)
HIS002000 (Ancient / General)
HIS054000 (Social History)

Imagen de portada: Imagen del *Vidal Mayor*, *In excelsis Dei Thesauris o Compilatio maior* o *Fuero de Aragón* (1247-1252)

Diseño gráfico general: Gerardo Miño
Armado y composición: Eduardo Rosende

E-mail: info@minoydavila.com
web: www.minoydavila.com
redes sociales: @MyDeditores, www.facebook.com/MinoyDavila

ELENORA DELL ÉLICINE y PAOLA MICELI (comps.)

NORMA, LEY Y CONFLICTO EN SOCIEDADES PREMODERNAS

**Diálogos entre la filosofía
y la historia sobre la ley y el conflicto**

Estudios del Mediterráneo Antiguo / **PEFSCEA Nº 30**

ÍNDICE

TERCERA SECCIÓN:
LA LEY Y SU OTRO

INTRODUCCIÓN

EN EL OJO DE LA HISTORIA Y DE LA FILOSOFÍA: LA LEY Y SU UNIVOCIDAD MÚLTIPLE

Eleonora Dell' Elicine
Universidad Nacional de General Sarmiento
Universidad de Buenos Aires

Paola Miceli
Universidad Nacional de General Sarmiento

"Ante la ley", el clásico cuento de Kafka, muestra la potencia simbólica que ésta detenta en nuestra sociedad monista contemporánea: aun estando abierta la puerta de la ley, el campesino no se anima a entrar. En su libro *Prejuicios. La lectura de Kafka y Ante la ley,* Derrida plantea que entrar en relación con la ley, con eso que dice «Tú debes» y «Tú no debes», es actuar como si ella no tuviera historia y, al mismo tiempo, es dejarse fascinar, provocar, apostrofar por la historia de esta no-historia (Derrida 2002). Precisamente uno de los propósitos fundamentales de este libro es historizar, es decir desnaturalizar, el pensamiento acerca de la ley y la dinámica entre ley, conflicto y orden social.

Volver la mirada a las sociedades premodernas resulta una condición estratégica para advertir la naturaleza histórica de los modos de pensar y poner en circulación la ley, no sólo en lo que concierne al ámbito jurídico sino también en lo referente al pensamiento político. A diferencia de nuestra sociedad contemporánea –en la que existe una fuerte preponderancia del derecho positivo avanzando sobre otros fueros, y en la cual las normas emanan de una fuente única–, las sociedades premodernas se basaban en una diversidad de planos y fuentes normativas que articulaban además el "derecho divino" y el "derecho positivo", mostrando una lógica radicalmente diferente a la contemporánea.

Ahora bien, considerar a la ley bajo la idea del "Tú debes"-"Tú no debes" es desestimar su dimensión agónica por completo. Humfress en parte ha planteado la necesidad de entender la ley en las sociedades premodernas como *proceso social* (Humfress

2013): ciertamente la especialista británica enfatizó la idea de la ley como trabajo que movilizaba a una pluralidad de actores e instituciones a lo largo de los muchos niveles que implicaba su puesta en práctica. Esta pluralidad de instancias participantes, según Humfress, era lo que otorgaba a la ley su verdadera dimensión social, infundiéndole un carácter abierto y procesual, jamás confinado al hierro de la letra. Asimismo, el conflicto, lejos de representar lo opuesto a la norma y a la ley, resultaba –como ya hace varios años ha propuesto Patrick Geary– un escenario que permitía definir los límites de los grupos sociales, estructurar clientelas o redes vasalláticas, etc. (Geary 1986). Más aun, un conflicto genera nuevos grupos y nuevas alianzas; cada conflicto pone en tela de juicio las jerarquías existentes y lazos sociales que necesitan ser reafirmados o reelaborados.

Bajo esta idea se organizaron en la Universidad Nacional de General Sarmiento, las II Jornadas interdisciplinares de Historia y Filosofía "Norma, ley y conflicto entre la Edad Antigua a la Edad Moderna".[1] El encuentro se proponía un objetivo doble: por un lado, reflexionar acerca de las múltiples dimensiones que involucraban la relación entre norma y conflicto en las sociedades estudiadas; por otro lado, identificar ejes, abordajes y materiales compartidos por la Filosofía y la Historia, extrañamente desacostumbradas al diálogo colaborativo. Los artículos compilados aquí son la concreción de los debates del movilizante encuentro realizado en 2021.

Como el lector tendrá ocasión de constatar, los trabajos aquí reunidos comparten la tesis de la ley como proceso social: por ejemplo, la propia norma como campo en el que se encuentran fuerzas en pugna (Pairo y Requena), o como ocasión de cálculo entre diversos actores (Francisco, Miceli, Dell' Elicine, Morin). Este enfoque sigue aun liberando novedad, en la medida en que deconstruye la oposición entre la ley formulada y la ley practicada, y permite pensar a ambas instancias como jalones, estaciones necesarias de una actividad normativa en permanente recreación.

---

1 El evento fue financiado por la Universidad Nacional de General Sarmiento en el marco de los proyectos UNGS "Norma, ley y Conflicto en la Antigüedad y Temprana Modernidad" dirigido por la Dra. Eleonora Dell' Elicine, "La irrupción del concepto de *natura* en el discurso político y científico del medioevo tardío y la temprana modernidad" dirigido por la Dra. Jazmin Ferreyro; y el Programa de Investigación "Pensar el Estado en las Sociedades Precapitalistas" dirigido por la Dra. Paola Miceli.

Profundizando las definiciones de Humfress, el presente volumen incorpora además otras dimensiones al análisis de la actividad normativa en las sociedades premodernas: el hecho, por ejemplo, de que en ellas la ley movilizara una concepción social del mundo (Ferreiro, Spangenberg, Paul), que buscara un encadenamiento lógico (Arroche), que apelara al contrapunto entre ideas provenientes de distintas tradiciones (Barrionuevo, Morin), que supusiera una estrategia en el territorio (Dell' Elicine) o se pusiera en movimiento a partir de objetos o lugares (Francisco). Leído en clave global, en síntesis, este libro da cuenta de un proceso social expansivo que involucra actores, instituciones, espacialidades, prácticas y tradiciones asombrosamente heterogéneas.

Este enfoque dinámico de la actividad normativa permite dar cuenta de la capacidad activa de construcción de lazos sociales que presenta el conflicto. La pesquisa judicial analizada en el artículo de Miceli entre el Monasterio de Sahagún y el consejo de la Villa de Grajal en la región de León, por ejemplo, muestra las configuraciones subjetivas que se delinean en el mismo proceso judicial y la construcción de redes de alianzas entre los distintos agentes. En este caso, el pacto y la concordia no se oponen a la dinámica judicial aun cuando esta última quede fijada por escrito. La escritura no puede abordarse como sanción vertical dado que su articulación con la voz, la vista y el oído es todavía indisociable.

En línea con este acuerdo de trabajo, todos los artículos que componen el volumen se estructuran en perspectiva situacional. Los problemas fundamentales que pretende explorar –conflicto, norma, y la relación entre ambos– resultan inteligibles en relación al contexto. No obstante esto, los artículos permiten entrever una relación compleja entre coyuntura y tradición conceptual y textual. Tomemos en cuenta los textos de Spangenberg, Arroche y Morin para despejar este punto. La primera autora –como el lector tendrá ocasión de constatar– trabaja las ideas de universalidad, autoridad y ley en el *Político* de Platón, es decir, en el siglo IV a.C. Allí demuestra la coexistencia de perspectivas zigzagueantes en un mismo espacio textual, una básicamente apuntando a la vigencia universal de las leyes para todos los ciudadanos incluyendo a los gobernantes, la otra eximiendo al gobernante de la constricción de la ley. Arroche, por su parte, retoma la cuestión de la universalidad y de la ley en una situación completamente distinta, la de las Repúblicas italianas del siglo XIV, basándose en lo fundamental en la *Monarchia* de Dante. Allí el análisis de la especialista permite advertir que, si bien Dante utiliza herramientas conceptuales de larguísima tradición –ley, República, monarquía, universalidad, particularidad–, lo hace de un modo completamente diferente a su antecedente platónico. Esas palabras cargadas permiten al florentino formular el problema, establecer el registro intelectual de su intervención y ganar autoridad, mas lo que Dante entiende por "universalidad", por "ley" y por "universalidad de la ley" sólo cobra sentido en su contexto. La pertenencia a una tradición no determina el sentido de un término, sino que es necesario reponer la situación para entenderlo: en las palabras que veníamos empleando, la fabricación de significado es, a todas luces, un procedimiento social. Por último, el texto de Morin también nos sirve para ilustrar la complejidad entre tradición, normatividad y contexto. El autor analiza los *Consilia* del jurista Oldrado de Ponte referidos al valor de la moneda en el marco de la conflictividad originada durante el reinado de los reyes Capetos debido a las variaciones monetarias. El derecho romano, referente ineludible para los juristas medievales de la época, ofrecía parcialmente un marco de referencia para este problema. En una muestra clara de los forzamientos a los que puede someterse la tradición textual para ajustarse a la coyuntura, Oldrado resuelve el conflicto recurriendo a constructos jurídicos que tiene a mano pero que no se refieren específicamente a la moneda. El autor remarca esta originalidad en el momento previo de que se produjera una reflexión de naturaleza más teórica acerca de los cambios de valor de la moneda.

Esbozado el propósito del texto y desbrozados sus modos de intervenir, es necesario explicar su estructura, es decir, las formas en que el volumen ha sido organizado. A pesar de nuestra insistencia en el análisis situacional, no fue el criterio cronológico el que ha dado forma a las partes de este texto: la sucesión en el tiempo, a nuestro entender, no iba a resaltar de modo suficiente la complejidad y diversidad de aristas involucradas en el problema de la ley y del conflicto en las sociedades premodernas. Es por eso que decidimos organizar el volumen en secciones que pusieran en evidencia aspectos específicos de nuestros objetos de estudio. En este plan, la primera sección se organizó en torno a la relación entre ley divina y ley humana, la segunda se vertebró alrededor del vínculo entre ley, tensiones y conflictos, y la última trató acerca del lazo entre la ley y su otro. Para ser consistentes con nuestros propósitos de inicio, cada sección contempló la intervención de historiadores y filósofas.

Como acabamos de adelantar, la primera parte abordó la relación entre dos componentes estructurantes del ordenamiento social a lo largo de la Antigüedad y de la Edad Media: la ley divina y la ley humana. Como demuestran los trabajos de Francisco, de Dell' Elicine y de Paul aquí reunidos, ambos componentes no solo no se anulan en el proceso de significar la ley en las sociedades premodernas, sino que se ligan, reenvían y remiten el uno al otro. Abre la sección el artículo de Francisco, centrado en la pugna por los establecimientos religiosos entre los diofisitas y los miafisitas durante el siglo VI en Bizancio. Allí se muestra, a partir del análisis de fuentes normativas y crónicas, cómo la legislación antiherética era utilizada por los distintos actores. Resulta interesante observar que las disputas y los conflictos por la propiedad de los lugares de culto construían redes de solidaridad y obediencia hacia los especialistas en lo sagrado que legitimaban su existencia. En el artículo que le sigue, el de Dell' Elicine, ya no es un poder central el que manipula la ley. Focalizado en el reino visigodo durante el mismo siglo VI que el trabajo anterior, esta vez es un obispo el que se propone efectivizar su autoridad en un área que no controla. Para tal fin no se basa en el expediente de la ley canónica como podría esperarse, sino en una combinación hábil de leyes canónicas y civiles con el objetivo de generar obediencia. La sección se cierra con la monografía de Paul, que avanza a la Florencia del siglo XV. Este último artículo ya no se interesa en el problema de la implementación de la ley, sino que se preocupa por la reflexión acerca de su umbral y de sus fines. En este caso, la autora elige el pensamiento de un intelectual florentino, Marsilio Ficino, quien entiende a la creación como ley divina, como el horizonte que habilita el juego social, al tiempo que lo encauza como modelo de perfección y lo sublima. La adecuación de la sociedad de los hombres a la ley divina constituye –de acuerdo a Ficino– la aspiración más alta. Como podemos advertir, la concurrencia entre ley divina y ley humana en estas sociedades se registra por lo menos en tres planos: en el plano material (los edificios sagrados, Francisco), en el de la acción (de reducir a la obediencia, Dell' Elicine) y en el del pensamiento (ley divina como ideal de la sociedad humana, Paul).

En torno a la terna ley, tensión y conflicto, la segunda sección del volumen reúne los trabajos de Requena y Paiaro, de Miceli, de Morin, culminando con el trabajo de Arroche. La puesta en serie de estos artículos permite poner de relieve la importancia de los mediadores, de las figuras de intercesión y de las tramas que se activan en los conflictos. La contribución de Requena y Paiaro, centrada como hemos dicho en Atenas del siglo IV a.c., muestra la intervención del cuerpo de ciudadanos tanto en la definición de "ley" como en la de su interpretación. En esas coordenadas, la ley constituye un resorte de mediación fundamental en el conflicto faccioso con el fin de reponer la unidad del conjunto. El lugar de la pesquisa judicial como espacio de construcción de consensos, pero también de nuevas jerarquías y clientelas lo advertimos en el artículo de Miceli. El proceso llevado adelante por la Infanta Sancha, hermana del rey Alfonso VII en 1152, para resolver el conflicto que enfrenta al Monasterio de Sahagún con el concejo de Grajal, permite ver las distintas dimensiones de la construcción de la verdad tanto en el ámbito judicial como en el del *scriptorium* de los monjes que escriben los diplomas. El tercer artículo de esta sección, el de Aejandro Morin, analiza, como ya señalamos, la construcción de una reflexión medieval en torno de la moneda. El autor estudia los aportes que el jurista Oldrado de Ponte realiza en el marco de un conflicto que enfrenta a la abadía de Císter y de Cluny en torno de una obligación monetaria afectada por una decisión del rey francés de reforzar la moneda. Una de las cuestiones fundamentales que presenta el texto es advertir cómo las normativas regias, que afectan a la variación de la moneda, producen una intensa conflictividad que los montajes discursivos de los juristas intentan resolver. Estos primeros ensayos de resolución, como el de Oldrado, deben entenderse en el marco de la delimitación de las competencias de la monarquía en una sociedad claramente dominada por el pluralismo jurídico y la multiplicidad de fueros La sección cierra, como anticipábamos, con el trabajo de Arroche.

Aquí el rol mediador es ejercido por un pensador, un Dante Alighieri exiliado de su Florencia natal en 1302. En el esquema de Dante, la ley es una herramienta importante dentro de esferas de poder que deben discriminarse y no superponerse, tal sería el caso del Papado y del Imperio. Como podemos observar, la segunda sección del volumen pone en tensión la relación entre ley y conflicto. Inicia efectivamente explorando las posibilidades de la ley como expediente de resolución, y culmina destronando su imperio como mecanismo único.

La última sección de este volumen la hemos denominado "La ley y su otro", y recoge los artículos de Barrionuevo, Spangenberg y Ferreiro. En su artículo, Barrionuevo explora la utilización de la idea de *nomos* en el *Corpus Hippocraticum*, conjunto de textos médicos redactados entre los siglos V y IV a.C. El empleo de la categoría en el discurso médico promueve su asociación con la idea de *physis,* variando el contenido de esta asociación de acuerdo a la circunstancia del texto. Este forzamiento, de acuerdo al autor, no deviene de la sofística sino que constituye una necesidad del propio discurso terapéutico. La contribución de Barrionuevo, en suma, no instala al discurso jurídico como fuente y modelo de todo lo que pueda pensarse acerca de la ley, sino destaca que otros universos discursivos –la sofística, la medicina– hacen usos propios de esta palabra. Segundo en la sección figura el texto de Spangenberg, que como habíamos visto más arriba explora la relación entre el gobernante y la ley en *El Político* de Platón. Este artículo propone una doble otredad: la ley pensada desde el discurso filosófico –y no desde su propio campo de aplicación o competencia–, y la ley con respecto al que gobierna. El discurso filosófico, en este caso el diálogo platónico, reflexiona acerca de la ley con su propia agenda de problemas. Aquí los alcances, los fines, la relación con el Político, las subjetividades que promueve son temas que se imponen al día a día de la situación. En este sentido, el discurso filosófico constituye un modo otro de recuperar para la polis el sentido de la ley –recordemos que la polis dispone de más formas, la tragedia, la épica, la práctica cultual. Desde el discurso filosófico se piensa la otra diferencia, la relación entre el gobernante y la norma que elabora. ¿Sometido a las leyes o por encima de ellas? ¿Una otredad fuerte o una otredad domesticada?

La sección finaliza, y con ella el libro entero, con la contribución de Ferreiro. Aquí una vez más la otredad doble que plantea el discurso filosófico con respecto a la esfera de competencia de la ley en el montaje de Marsilio de Padua, la ley de los hombres encuentra su otro en la ley de la naturaleza, que provee un modelo de regularidad. En síntesis, lo que plantean los artículos de esta última sección es una ley descentrada de su campo específico, una ley "reubicada" por otros discursos.

Pueden sugerirse diferentes diagonales de lectura a las que propone esta estructura en secciones para abordar estos textos en su conjunto. En efecto, las contribuciones de Paul, Arroche, Barrionuevo, Spangenberg y Ferreiro de un modo u otro centran su interés alrededor de la ley y la legalidad: en este sentido fines, modelos, agencias, alcances, límites, ámbitos constituyen todos tópicos de esta interrogación. Por otra parte, los artículos de Francisco, Dell' Elicine, Requena y Paiaro, Miceli y también Morin hacen hincapié en la relación entre conflicto y norma. Un último punto puede desprenderse de los tratamientos reunidos aquí sobre este tema.

Como lo muestran de modo claro los textos de Francisco, Dell' Elicine, Miceli y Morin, la apelación al corpus normativo, la fabricación de una memoria o incluso la propia formulación de la ley emergen del conflicto. Sin embargo, el aporte de Requena y Paiaro permite pensar nuevas aristas en esta relación. Ciertamente, el régimen democrático en el caso que analizan pone palabras al conflicto, lo permite reconocer como tal, lo coloca en la agenda. La *demokratía* identifica a la *timé* injuriada como un problema. Esto nos habilita a pensar que el conflicto no preexiste a la ley, sino que la ley vuelve inteligible al conflicto, lo hace decible.

A lo largo de esta introducción, hemos visto que los artículos que aquí se compilan resultan valiosos en sí mismos y valiosos en su interrelación. La experiencia del encuentro entre dos disciplinas de asentada tradición nos ha resultado fructífera. Para fortalecerla hemos ideado el presente libro que esperamos sea antecedente de otros muchos diálogos futuros.

Bibliografía

Derrida, J (2022) *Prejuicios. La lectura de Kafka y Ante la ley*, Buenos Aires.

Geary P. J. (1986) "Vivre en conflit dans une France sans État : typologie des mécanismes de règlement des conflits (1050- 1200)", *Annales. Economies, sociétés, civilisations*. 4. 5, 1107-1133.

Humfress, C. (2013) "Thinking Through Legal Pluralism: 'Forum Shopping' in the Later Roman Empire", en J. Duindam, J. Harries, C. Humfress, y N. Hurvitz (eds.), *Law and Empire, Ideas, Practices, Actors*, Brill, Leiden- Boston, 223-250.

PRIMERA SECCIÓN:

LEY DIVINA Y LEY HUMANA

ORTODOXIA, HEREJÍA Y LUGARES DE CULTO EN EL CERCANO ORIENTE CRISTIANO, ENTRE NORMATIVAS Y PRÁCTICAS

Héctor R. Francisco
Universidad de Buenos Aires
CONICET (IMHICIHU)

Introducción

El presente trabajo tiene por objetivo analizar los conflictos en torno a la apropiación de los lugares de culto cristiano y su relación con la violencia sectaria en el imperio romano oriental del siglo VI. Nuestra hipótesis de trabajo será la siguiente: los conflictos en torno al uso de edificios de culto surgirían de la intersección de varios actores no siempre bien diferenciados. En primer lugar, dos actores que podemos considerar "institucionales", esto es, el Estado imperial y la Iglesia. A pesar del carácter abstracto de dichas instituciones, es insoslayable el hecho de que –como en muchos estados pre-modernos– la distinción entre oficio y el individuo que lo detenta era en buena medida borrosa. Así, estos actores institucionales se encontraban en permanente diálogo con un segundo conjunto de actores, sujetos que individual o colectivamente negocian en permanente tensión entre sus intereses particulares y los de la institución. Estos individuos eran tanto el clero de las facciones eclesiásticas en competencia como las "elites" laicas que las patrocinaban, a partir de diversas estrategias que despliegan en torno al patrocinio de lugares santos.

El trabajo consta de dos partes. En primer lugar, vamos a ensayar una descripción del contexto normativo de la propiedad inmueble eclesiástica en el imperio tardo-romano (siglos IV al VII). Al respecto, analizaremos las fuentes normativas con el objetivo de generar una visión de conjunto. Ellas, veremos, intentaban sistematizar con desigual éxito realidades complejas a partir de criterios contradictorios. En segundo lugar, vamos a analizar algunos casos relativos al conflicto por la propiedad y uso de lugares de culto extraídos de la tercera parte de la *Historia Eclesiástica* del historiador miafisita Juan de Éfeso[1]. Esta obra es uno de los pocos casos en los que tenemos la voz de grupos religiosos disidentes acerca de las políticas anti-heréticas en el Imperio Romano de Oriente. A partir de la lectura de dichos episodios, en los que la propiedad de lugares de culto era puesta en entredicho, nos interrogaremos en torno a las fuerzas que intervenían en los conflictos por su control, en especial la forma en que la legislación antiherética era interpretada por cada uno de los actores. De la confrontación de estos dos conjuntos de fuentes es posible percibir, sostendremos, las tensiones en torno al uso de espacios que eran instituyentes de las identidades comunitarias. En tal sentido, partimos del presupuesto de que, mediante la apropiación y uso de dichos espacios, los especialistas en lo sagrado (clero, monjes u otras formas "irregulares" de autoridad religiosa) construían redes de solidaridad y obediencia que legitimaban su existencia.

Por último, cabe señalar que vamos a limitar nuestro análisis a la segunda mitad del siglo VI, cuando el proceso de reforma jurídica y administrativa emprendida por el emperador Justiniano (527-565) generó un doble movimiento. Por un lado, una redefinición de la polaridad ortodoxia/herejía que tuvo como consecuencia una tendencia a reforzar la unanimidad religiosa como ideal político. Por otro lado, una intensificación del control estatal sobre los bienes eclesiásticos a partir de la acción legislativa que refleja el creciente peso de la figura del emperador en la vida interna de la Iglesia.

La legislación antiherética y la propiedad eclesiástica (siglos IV al VII)

La indiferencia de la legislación romana clásica en materia religiosa fue transformada a partir de finales del siglo III gracias a la profusión de medidas regulatorias que se profundizó con la

---

1   De la *Historia Eclesiástica* de Juan de Éfeso solo se conserva la tercera parte y fragmentos de la segunda (Land 1868). El texto siríaco de la tercera parte fue publicado por primera vez por William Cureton (1853). Luego E. W. Brooks realizó una edición revisada y ampliada con una traducción al latín (1935; 1936). Hay una muy deficiente traducción inglesa de Robert Payne Smith (1860). En este trabajo citaremos la edición de Brooks.

cristianización del imperio (Athanassiadi 2010). Aunque el concepto de herejía distaba de ser unívoco desde el punto de vista teológico, los juristas tardo-romanos se preocuparon por discernir aquellos casos en que tal concepto era aplicable. En el Edicto de Tesalónica promulgado en el año 380, la herejía era definida desde una perspectiva tanto doctrinal como ritual. La no conformidad con el credo niceno se manifestaba en una liturgia distintiva, en particular con la fórmula bautismal que invocaba a la trinidad consubstancial. En consecuencia, desde el punto de vista legal, dogma y rito, ortodoxia y ortopraxis, constituían una continuidad lógica que definía la identidad religiosa (Wybrew 1990). De esta manera, la legislación imperial en materia religiosa establecía una continuidad que ponía en un extremo a los no bautizados (paganos, judíos, samaritanos, maniqueos) y en el otro la ortodoxia, ubicando en el centro una multitud de prácticas reconocidas como cristianas, pero consideradas desviaciones cuyo estatus legal difería de acuerdo al contexto (Cameron 2007; 2008; Hussey 1990). No obstante, a partir de la segunda mitad del siglo VI, la legislación impulsada por el emperador Justiniano unificó y expandió la noción de *Haeretica Superstitio* habilitando la eventual inclusión de grupos que previamente no habían estado *stricto sensu* comprendidos en la legislación antiherética (Bueno Delgado 2015: 333-40).

La distinción, siempre ambigua y fluctuante, entre ortodoxia y herejía impactaba en el status legal de los inmuebles dedicados al culto por grupos disidentes. Al mismo tiempo que limitaba los derechos de propiedad de los herejes sobre edificios dedicados al culto cristiano (CJ 1.4.4.1-18), la legislación imperial –desde el siglo IV en adelante– apuntaba a la consolidación de las propiedades eclesiásticas bajo la administración directa de los obispos ortodoxos. La administración de los bienes eclesiásticos implicaba una segunda ambigüedad. En la medida que buena parte de los obispos pertenecían a la élite local, el patrimonio eclesiástico estaba muy mal diferenciado del patrimonio privado. Además, la aplicación conjunta de lógicas similares en la administración de bienes pertenecientes a la Iglesia como de aquellos pertenecientes a donantes laicos y la heredad familiar del obispo, generaba múltiples tensiones (Ziche 2006). En tal sentido, la legislación contra la enajenación de la propiedad eclesiástica se dirigía en dos direcciones. Por un lado, protegía a las Iglesias de la rapiña tanto del clero local como de la presión de donantes laicos (Kaplan

1992: 282-310; Kazhdan 1993; Arcuri 2012; Thomas 1987). Por otro lado, desalentaba la multiplicación de donaciones piadosas que, con el paso del tiempo, no fuesen capaces de asegurarse sustento económico. Al mismo tiempo, la legislación fue diferenciando progresivamente diversos tipos de propiedades eclesiásticas siguiendo el criterio de aquellos encargados de su administración. Por ejemplo, la *Novella* 120 del año 544 diferenciaba tres tipos de propiedad eclesiástica (primero dentro de la Iglesia constantinopolitana, luego se extendió a otras provincias): iglesias episcopales, establecimientos benéficos (ξενοδοχεῖον) y monasterios. Mientras que las dos primeras estaban bajo la administración del obispo, la tercera gozaba de plena autonomía administrativa (Kaplan 1992: 143-48).

Este doble movimiento de consolidación de la propiedad eclesiástica y sistematización de su gestión excluía (por obvias razones) a los establecimientos religiosos de los grupos disidentes. Desde el siglo V en adelante, sus lugares de culto estaban limitados a las fundaciones religiosas privadas cuya seguridad jurídica era muy precaria (Bowes 2008). Además, al ser excluidas del acceso a los recursos imperiales, los grupos disidentes dependían del patronazgo de las elites laicas para generar y sostener lugares de culto. Si bien es cierto que la falta de financiamiento oficial determinó el fin de muchos espacios de culto disidentes, este fin no fue abrupto y muchos lugares de culto se mantuvieron activos aunque solo son mencionados en las fuentes en el momento de su cierre o apropiación por las autoridades ortodoxas.

En términos generales, la situación legal de las fundaciones religiosas privadas era ambigua (Thomas 1987: 40-41). La sacralidad que el derecho romano confería a los templos paganos se extendió a las iglesias y monasterios, pero con relativa lentitud y el derecho civil reconocía la propiedad privada de edificios de culto. En consecuencia, entre los siglos IV y V los donantes aún gozaban de cierta libertad para disponer de los establecimientos fundados bajo su patrocinio. No obstante, la tendencia fue a conceder un mayor control eclesiástico sobre propiedades dedicadas al culto. Los cánones 3, 4 y 7 del concilio de Calcedonia (451) reglamentaban la administración de bienes eclesiásticos, reforzando la autoridad del obispo local sobre edificios dedicados al culto cristiano (Joannou 1962: 71-76, 82-83). La legislación imperial apuntaba en la misma dirección. En el texto griego de una ley de Zenón en CJ

1.2.15 (confirmada por dos *Novellae* de Justiniano, la *Nov.* 58 del año 537 y la 131 del año 545) se establecía que las fundaciones religiosas realizadas por personas privadas debían contar con la autorización del obispo. Además, establece que incluso en el caso de haber sido fundadas con anterioridad, su administración quedaba bajo supervisión episcopal.

El emperador Justiniano sistematizó la legislación sobre la materia, limitando el margen de maniobra de los laicos para disponer de edificios de culto (Thomas 1987: 40-44). En la *Institutio* 2.1.7-8; 3.23.5, el legislador asimiló la sacralidad de las iglesias a las de los templos paganos. Las dos *Novellae* mencionadas, la 58 (del año 537) y la 131 (del 545) prohibían la liturgia en establecimientos privados. En particular, la *Novella* 131.14. 1-2 establecía que los establecimientos religiosos de todas las disidencias religiosas en propiedades enajenadas por un ortodoxo, quedaban bajo propiedad de la Iglesia ortodoxa.

Antes de cerrar este apartado, debemos hacer referencia a un donante con características particulares, esto es, el emperador. Las fundaciones religiosas imperiales estaban sometidas al mismo tipo de ambigüedades legales que todas las propiedades imperiales. En efecto, existía una confusión sistemática entre las propiedades fiscales y la *Res Privata* (Kaplan: 1992, 136-40). No obstante, la tendencia a asociar ambas instancias hacía que los establecimientos religiosos imperiales gozaran del status público que los ubicaba bajo la administración directa del emperador a través de funcionarios civiles.

En suma, a lo largo del siglo VI la legislación tanto civil como religiosa confirmaba la tendencia (no siempre lineal y, a veces incoherente) a sujetar los edificios de culto a la autoridad episcopal local. No obstante, esta vocación por someter todos los establecimientos religiosos a un único centro colisionaba a menudo con las realidades prácticas. Así la propiedad de los edificios de culto constituía un problema más complejo que la simple competencia entre clérigos y laicos por controlar un bien. La circulación de propiedades en uno u otro sentido era difícil de prevenir ya que, debido a las dificultades de financiamiento, en especial para los monasterios que perdían de una u otra manera sus benefactores, la propiedad de muchos establecimientos volvía a sus donantes originales o sus sucesores, o simplemente quedaban vacantes. Si bien la normativa apuntaba a la consolidación de las propiedades eclesiásticas, la sustentabilidad de ellas era un problema tanto o más importante que la rapiña laica. Esta dimensión material del sostenimiento de edificios de culto, en especial en el ámbito urbano, afectaba de manera directa los edificios de culto de grupos disidentes. La redefinición de la ortodoxia, apoyada en la disciplina eclesial a lo largo del siglo VI, amplificó los grupos previstos en este conjunto y a la vez reforzó los mecanismos coercitivos dirigidos contra ellos. Ambos fenómenos concurrieron para afectar la situación de los edificios de culto miafisitas. Para la década de 560, se hizo evidente que la dependencia de obispos y monasterios miafisitas de la capital con respecto al patrocinio de las elites laicas los dejaba en extrema debilidad. De hecho, la facción calcedoniana en el poder apuntó directamente a esas redes de patronazgo para someter a los disidentes, a los que además se identificaba con la población de provincias (Egipto y Siria). Aun así, hasta la segunda mitad del siglo VI algunos laicos podían hacer valer sus derechos de propiedad ejerciendo control sobre establecimientos religiosos. Para la década del 570 los miafisitas fueron incluidos en el amplio abanico que se definía como herejía incorporándolos en la legislación antiherética imperial y, al mismo tiempo, sus edificios de culto de la capital pasaron progresivamente a la esfera del Patriarcado de Constantinopla (Francisco 2011: 110-121). De esta manera, la amplia red de establecimientos monásticos construida en las primeras seis décadas del siglo fue intervenida o directamente desarticulada. Así, las autoridades calcedonianas afectaron la base misma de poder de los opositores al concilio. Como veremos esta desarticulación de redes clericales basadas en el patronazgo aristocrático se basó tanto por motivaciones teológicas (es decir, la imposición de las disposiciones dogmáticas del concilio de Calcedonia) como por razones de disciplina eclesiástica.

Ortodoxia, Herejía y edificios de culto en la *Historia Eclesiástica* de Juan de Éfeso

Fue en este contexto legal en el que Juan de Éfeso escribió su *Historia Eclesiástica*. Juan nació en la Alta Mesopotamia romana a principios del siglo VI. Pertenecía a una rica familia de la ciudad de Amida. Ingresó como novicio en el célebre monasterio miafisita de Juan Urtoyo en las afueras de su ciudad natal. Entre las décadas de 520 y 530 se mantuvo en una suerte de clandestinidad itinerante junto a otros disidentes partidarios de Severo de Antioquía, expulsados de su monasterio por las autoridades calcedonianas de Siria. Alrededor del año 540 se estableció en Constantinopla bajo la protección de la emperatriz Teodora y con, probablemente, el patrocinio del mismísimo Justiniano. Allí fue consagrado como obispo de Éfeso por el célebre líder miafisita Jacobo Burdoyo en el año 558. Este cargo, aunque puramente nominal, lo convirtió en una de las figuras de autoridad de la facción miafisita severiana y en blanco de los ataques de los calcedonianos. Después de la muerte de Justiniano sufrió una suerte de exilio interno recluido en varios monasterios de la capital hasta su muerte en el año 590[2]. Como una de las cabezas de la facción severiana de Constantinopla, Juan fue testigo privilegiado de los vaivenes de la política religiosa imperial desde Justiniano hasta Mauricio. En Constantinopla compuso dos obras: una colección de vidas de santos miafisitas conocida como la *Vida de los Santos Orientales* (Brooks 1923-25) y una *Historia Eclesiástica*, finalizada alrededor del año 588 poco antes de su muerte. Aunque escribió ambas obras en su lengua materna, el siríaco, Juan tenía un conocimiento al menos instrumental del griego y, desde el punto de vista cultural, fue un hombre de corte que estaba íntimamente relacionado con las redes aristocráticas constantinopolitanas.

En la tercera parte de su *Historia Eclesiástica* (que abarca los años 565 a 585) Juan concede un lugar privilegiado a los conflictos entre facciones religiosas por el control de lugares de culto tanto en la capital como en las provincias. Para Juan, dichos conflictos estaban inscriptos en la "persecución" que sufrieron los ortodoxos (es decir desde su perspectiva, los miafisitas) a manos de los herejes "sinoditas" (es decir la ortodoxia imperial calcedoniana). Esta persecución es identificada con la orientación decididamente pro-calcedoniana del sucesor de Justiniano, Justino II (565-578). El emperador inició su gobierno con un intento de pacificar la Iglesia mediante un compromiso teológico entre ambas facciones. Dicho compromiso estaba basado en el común reconocimiento del

---

2   Para una biografía de Juan de Éfeso ver los trabajos de Sebastian Brock (1979); Susan Ashbrook Harvey (1990) y Muriel Debié (2015: 535-42).

credo niceno-constantinopolitano y en el silenciamiento de toda polémica en torno al ὅϱος (o definición de fe: "en dos naturalezas sin separación ni confusión") calcedoniano. Sin embargo, ante la imposibilidad de encontrar un punto medio entre ambas facciones, el emperador decidió promulgar a partir del año 571 un edicto que aspiraba a disciplinar a los más díscolos de la facción miafisita (entre los que se encontraba, al parecer Juan) prohibiendo cualquier debate teológico que amenazara la paz eclesiástica (que se conoce como el segundo *Henoticón*, en alusión al edicto que promulgara el emperador Zenón con similares objetivos en el año 482). A largo plazo, este intento de pacificación fue malogrado por la resistencia de sectores intransigentes tanto de miafisitas y calcedonianos, y el emperador optó por una política religiosa abiertamente calcedoniana (Frend 1972: 316-22). Esta política fue reforzada por las intervenciones de los patriarcas de Constantinopla. Primero, Juan III el escolástico (565-577), quien antes de su patriarcado fue un célebre jurista y redactor del primer código de derecho canónico bizantino. Segundo, su rival Eutiquio I (que fue patriarca antes que Juan entre 552-565, depuesto por Justiniano por oponerse a su política neocalcedoniana y restaurado por Justino II, 577-582). A diferencia de Juan, Eutiquio provenía de un medio monástico y tenía un carácter muy diferente a aquel. No obstante, ambos patriarcas fueron férreos defensores del concilio de Calcedonia y tuvieron particular cuidado por someter al clero miafisita de la capital. En este contexto, las comunidades monásticas miafisitas de Constantinopla que habían subsistido por casi cuarenta años en una precaria pero constante situación, sufrieron a partir de los primeros años de la década del 570 el acoso sistemático de los funcionarios patriarcales apoyados por los oficiales militares.

Si cruzamos las narrativas de la "persecución" con los cambios en la legislación justinianea podemos constatar una correlación entre ambas. En Constantinopla, la ortodoxia calcedoniana controlaba los más importantes lugares de culto desde finales del siglo V, pero existían muchos grupos disidentes con inmuebles dedicados a sus propios ritos y cuyo status legal era privado. Uno de los más importantes, si no el más importante, era la comunidad miafisita, que contaba con numerosos establecimientos (iglesias y monasterios) dentro y fuera de la ciudad. Ellos habían sido fundados por prominentes miembros de la elite senatorial constantinopolitana que, desde el reinado Anastasio I y sobre todo con la emperatriz Teodora (m. 548), mantenían una estrecha relación de patronazgo con monjes y obispos. Pero, desde la década del 570 esos establecimientos sufrieron la presión de las autoridades civiles y eclesiásticas. Juan describe con estremecedores detalles los sufrimientos de los héroes de la ortodoxia y el *modus operandi* de los perseguidores. El clero calcedoniano, acompañado por los soldados imperiales, irrumpían en los establecimientos y forzaban a los disidentes residentes en ellos a participar de la celebración eucarística donde se proclamaba públicamente el sínodo. Una vez proclamado el sínodo, re-consagraban a los sacerdotes e instalaban la efigie del patriarca de Constantinopla. Con estos pasos rituales, el edificio quedaba simbólicamente apropiado por la Iglesia imperial. Finalmente, todos aquellos que se habían resistido a aceptar la eucaristía de manos de los ortodoxos eran expulsados o encarcelados hasta que consintieran obedecer (Brooks 1935: 6-11). De esta sumaria descripción, podemos identificar dos elementos significativos. En primer lugar, el papel de la liturgia –en especial de la eucaristía– no sólo como marcador de identidad, sino también como gesto instituyente del control del espacio religioso. Como veremos más adelante, la celebración eucarística era el mecanismo por el que se simbolizaba el traspaso de la propiedad de una facción a otra, es decir, reconvertía al espacio de la herejía a la ortodoxia. En segundo lugar, la re-consagración de los miembros del clero disidente indicaba que, aunque no eran estrictamente herejes, el sacerdocio de los miafisitas carecía de validez alguna. De esta manera, personas y espacio eran re-instituidos por las autoridades patriarcales y, en consecuencia, puestos bajo su autoridad.

Al describir estas acciones Juan insistía en su ilegalidad en base a dos argumentos. Primero, Juan proclamaba la ortodoxia de la facción miafisita mientras que condenaba el ὅρος del concilio de Calcedonia por herético. Tanto los males sufridos por el imperio en general como los trágicos destinos individuales de los emperadores en particular, eran signo de la condena divina al sínodo herético. Pero la perspectiva de Juan no se limitaba a la simple dicotomía entre santos y herejes. Mientras que la facción miafisita es también objeto de sus críticas por la falta de constancia y corrupción interna, existen unos pocos casos en los que los propios herejes pueden actuar santamente. En este sombrío contexto en el que la santidad nunca es claramente discernible, los lugares de culto constituyen espacios en donde aquella se manifiesta. El segundo argumento resultaba más mundano. Para Juan, las pretensiones de la autoridad patriarcal por apropiarse de los espacios de culto miafisitas eran contrarias a los cánones eclesiásticos, en tanto éstos se encontraban fuera del alcance de su jurisdicción. Por supuesto, esta insistencia en señalar la ilegalidad de las acciones de los Patriarcas de Constantinopla se sostiene en buena medida en su carácter herético. Sin embargo, dicho carácter permanece en un segundo plano y Juan privilegia a la innovación legal como foco de sus impugnaciones. En otras palabras, independientemente de sus errores dogmáticos, es la falta de respeto por los cánones eclesiásticos la fuente de su perfidia. Las descripciones que hace Juan de Éfeso de los mecanismos de apropiación de los lugares de culto son reveladoras del cambio de énfasis en la legislación, mostrando una lógica sistemática en la apropiación que implicaba reintroducir a los disidentes a la obediencia a través de su integración a las redes de dependencia personal del Patriarca o del Emperador. Esta entrada se expresaba, veremos, en un ritual que incluía la intervención de ambos, tanto en su función como detentadores del oficio como de benefactores privados de los establecimientos.

Pasemos ahora a ver tres ejemplos que nos permiten entender la manera en que Juan reflejó en su *Historia Eclesiástica* los conflictos en torno a la propiedad de lugares de culto. Por supuesto, estas descripciones no "reflejaban" una realidad concreta, sino que funcionaban como prisma con el que el autor intervenía. El primer caso es una anécdota autobiográfica que transcurre entre los años 542 y 548, es decir, cuando los miafisitas aún gozaban de cierto apoyo imperial gracias la protección de la emperatriz Teodora (Brooks 1935: 169-72). Juan se refiere a su misión evangelizadora en las regiones montañosas de Anatolia occidental donde fundó veinticuatro iglesias y cuatro monasterios en lugar de templos a los ídolos. Allí el autor (y a la vez protagonista de la anécdota) convirtió al cristianismo (el autor no aclara si lo hizo al miafisismo) a la población pagana del distrito adyacente a la ciudad de Tralles en Caria. La misión fue financiada y encargada a Juan por el mismo emperador Justiniano, quien lo autorizó a fundar en su nombre un "gran monasterio" (*dayro rabo*) para que "ejerciera la autoridad" (šlīṭā) sobre las iglesias y monasterios fundados por él. Cumpliendo la orden, fundó una red de monasterios que quedó bajo su administración directa, aunque, al parecer, la propiedad formal era del mismo emperador. De hecho, Justiniano promulgó "tres pragmáticas" (en siríaco *pragmaṭīqō ṭypō* reflejando el término técnico griego Πραγματικὸς τύπος)[3] concediendo plena autonomía con respecto al obispo de la ciudad (Brooks 1935: 170). No obstante esta protección legal, pocos años después el obispo (sinodita) de Tralles recurrió a Justiniano exigiendo que esos monasterios fueran puestos bajo su autoridad (Brooks 1935: 171). Pero las maquinaciones del obispo fracasaron ante la furibunda negativa del emperador que le recordó que dichos monasterios eran de su propiedad:

> Por Cristo, yo no entré a tu Iglesia ni a tu ciudad [...] Pues esta Iglesia que injustamente reclamas no puedes administrar, el monasterio que quieres tomar es mío porque fue construido con mi consentimiento (*byad῾ tī*) y por mi mandato (*bpūqdanī*). (Brooks 1935: 171).

La cita es un elocuente ejemplo de distinción de esferas. La furibunda respuesta del emperador que impide al obispo apropiarse de bienes imperiales es la contraparte de la abstención del emperador de intervenir en la ciudad del obispo. Tanto por su desencadenante como por su resolución la anécdota parece poco consistente y abre varias sospechas sobre la exactitud en la narración de Juan. Por supuesto, su objetivo primario no era hacer un relato detallado y exacto de los eventos sino realizar una auto-apología, destacando no sólo sus éxitos como misionero entre los paganos sino también cómo gozaba además del favor imperial (y, por extensión, de Dios). Juan inscribe su conflicto con el obispo calcedoniano de Tralles en el marco de la persecución contra los opositores del concilio de Calcedonia, sin embargo, el conflicto parece haber sido de una naturaleza diferente. No hay mención alguna de una disputa doctrinal y su resolución pareciera definirlo como un conflicto jurisdiccional entre un monasterio de fundación imperial y el obispo local. De hecho, la mención de

---

3   En latín *Pragmatica sanctio*. Las *Pragmaticae Sanctiones* se sancionaban solo respecto de las corporaciones, en este caso, monasterios. Era una providencia imperial que se ubicaría entre la *Lex Generalis* y el *Rescripto* particular, en cuanto es emitida a pedido de un particular, que contempla materias de interés general.

la *Pragmatica Sanctio* parece apoyar la idea que la intervención imperial se produce con el objetivo de proteger una propiedad privada de la que Juan es un mero administrador. Por otro lado, resulta indicativa la coincidencia entre la intervención imperial y las disposiciones de la *Novella* 120 que limitaba la alienación de monasterios. Aunque es imposible ir más allá de esta observación, es indudable que la intervención de Justiniano se producía en virtud de su doble carácter de gobernante y propietario del bien en cuestión. Menos creíble resulta la resolución última del conflicto que ponía al obispo bajo la autoridad de Juan. Es probable que se trate de una exageración del autor que esperaba así enfatizar su victoria ante los herejes. En cualquier caso, retenemos que la intervención de Justiniano resolviendo la disputa a favor del héroe de la historia ubica a la autoridad imperial en un lugar de primacía a los cánones eclesiásticos, algo que el mismo Juan, en otros casos, condena sistemáticamente.

La segunda anécdota se encuentra en el capítulo 10 del libro I, donde Juan dedica un extenso relato a la apropiación por parte de los sinoditas de monasterios miafisitas ubicados en la capital y los suburbios en la década del 570, en especial un convento de mujeres exiliadas de Siria, fundado bajo el patrocinio de la emperatriz Teodora (Brooks 1935: 9-11). El impulsor de la medida fue el patriarca Juan III, quien reunió un grupo de clérigos, apoyados por magistrados y soldados imperiales, para obligar a los moradores (hombres y mujeres) del convento a comulgar, expulsando a aquellos que se resistieran. Una vez tomado el control del monasterio el patriarca celebró la liturgia con aquellos que se habían sometido a su autoridad, proclamando como ortodoxo el concilio de Calcedonia e instalando su propia efigie en la iglesia. Al día siguiente, la pareja imperial (Justino II y su esposa Sofía, sobrina de Teodora) asistía al monasterio llevando ofrendas y reinstalando a los monjes sometidos.

> Y (el Patriarca Juan III) pudo engañar, instigar y seducir a los gloriosos emperadores para que ellos también le obedecieran y que salieran y recorrieran uno a uno los monasterios, donde primero iba con su clero y celebraba la liturgia y la eucaristía en los monasterios donde se proclamaba el sínodo cismático [...] Y al día siguiente el rey en persona recorría los monasterios, y luego después de él al otro día,

también la emperatriz iba. Dando también regalos (*mawhbāthā*) y estableciendo monjes […]. (Brooks 1935: 11).

Independientemente de la hostilidad de Juan hacia su homónimo Patriarca y el emperador, su relato es una descripción adecuada de tres momentos de una lógica gestual en la que Iglesia y la pareja imperial se articulan en la apropiación del espacio sagrado. A diferencia de su antecesor Justiniano (que se abstuvo de intervenir en una jurisdicción ajena) Justino II participa (engañado por el pérfido Patriarca, ciertamente) en la apropiación de aquello que no le corresponde. Si bien se trata de una fundación privada de la difunta emperatriz Teodora, la entrada del monasterio a la órbita de la autoridad patriarcal (escenificada en la celebración de la liturgia, la proclamación del concilio y la deposición de la efigie del patriarca) requería un segundo momento (el ingreso y las ofrendas de la pareja imperial) que lo complementaba. Esta secuencia, confería a la re-consagración del espacio de legitimidad pero, al mismo tiempo, reafirmaba (en el depósito de las ofrendas) la primacía de la autoridad imperial sobre un espacio que pertenecía a su *Res Privata*.

El tercer y último episodio guarda muchas similitudes con el anterior, pero agrega algunos elementos adicionales que merecen analizarse; ya que no se trata de la pareja imperial sino de un miembro de la aristocracia. En el capítulo 39 del libro primero, Juan narra el caso del monasterio fundado en Bitinia por el célebre eunuco Narsés en algún momento entre los años 545-552 para alojar un grupo de monjes miafisitas exiliados de Capadocia. El eunuco dotó al monasterio con una finca, una iglesia, un hospital y le asignó ingresos regulares para el sostenimiento de la comunidad. Cuándo Narsés murió en Italia alrededor del año 573, sus huesos fueron trasladados al monasterio en solemne procesión con la presencia de la pareja imperial, Justino II y Sofía, quienes se encargaron de la deposición de sus restos y consagraron el sitio como santuario (Brooks 1935: 48-49).

En el capítulo 46 del libro segundo Juan retoma la historia de este monasterio. De acuerdo con el relato de Juan varios años después, los monjes más jóvenes del monasterio abandonaron la ortodoxia miafisita, aceptando el concilio herético. En este caso, Juan no menciona ni la coerción ni la presión del clero sinodita como el motivo de su apostasía, sino la seducción del poder. En efecto, Juan atribuye el cambio de orientación religiosa de los monjes a un evento fortuito. El emperador Justino II, la emperatriz Sofía y su séquito se encontraban en camino desde Constantinopla hacia las termas ubicadas del otro lado del estrecho del Bósforo cuando hicieron un alto en el monasterio para pasar la noche. Durante la estancia, los religiosos se sometieron voluntariamente al emperador quien los habría persuadido "por medio de promesas y regalos" para que consideraran convertirse a la herejía imperial (Brooks 1935: 112). Luego de su sometimiento, los monjes fueron recompensados con la restitución de su antiguo monasterio en Capadocia y la remisión de todos los impuestos (en siríaco *demōsiā*, del griego δημόσιος) debidos por ambos establecimientos. Juan concluye destacando con cierta ambigüedad que luego de su apostasía la comunidad se dispersó entre ambos monasterios y se hundió en la confusión.

A diferencia de los casos anteriores, en la historia de los monjes del monasterio de Bitinia encontramos un tono diferente. No se trata de la persecución sufrida por un reducido grupo de santos aferrados a la ortodoxia sino sobre la flaqueza de quienes sucumbieron ante la seducción del poder imperial. Como dijimos, no hay una intervención directa del clero sinodita (ni la mención a ellos) y toda la narración gira en torno a cómo los monjes aceptaron la herejía del sínodo a instancias del emperador. Por supuesto, la intención primaria del autor era contrastar la debilidad de los monjes jóvenes con la constancia de sus antecesores. Pero nuestro interés no se concentra tanto en la escena principal sino en los detalles del segundo plano. En tanto era una fundación privada, el monasterio había permanecido inmune a la acción de cualquier obispo vecino. No obstante, después de la muerte de Narsés éste habría sido integrado al patrimonio imperial, por lo que no resulta sorprendente que Justino II lo hubiera usado como alojamiento en su viaje. Esta integración al patrimonio imperial nunca es mencionada, pero puede entreverse en el lugar privilegiado de la pareja imperial en la ceremonia de deposición del cuerpo del eunuco en el monasterio. En tal sentido, la donación de la pareja imperial en la deposición, así como los regalos y privilegios conferidos por aquellos a la comunidad en su paso hacia las termas constituyen la expresión material de una relación de patronazgo que unía a la comunidad con el monarca. Así, el monasterio bien podría haber sido considerado parte de la *Res Privata* imperial, por lo que resulta natural que sus ocupantes aceptaran someterse a la orientación religiosa del monarca. No obstante, Juan incurre en una importante inconsistencia cronológica. En efecto, la apostasía de los monjes capadocios debió haber acaecido entre la muerte de Narsés en el año 573 y la muerte de Justino II en 578. Si la política abiertamente pro-calcedoniana de Justino II no comenzó hasta el 571 resulta difícil explicar cómo un monasterio propiedad del emperador hubiera escapado al menos dos años a la represión calcedoniana. La única explicación posible es que Juan estuviera forzando la cronología con el objetivo de sincronizar el cambio de bando religioso de los monjes con la apropiación del emperador. Cualquiera sea el caso, el autor pone en primer plano mismo el dilema que en el caso anterior. Como en los monasterios de Constantinopla, en el de Bitinia el cambio de orientación teológica de los monjes parece haber sido concomitante con un recrudecimiento del control imperial sobre los establecimientos religiosos.

Conclusiones

A pesar de la centralidad de los aspectos doctrinales en la *Historia Eclesiástica* de Juan de Éfeso, podemos identificar en algunas de sus anécdotas un proceso que –aunque coincide en buena medida con el proceso de unificación doctrinal– parece estar primariamente relacionado con una dimensión disciplinar: esto es, el cambio progresivo del status legal de las fundaciones religiosas privadas. Como sostiene Thomas (1987: 37-58), en la segunda mitad del siglo VI se produjo un lento pero constante proceso de absorción de fundaciones religiosas privadas por parte de la autoridad patriarcal o imperial. Por supuesto, esto no significa su desaparición. Sin embargo, hubo una intensificación del control a través de una aplicación más escrupulosa de la legislación existente y hay un mayor control. En algunos casos, este avance centralizador obedecía a la aspiración del Patriarcado ecuménico de controlar los establecimientos religiosos de la capital que escapaban a su control. En otros era simplemente la desaparición (como en el caso del eunuco Narsés) del patrono fundador. Los grupos disidentes fueron los primeros en sufrir este avance ya que la legislación no los protegía de los abusos de las autoridades civiles y eclesiásticas.

En la medida que la definición de fe del concilio de Calcedonia se convirtió en la piedra de toque de la ortodoxia, la legislación sobre las propiedades dedicadas al culto tuvo un impacto potencial en Siria y Egipto, donde grupos miafisitas poseían una gran cantidad de establecimientos religiosos. No obstante, las limitaciones impuestas por la distancia del centro de poder constantinopolitano conspiraban contra la aplicación efectiva de medidas que avanzaran sobre propiedades privadas. Sin embargo, en la capital los herejes se encontraban expuestos a los ataques de los ortodoxos, quienes contaban con mayores recursos coercitivos.

Desde la perspectiva del autor, que apelaba a la *tradición* como eje de toda justicia, tanto la legislación imperial como los cánones eclesiásticos otorgaban *privilegios* específicos al clero miafisita que los mantenía fuera del alcance del patriarca y del emperador y, en consecuencia, la aplicación de la legislación antiherética a los miafisitas debía ser considerada opuesta a los cánones eclesiásticos. Ciertamente, Juan de Éfeso creía estar en lo cierto al considerar ilegales todas estas medidas. Pero, al mismo tiempo su infructuosa insistencia demostraba que la posición legal de los miafisitas en la capital había cambiado. Este cambio, estaba en relación con un nuevo marco de las relaciones entre la Iglesia y el Imperio, donde la primacía de éste último daba un nuevo sentido al concepto de ortodoxia.

Bibliografía

Arcuri, R. (2012) "I beni della Chiesa nel VI sec. d. C. tra economia, diritto e religione", *Atti dell'Accademia Pontiana* 51, 123-37.

Ashbrook Harvey, S. (1990) *Asceticism and Society in Crisis: John of Ephesus and the Lives of the Eastern Saints,* Berkeley.

Athanassiadi, P. (2010) *Vers la pensée unique: la montée de l'intolérance dans l'Antiquité tardive,* París.

Bowes, K. (2008) *Private Worship, Public Values, and Religious Change in Late Antiquity,* Cambridge.

Brock, S. (1979) "Syriac historical writing. A Survey of the main sources", *Journal of the Iraqi Academy. Syriac Corporation* 5, 1-30.

Brooks, E. W. (1923-25) *John of Ephesus. Lives of the Eastern Saints,* 3 vol. *Patrologia Orientalis* 17.1, 18.4, 19.2, París.

Brooks, E. W. (1935) *Iohannis Ephesini Historiae Ecclesiasticae pars Tertia* I, *CSCO* 105, Lovaina.

Brooks, E. W. (1936) *Iohannis Ephesini Historiae Ecclesiasticae pars Tertia* II, *CSCO* 106, Lovaina.

Bueno Delgado, J. A. (2015) *La legislación religiosa en la compilación justinianea*, Madrid.

Cameron, A. (2007) "Enforcing Orthodoxy in Byzantium", en K. Cooper y J. Gregory (eds.), *Discipline and Diversity (Studies in Church History 43)*, Londres, 1-24.

Cameron, A. (2008) "Byzantium and the Limits of Orthodoxy", en *Proceedings of the British Academy* 154,129-52.

Cureton, W. (1853) *The Third Part of the Ecclesiastical History of John, Bishop of Ephesus*, Oxford.

Debié, M. (2015) *L'écriture de l'Histoire en Syriaque. Transmissions interculturelles et constructions identitaires entre Hellénisme et Islam*, Lovaina.

Frend, W. H. C. (1972) *The Rise of Monophysite Movement*, Londres-Nueva York.

Francisco, H. (2011) *Historia, Religión y Política en la Antigüedad Tardía: La historiografía monofisita de los siglos V y VI*, Buenos Aires.

Hussey, J. M. (1990) *The Orthodox Church in the Byzantine Empire*, Oxford.

Joannou, P.P. (1962) *Fonti Discipline Generale Antique*. Roma.

Kaplan, M. (1992) *Les hommes et la terre à Byzance du VIe au XIe siècle: propriété et exploitation du sol*, París.

Kazhdan, A. (1993) "State, feudal, and private economy in Byzantium", *Dumbarton Oaks Papers* 47, 83-100.

Land, J.P.N. (1868) *Joannis Episcopi Ephesi monophysitae scripta historica quotquot adhuc inedita supererant*, Leiden.

Payne Smith, R. (1860) *The Third Part of the Ecclesiastical History of John, Bishop of Ephesus*. Oxford.

Thomas, J.P. (1987) *Private religious foundations in the Byzantine Empire*, Washington.

Wybrew, H. (1990) *The Orthodox liturgy: the development of the eucharistic liturgy in the Byzantine rite*, Nueva York.

Ziche, H.G. (2006) "Administrer la propriété de l'Église: l'évêque comme clerc et comme entrepreneur," *Antiquité tardive* 14, 69-78.

EL RECURSO A LAS LEYES:

CONFLICTOS, LEALTADES Y CONSTRUCCIÓN DEL PODER EPISCOPAL EN LAS HISPANIAS POST-ROMANAS

Eleonora Dell' Elicine
Universidad Nacional de General Sarmiento
Universidad de Buenos Aires

L as *Hispanias* de la primera mitad del siglo VI han dejado escasos documentos escritos: el famoso Breviario de Alarico que no se redacta en las *Hispanias* sino en las Galias, algunos comentarios bíblicos fragmentados, concilios, un puñado de epístolas, y realmente poco más.

Focalizaremos aquí en las dos cartas del obispo Montano adjuntadas a las actas del II concilio de Toledo, celebrado en 531 en esa ciudad bajo el reinado del rey visigodo Amalarico (526-531). Ambas constituyen una fuente de información extraordinaria al referir a una zona de frontera entre suevos y visigodos, muy alejada de la sede del poder regio instalado en ese momento en Narbona.

Repasemos brevemente de qué se tratan. La primera epístola está destinada al clero y feligresía de la ciudad de Palencia. En ella Montano acusa a los presbíteros de esa diócesis de bendecir el crisma, usurpando funciones que presuntamente no les corresponderían. A continuación los incrimina también por haber convocado a obispos de territorio suevo a inaugurar edificios religiosos en dominios del rey visigodo, y finalmente les imputa cultivar lazos con la detestable secta de los priscilianistas[1].

La segunda carta del obispo de Toledo está dirigida a un tal Toribio, probablemente –como aduce Martin– un abad de renombre en territorio palentino[2]. Montano comienza elogiando con grandes bríos la defensa de la ortodoxia llevada adelante por este personaje cuando florecía en el siglo, mas culmina amenazándolo con

---

1   Concilio II Toledo, *Epístola 1.* Ver Díaz (2008: 136-138).
2   Concilio II Toledo, *Epístola 2.* Martin (2006).

recurrir al juez civil de no sancionar a los presbíteros descarriados y a aquellos que simpatizaban con obispos del reino vecino. Como podemos suponer, ambas cartas han sido estudiadas desde diversas perspectivas: el armado de las jerarquías eclesiásticas (Isla Frez 2000), la construcción territorial del poder del obispo (Poveda Arias 2019), la relación con las disidencias religiosas (Nuñez 2011), etc. En todas estas operaciones, el obispo de Toledo echa mano de normas e instituciones jurídicas provenientes tanto del ámbito eclesiástico como del civil, de un modo asombrosamente flexible pero estudiado, y sopesando en cada argumento normas y fueros de forma muy calculada. Lo que en este trabajo nos proponemos examinar es el empleo que el obispo hace del cuerpo de normas civiles y canónicas, y el tipo de autoridad que resulta de ello, en una coyuntura anterior a la conversión de la monarquía visigoda al credo niceno-calcedoniano.

¿Y quién es Montano? El obispo, la ciudad, la provincia

Al momento que escribe Montano, la prosapia cristiana que Toledo puede exhibir es bastante endeble en relación a otras ciudades metropolitanas (Ubric Rabaneda 2019).

Ciento treinta años antes, Toledo había sido sede del concilio que zanjó la causa contra los obispos priscilianistas Sinfosio, Dictinio y el presbítero Comasio. En ese año 400, la ciudad formaba parte de la provincia Cartaginense cuya capital civil y eclesiástica era la lejana Cartagena. Diferente era la situación de Palencia, que era el destino de las cartas de Montano. En principio, la existencia de una sede obispal en esa ciudad solo puede documentarse con seguridad desde 589 (Martínez Diez 1988). Respecto de su encuadramiento civil en el año 400, Díaz (2008; 2011; 2015), Martin (1998) y Brassous (2011) enrolan a la urbe en la provincia de la *Gallaecia*; mientras que para Arce (2009) y más recientemente según Larrea y Pozo (2019) Palencia formaría parte, al igual que Toledo, de la Cartaginense. En cualquier circunstancia, al momento del primer concilio celebrado en 400, Toledo no tiene jurisdicción particular sobre el territorio palentino.

Entre el año 400 y el 531 en que escribe Montano, la situación se ha modificado por entero. A partir de 460, Ravena pierde control efectivo sobre la Península, y los diseños provinciales trazados por Dioclesiano quedan sujetos a las reformulaciones y dinámicas que imponen los nuevos poderes en el territorio. El área en la que opera Montano se ha convertido, de acuerdo a la fórmula de Ariño y Díaz (2014), en un "territorio en disputa" en el cual suevos y visigodos se esfuerzan por controlar posiciones[3].

Las epístolas de Montano muestran que los visigodos no se han rezagado en la organización de estos territorios. Desde las Galias, con la probable intención de controlar a los suevos mejor, el rey visigodo reordenó a las ciudades y sus entornos en una nueva provincia a la que denominó *Carpetania*, instalando a Toledo como flamante capital[4]. Con estas innovaciones, Toledo y Palencia quedaban encuadradas en una misma circunscripción civil, y tocaba a Montano consolidar su autoridad eclesiástica como nuevo metropolitano[5].

La realidad palentina ofrecía un panorama complicado desde el punto de vista eclesiológico. Montano no dirige sus epístolas a un colega en el cargo obispal, sino al clero y a la feligresía. Como ya habíamos referido, tampoco parece que el eximio Toribio haya sido un obispo, sino un abad con autoridad efectiva en el territorio. Estas circunstancias convierten a las cartas de Montano en retos –en el doble sentido de desafío y amonestación– dirigidos a sujetar a la comunidad palentina a su dominio. A ciencia cierta no sabemos cuándo esas cartas se adjuntan a las actas del concilio, pero sin duda su asociación confiere a las palabras de Montano una fuerza mayor.

---

3   Como demuestran varios especialistas y el silencio de la arqueología abona, es muy probable que entre suevos y visigodos nunca haya habido una línea demarcatoria precisa, sino plazas fortificadas para prevenir cambios de situación; ver López Quiroga y Rodríguez Lovelle (1994); Martin (1998); Díaz (2011). Posiciones contrarias en García Moreno (1999). Para un tratamiento del *limes* en la Antigüedad Tardía Isaac (1988). Siguiendo a Díaz, en la última parte del siglo V la vieja provincia de la *Gallaecia* se desgaja en dos áreas: los *conventi* occidentales de Lucus, Asturica y Braccara permanecerán bajo dominio suevo, al que se viene a sumar el *conventus* Scallabitanus que antes pertenecía a la Lusitania. Mientras esto sucede, la región que antes de las reformas dioclesianeas pertenecía al *conventus* de Clunia y que Díaz enrola en la *Gallaecia*, quedaría alineada bajo dominio visigodo. Ver Díaz Martínez (2019); Le Roux (2019). Para el *conventus* de Clunia, López Noriega (1997).

4   Ver Martin (2006). Una posición diferente en García Moreno (1999). Generales sobre encuadramiento provincial Díaz Martínez (2019).

5   Beltran Torreira (1991); Díaz (2008: 135-6).

A su turno observemos que quien va a realzar la novedad de la primacía de Toledo en el territorio será Ildefonso, metropolitano de la ciudad 120 años después de ocurridos los hechos que relatamos. En su famosa colección de varones ilustres, Ildefonso anota primero al obispo y asceta riguroso Asturius, precisando secamente que hasta el momento Toledo formaba parte de la Cartaginense[6]. En la segunda entrada aparece Montano ostentando la capitalidad de la misma provincia[7]. Ildefonso pasa por alto que el esquema provincial se había alterado; y no está en su perspectiva atribuir la capitalidad de esta u otra diócesis a la iniciativa de un rey arriano. Por el contrario, en su obra la transferencia de capital de Cartagena a Toledo se presenta como una circunstancia predestinada, y los argumentos de Montano una puesta en orden llevada a cabo por quien detenta autoridad acendrada de largo.

En 531, resumiendo, Toledo es capital de una nueva provincia –la Carpetania–; sede de un nuevo arzobispado; receptora de un concilio al que asisten bien pocos obispos, y –de acuerdo a lo que nos informa Montano– asiento de un juez civil, el *filius noster* Erga al que refiere nuestro celoso prelado[8].

Los usos de la ley divina y de la ley eclesiástica

Indudablemente, la ley divina y la eclesiástica constituyen piezas centrales en el armado retórico y argumental de las cartas de Montano.

En el plano retórico, la primera carta se organiza en una *gradatio* descendente. Se abre con un encadenamiento de citas y alusiones a personajes de la Biblia –sede de la verdad inapelable–, y continúa con referencias a la ley de la iglesia, portadoras de una verdad derivada.

El modo de invocar al texto bíblico también se organiza bajo una *gradatio*, inaugurada esta vez por una cita directa y exten-

---

6   Ildefonso de Toledo, *De Viris illustribus* I: 1-2.
7   Ildefonso de Toledo, *De Viris illustribus* II: 16-17.
8   Concilio II Toledo, *Epístola 1*: 281. A propósito del *iudex*, Bjornlie anota: "The term *iudex* tends to be a rather generic referent for someone with either judicial or financial competence either as a part of the local *civitas* administration or as an agent of the Gothic court sent to a particular place, and not in the specific sense of a person who might be considered a civilian analogue to the Gothic *comes provinciae*" (Bjornlie 2016: 65). Ver también Martínez Jiménez (2020: 104).

sa[9], que se desliza a una más breve[10] y declina finalmente en la alusión[11].

Los pasajes que se citan de modo directo son Ez. 3,17-18 y 1Cor. 4,21. Ambos denotan un pecado de presunción: por parte del Pueblo de Israel en el caso del texto profético, y de la joven comunidad de los fieles de Corinto en el caso del texto apostólico. A la transgresión sucede el enojo divino, y por último la corrección llevada a cabo por el intérprete de la voluntad de Dios, sea éste Ezequiel, el Apóstol Pablo ...o el obispo Montano.

Esa precisión para citar el versículo que saque a la luz la gravedad de la falta se pierde por completo al momento de movilizar las normas eclesiásticas supuestamente contravenidas. En este punto, el detalle se abandona por una mención general y de conjunto a la tradición de la Iglesia. Significativamente, Montano hubiese podido esgrimir aquí las decisiones de un concilio bastante reciente, también convocado por un rey visigodo y arriano. El canon XLIIII del sínodo de Arlés celebrado en 506, por ejemplo, limitaba de modo claro la capacidad de los presbíteros para impartir bendiciones o penitencias[12]. Nuestro novel metropolitano no se respalda en este contenido canónico, y resaltar la proximidad en el tiempo está absolutamente fuera de su interés.

Más antiguo pero con sede local, el concilio I celebrado en Toledo en 400 legisla *en concreto* sobre presbíteros y crismas, el motivo que supuestamente tanto preocupa a Montano[13]. Una vez más, el metropolitano pasa por alto el canon XX y toda referencia que acerque el tratamiento legislativo del problema en el espacio o en el tiempo. Por el contrario, prefiere amenazar de un modo global e indiferenciado, con sanciones eclesiásticas fulminantes[14]: este expediente le permite no solo connotar con más eficacia la gravedad de la falta, sino presentarse como el depositario e intérprete de una tradición que remonta a la primera infancia de la iglesia.

---

9   Concilio II Toledo, *Epístola 1*: 136-141.
10   Concilio II Toledo, *Epístola 1*: 148-149.
11   Concilio II Toledo, *Epístola 1*: 158-161.
12   *"Ne presbyter benedictionem vel paenitentiam in ecclesia dare praesumat. Benedictionem super plebem in ecclesia fundere aut paenitentem in ecclesia benedicere presbytero non licebit".* Concilio de Agadé XLIIII.
13   Concilio II Toledo, XX. Este, a su vez, retoma una orden parecida contenida en Nicea XVIII.
14   Concilio II Toledo, *Epístola 1*: 194-196.

Como podemos observar, el obispo Montano interviene movilizando principalmente argumentos teológicos y canónicos, a los que manipula ante todo para presentar en el territorio su nueva autoridad.

Montano, la ley y el fuero civil

Sin embargo, no todo es canónico en la escritura de Montano. En la segunda carta, dirigida esta vez a Toribio, deja caer en las últimas líneas que de no plegarse éste a las exhortaciones del metropolitano, Montano va a verse obligado a recurrir al rey y al juez civil[15].

Antes del recurso al fuero secular, nuestro obispo nuevamente contaba con otras opciones dentro de la propia normativa canónica. El canon XVIII de Calcedonia, por ejemplo, proponía la figura de la *coniuratio* de clérigos, frente a la cual el obispo tenía potestad para degradar a los participantes y encerrarlos en un monasterio. La amenaza de Montano no sigue el camino de la ley y la sanción eclesiástica, sino que esta vez da un giro y sugiere una apelación a la ley civil.

El Breviario de Alarico, en vigencia desde 506, recogía del código Teodosiano varias leyes que regulaban la relación entre fuero eclesiástico y civil, ligeramente distintas entre sí (Rodríguez Martín 1999). La primera de ellas era BA XVI,1,3 (que se corresponde en el CTh con la XVI, 2, 23 sancionada en 376). Esta ley decía que el fuero eclesiástico resultaba competente en causas leves o de carácter religioso, en tanto que las causas criminales eran asunto de los tribunales civiles. La segunda constitución, la BA XVI, 5,1 (CTh XVI, 11,1 promulgada en 399), afirmaba que las causas religiosas correspondían al juez eclesiástico, y todo el resto al civil. Una tercera, inclusive, extraída de las *Novellae de Valentiniano,* establecía el criterio en los actores y no en el tipo de causas[16]. Como podemos advertir, estas leyes permitían bastante flexibilidad para adecuar las causas a un fuero u otro.

---

15 General para el tema de la utilización de la ley civil en las provincias ver Czajkowski, Eckhardt y Strothmann (2020). Para una utilización flexible de la ley civil ver Humfress (2013); Ando (2016), entre otros.

16 Breviario de Alarico, *Nov. Val.* XII.

Al igual que en el caso de los argumentos canónicos, Montano profiere amenazas, una colección de juegos de artificio. En este teatro, lo que probablemente deje caer Montano de modo solapado es una acusación de *laesa maiestas*, según lo prevé el Breviario incluyendo la *Lex Iulia Maiestatis* a través de las *Sententiae* de Paulo[17]. Con este escenario, el obispo de Toledo muestra al resto de los actores su capacidad y sobre todo su voluntad de movilizar los más diversos recursos para disciplinar a los díscolos: castigos religiosos y sanciones civiles, estas últimas exquisitamente reservadas para quien detenta poder efectivo en la región.

Conclusiones. Montano, ¿qué tipo de poder?

Escritas en la primera mitad del "oscuro" siglo VI, las cartas de Montano permiten entrever la existencia de diversos poderes con aspiraciones sobre el territorio que fundamentan su poder en distintos elementos. Desde lo más lejano a lo más cercano, primero el rey, que, instalado en Narbona, cuenta con un aparato judicial, capacidad de proponer nuevos esquemas territoriales, agentes en el territorio y cierta fuerza coercitiva cuya magnitud nos es desconocida. En segundo lugar, el enigmático Toribio, probablemente un terrateniente de cierta importancia en el convento palatino y por ende capaz de movilizar parientes y amigos; replegado a un monasterio de fundación propia en algún lugar de ese territorio. Más próximo a Montano el *iudex* Erga, que controlaría la maquinaria judicial local; y por último Montano, que ateniéndonos a las cartas se advierte que moviliza un *scriptorium*, contactos y dispositivos normativos en los que se mueve con notable fluidez.

Entre estos poderes, los alineamientos no son étnicos, como podría esperarse de un Turribius y un Montanus de clara onomástica tardorromana, por un lado; y un Erga y Amalarico, de onomástica visigoda, por otro. Las cartas desmienten también alianzas religiosas: el obispo de Toledo, niceísta, reprocha afinidades con otros obispos del mismo credo, pero de un reino distinto, todo ello en nombre de un rey arriano. Como podemos advertir, se trata de

---

17   Breviario de Alarico, *Pauli Sententiarum Liber V,* Título XXXI. Esta figura penal es recurrentemente utilizada en el contexto de las nuevas monarquías. Ver Lizzi Testa (2016: 454).

lealtades de situación, móviles, instrumentales y muy abiertas a nuevos cambios. La inscripción institucional no obstaculiza este flujo, sino que por el contrario pone a disposición unos procedimientos, unos dispositivos y también unos contactos específicos para intervenir en la coyuntura.

En un artículo muy sugerente escrito en 2006, Céline Martin consideraba a Montano un intermediario, junto al *iudex* Erga, del poder visigodo en la región. La descripción hace centro en la relación competitiva con los poderes suevos, pero una mirada de detalle muestra que la estrategia del obispo de Toledo, si bien funcional al rey en Narbona, no la prolonga a pie juntillas. A diferencia de lo que podría ser el *iudex* Erga, Montano responde a objetivos de poder propios sobre el territorio que circunstancialmente coinciden con los del rey. Moviliza para sus fines recursos, dispositivos y códigos específicos, y por el contrario manipula la infraestructura civil en un diseño de incremento del poder episcopal. En esta coyuntura, no es tanto la técnica de poder lo que distingue una institución de otra: de hecho, hemos relevado bastante eclecticismo y flexibilidad por parte del representante de la jerarquía episcopal, que recurre a un cuerpo normativo u otro conforme el destinatario y las circunstancias. Lo que distingue en este caso a la iglesia son sus fines y unos mecanismos específicos (la ordenación episcopal) capaces de garantizar la transmisión de ese tipo de comando.

Bibliografía

Alberigo, G., Ritter, A., Abramowski, L. *et alii* (2006) *Conciliorum oecumenicorum generaliumque decreta. Editio critica. 1. The oecumenical councils from Nicaea I to Nicaea II (325-787)*, Turnhout.

Ando, C. (2016) "Legal Pluralism in practice", en P. du Plessis, C. Ando y K. Tuori, (eds.), *The Oxford Handbook of Roman Law and Society*, Oxford, 283-293.

Arce, J. (2009) *El último siglo de la España romana, 284-409*, Madrid.

Ariño Gil, E. y Díaz Martínez, P. (2014) "La frontera suevo-visigoda. Ensayo de lectura de un territorio en disputa", en R. Catalán, P. Fuentes y J. Sastre (eds.), *Fortificaciones en la tardoantigüedad. Elites y articulación del territorio (siglos V-VIII)*, Madrid, 179-190.

Barroso Cabrera, R., Carrobles Santos y J. Morin de Pablos (2018-2019) "*Urbs, Praetorium, Suburbium*. Centros de Poder en la *civitas regia* toledana y su territorio en época visigoda", *Antigüedad y Cristianismo. Monografías históricas sobre la Antigüedad Tardía* XXXV-XXXVI, 391-444.

Beltran Torreira, F. M. (1991) "El conflicto por La primacía eclesiástica de la Cartaginense y el III Concilio de Toledo", en AAVV, *El concilio III de Toledo. XIV centenario (589-1989)*, Toledo, 497-510.

Bjornlie, M.S. (2016) "Governmental Administration", en J. Arnold, M. Bjornlie y K. Sessa, *A Companion to Ostrogothic Italy*, Leiden-Turnhout, 47-72.

Brassous, L. (2011) *"L'identification des capitales administratives du diocèse des Espagnes* In: *Roma generadora de identidades: La experiencia hispana* [en línea]. URL http://books.openedition.org/cvz/16403. (Consultado el 28 noviembre 2021).

Brassous, L., Panzram, S. (2019) "Presentación", Dossier. *El espacio provincial en la península ibérica*, *Mélanges de la Casa de Velázquez* 49, 2, 9-18.

Código de Alarico II. Fragmentos de la "Ley Romana" de los visigodos conservados en un Códice Palimpsesto de la Catedral de León. (1991), León.

Codoñer Merino, C. (ed.) (1972) *El «De Viris Illustribus» de Ildefonso de Toledo. Estudio y edición crítica.* Salamanca.

Czajkowski, K., Eckhardt. B. y Strothmann, M. (2020) *Law in the Roman Provinces*, Oxford.

Di Cintio, L. (2019) "*'Pater Patriae' et 'Maiestas'.* Un possibile nuovo modello normativo", *Iura & Legal Systems* 6/2, 9-20.

Díaz Martínez, P. (2008) "Sedes episcopales y organización administrativa en la cuenca del Duero (siglos IV-VII)", en S. Castellanos e I. Martín Viso (eds.), *De Roma a los bárbaros. Poder central y horizontes locales en la cuenca del Duero*, León, 123-143.

Díaz Martínez, P. (2011) *El reino suevo (411-585)*, Madrid.

Díaz Martínez, P. (2019) "El esquema provincial en el contexto administrativo de la monarquía visigoda de Toledo", *Mélanges de la Casa de Velázquez* [En línea]. URL: http://journals.openedition.org/mcv/11009 (Consultado 10 de abril de 2021).

Díaz Martínez, P. y Menéndez Bueyes, L. (2015) "*Gallaecia* in Late Antiquity. The Suevic Kingdom and the Rise of Local Powers", en J. D'Emilio, *Culture and Society in Medieval Galicia. A Cultural Crossroads at the Edge of Europe*, Leiden-Boston, 146-175.

Garbarino, P. (2013) "Appunti sulla *Lex Quisquis* (CTH. 9, 14, 3)", *Bulletino dell Istituto di Diritto Romano Vittorio Scaloja* 107. [En línea], URL: https://iris.uniupo.it/retrieve/handle/11579/69409/50889/Lex%20quisquis.pdf (Consultado 11 de abril de 2021).

García Moreno, L. (1999) "Los orígenes de la Carpetania visigoda", en J. Alvar, *Toledo y Carpetania en la Edad Antigua*, Toledo, 229-249.

Henriet P. (2003) "L'espace et le temps hispaniques vus et construits par les clercs (IXe-XIIIe siècle)", *Annexes des*

Cahiers de linguistique et de civilisation hispaniques médiévales 15, 81-127. [En línea]. URL: http://www.persee.fr/doc/cehm_0396-9045_2003_hos_15_1_1283. (Consultado 11 de abril de 2021).

Humfress, C. (2013) "Thinking through Legal Pluralism: 'Forum shopping' in the Later Roman Empire", en J. Duindam, J. Harries, C. Humfress, N. Hurvitz, (eds.), *Law and empire: ideas, practices, actors,* Leiden- Boston, 225-250.

Isaac, B. (1988) "The Meaning of the Terms *Limes* and *Limitanei*", *Journal of Roman Studies*, 78, 125-147.

Isla Frez, A. (2000) "Desde el reino visigodo y la ortodoxia toledana: la correspondencia de Montano", *Studia historica. Historia medieval* 18-19, 41-52.

Larrea, J.J. y Pozo, M. (2019) "La Tarraconense occidental, de la reforma de Diocleciano a la reforma gregoriana", *Mélanges de la Casa de Velázquez* 49-2. [En línea]. URL: http://journals.openedition.org/mcv/11161 (Consultado el 29 noviembre 2021).

Le Roux, P. (2019) "Les *Hispaniae* (ivᵉ-vᵉ siècle): redéfinitions administratives des espaces provinciaux entre Dioclétien et l'installation des Wisigoths (508)", *Mélanges de la Casa de Velázquez* 49-2. [En línea]. URL: http://journals.openedition.org/mcv/10845 (Consultado el 20 abril 2021).

Lear, F. (1929) "*Crimen Laesae Maiestatis* in the *Lex Romana Wisigothorum*", *Speculum* 4, No. 1, 73-87.

Lizzi Testa, R. (2016) "Bishops, Ecclesiastical Institutions, and the Ostrogothic Regime", en J. Arnold, M. Bjornlie y K. Sessa, *A Companion to Ostrogothic Italy*, Leiden- Turnhout, 451-479.

López Noriega, P (1997) "Organización territorial romana en el *Conventus Cluniensis:* algunas consideraciones sobre la creación de ciudades *ex novo*", *Zephyrus* 50, 217-224.

López Quiroga, J. y Rodríguez Lovelle, M. (1994) "El problema del *limes* de época visigoda en Galicia: nuevas consideraciones a partir de una relectura de las fuentes escritas y arqueológicas", *Revista de Guimarães* 104, 83-107.

Martin, C. (1998) "In *confinio externis gentibus*. La percepción de la frontera en el reino visigodo", *Studia Historica. Historia Antigua* 16, 267-280.

Martin, C. (2006) "Montanus et les schismatiques: la reprise en main d'une périphérie hispanique au début du VIe siècle", *Médiévales* 51. [En línea]. URL http://journals.openedition.org/medievales/1586 (Consultado 2 de mayo de 2019).

Martínez Diez, G. (1988) "Restauración y límites de la diócesis palentina" *Boletín de la Institución Tello Téllez de Meneses* 59, 350-385.

Martínez Diez, G., Rodríguez, F. (eds.) (1984) *La colección canónica hispana. Concilios galos. Concilios hispanos, 1ª. Parte,* Madrid.

Martínez Jiménez, J. (2020) "Urban Identity and Citizenship in the West between the Fifth and Seventh Centuries", *AL-MASĀQ* 32, 1, 87-108.

Nuñez García, O. (2011) *Prisciliano, priscilianismos y competencia religiosa en la antigüedad. Del ideal evangélico a la herejía galaica, Anejos de Veleia,* Vitoria-Gasteiz.

Poveda Arias, P. (2019) "La Diócesis Episcopal en la Hispania Visigoda: concepción, construcción y disputas por su territorio", *Hispania Sacra* LXXI 143, 9-24.

Rodríguez Martín, J. (1999) "*A Handbook for Alaric's Codification".*

Revue Internationale des Droits de l'Antiquité 46, 451-463.

Sbriccoli, M. (1974) Crimen Laesa Maiestatis. *Il problema del reato político alle soglie della scienza penalistica moderna,* Milán.

Ubric Rabaneda, P. (2019) "La organización de la Iglesia hispana en los siglos IV-V", *Mélanges de la Casa de Velázquez* 49-2. URL: http://journals.openedition.org/mcv/10921. [En línea]. (Consultado el 29 noviembre de 2021).

ENTRE LA LEY DIVINA Y EL OBRAR HUMANO

LAS PRÁCTICAS PAGANAS Y LA NATURALEZA DE LA MÚSICA COMO TERAPIA ESPIRITUAL EN EL PENSAMIENTO DE MARSILIO FICINO

Andrea María Noel Paul

Universidad Nacional de General Sarmiento

Introducción

Este artículo tiene como objetivo pensar la relación entre la ley divina o cósmica y la naturaleza humana, centrándonos en las consecuencias que esta relación puede traer aparejadas. Pensar la ley divina o natural que rige el universo en un entramado de vínculos espirituales no solo supone la divinización de cada nivel ontológico, sino que implica pensar la injerencia que esta puede efectuar sobre el funcionamiento del mundo y sobre el obrar humano. A partir de la obra de Marsilio Ficino (1433-1499) analizaremos la relación entre las leyes que gobiernan los astros y su correspondencia respecto de la música.

Marsilio fue una figura polifacética de la filosofía neoplatónica renacentista que contribuyó en el siglo XV a las discusiones acerca de la concordia entre el paganismo y el cristianismo[1]. Su pensa-

---

1 La concordia entre ambas tradiciones tiene por objetivo no solo demostrar que tanto una como la otra coinciden doctrinalmente en varias nociones sobre la realidad, sino también resolver una crisis de la religión y de la filosofía que Ficino observa en su tiempo. Para él, esta crisis es producto de la escisión de la razón y la fe; escisión que convierte a la fe en indocta y la razón en impía. A fin de superar dicha crisis, Ficino emprende la tarea de examinar las fuentes antiguas, en su mayoría paganas, con el propósito de encontrar en ellas fundamentos metafísicos y epistémicos que lo ayudaran a justificar la unión divina entre la razón y la fe y, en consecuencia, la concordia entre el paganismo y el cristianismo. El siguiente pasaje es un claro ejemplo de esta armonía doctrinal que busca defender: "Nuestro querido Platón no sólo ha alentado a otros en el deber de la piedad, sino que él mismo la proporciona al máximo. A causa de ello, sin ninguna controversia, ha sido proclamado divino y su doctrina denominada, por todos los pueblos, teología, porque no trata ningún tema de moral,

miento dialoga con fuentes clásicas y medievales pertenecientes a la tradición filosófica, a la tradición cristiana y a la sabiduría oriental. Ha sido, además, traductor e intérprete de fuentes esotéricas de origen árabe, persa y egipcia y, sobre todo, traductor y comentador de las obras completas de Platón y de los neoplatónicos.

Lo que nos convoca de su obra en esta ocasión es el estudio de las nociones acerca de las doctrinas astrológicas, mágicas y musicales. Es justamente dentro de este contexto, que Ficino ha sostenido que los astros influyen en el temperamento humano y, por tal motivo, propone estudiarlas con precisión. Sus estudios de los cielos, además, están estrechamente unidos a un interés mayor, esto es, intentar armonizar la naturaleza divina, la naturaleza cósmica y la naturaleza humana bajo la idea de que todo está conectado a través de redes mágicas que emiten rayos que influyen en la vida del hombre. Por este camino se encuentra su teoría sobre la terapia musical.

En este trabajo nos limitaremos a considerar algunos puntos generales sobre la música como terapia espiritual en el pensamiento de Ficino y la relación que esta establece entre la ley del universo y el obrar humano. Para alcanzar tal fin, dividiremos el artículo en dos apartados: en el primero desarrollaremos brevemente algunas consideraciones sobre la astrología en Ficino y luego, teniendo presente lo anterior, indagaremos cómo estas nociones lo guiaron en la elaboración de su concepción terapéutica de la música.

Recepción de las prácticas paganas en el pensamiento de Marsilio Ficino

Si analizamos la relación entre ley divina y naturaleza en el pensamiento de Ficino, no podemos dejar de aludir al problema de la astrología. Es justamente en el interior de estas nociones donde podemos descifrar las doctrinas sobre la composición del universo referido estrictamente a su confluencia, tanto en la razón oculta de las propiedades de la naturaleza (una naturaleza entendida como hechicera), como en el obrar humano respecto a

---

dialéctica, matemática o Física, sin conducirlo inmediatamente con la máxima piedad a la contemplación y adoración de Dios" (Ficino, *Theologia platonica*, Proemio, 8; v traducción propia).

su temperamento. Asimismo, los estudios sobre la astrología le ofrecen a nuestro autor las herramientas teóricas y prácticas para argumentar y demostrar por qué causa la música posee el poder de sanar terapéuticamente el alma humana. La norma aquí es clara, entender los mapas de los cielos, descubrir las fuerzas cósmicas de los cuerpos celestes y etéreos, aceptar la espiritualidad propia del universo y de la naturaleza humana y, finalmente, resignificar la música como método para la tranquilidad del alma. Ahora bien, entendamos brevemente la presencia de la astrología en Ficino.

En primer lugar, debemos comprender que los saberes sobre la astrología y la magia, tal como se la entiende en la Antigüedad –esto es, como un sistema racional que reflexiona acerca del comportamiento de los astros y su relación con la naturaleza–, circulan entre los intelectuales, teólogos y clérigos renacentistas, sea para condenar sus prácticas, como para aceptarlas. Las nociones aristotélicas sobre la composición y movimiento del universo, así como su teoría de la causalidad celeste, ingresan en un diálogo, controversial a veces, con la teoría del universo animado del *Timeo* platónico[2]. De igual modo, las nociones astrológicas y astronómicas presentes en el *Tetrabiblos* de Ptolomeo comparten protagonismo con obras de origen árabe y hebreas[3]. Como sostienen Macías Villalobos y Macías Fuentes (2020), en la segunda mitad del siglo XV, con la llegada de nuevos manuscritos desde Oriente, nuevas obras circulan contribuyendo al saber de estas prácticas esotéricas. Circulan, además, el texto atribuido a Ptolomeo –el *Centiloquium*, mencionado en varias ocasiones por Ficino–, los *Oráculos caldeos* con los comentarios de Proclo y Psellos y el *Corpus Hermético*, imputado a Hermes Trismegisto.

Otra fuente que Marsilio Ficino tiene presente para su doctrina astrológica es *Enéadas* de Plotino. No solo accedió a esta obra, sino que además la tradujo al latín y redactó un comentario. Otras

---

2   El siguiente pasaje es uno de los varios en el que Ficino compara la cosmogonía aristotélica con la platónica. En esta ocasión alude a Aristóteles *Sobre el cielo*, II, 13, 293 a 19 ss.: "Por este motivo, los pitagóricos llaman al globo terrestre, que se encuentra rodeado de agua, de aire y de su propio fuego, como si fueran sus propios velos, la única esfera del mundo y una especie de estrella. Asimismo, Platón llama a la tierra, la diosa más antigua entre todas las deidades que se encuentran dentro de los cielos" (*Theologia platonica*, XVI, 6: 4; traducción propia)].

3   Sobre las nociones aristotélicas respecto de los movimientos planetarios, se recomienda la lectura de Boterri & Casazza (2015).

fuentes que contribuyeron a su saber astrológico, pero que se vinculan más con la magia[4], son *Los Oráculos Caldeos*; *De mysteriis de Jámblico*; *De somniis de Sinesio*; *Sacrificio et Magia de Proclo*; *De radiis de Al-Kindi*; *Demonología de Psellos*; *Picatrix*; *De Occultis operibus naturae* y *Summa contra gentiles* de Tomás de Aquino, entre otros (Garay Suárez-Llanos 2016)[5]. En el mismo orden, Pompeo Faracovi (2002) sostiene que las ideas mesopotámicas y la astrología babilónica (cierta adoración al mapa estelar) subyacen en el pensamiento astrológico de Ficino, particularmente la teoría sobre las esferas celestes, planetas y estrellas, como fuerzas vivientes que influyen en el temperamento humano. Así, para aquellos antiguos "*indagatori* del cielo", las figuras celestes no significan meras representaciones alegóricas: por el contrario, la injerencia que éstas tienen con el obrar del hombre es vital[6].

Marsilio Ficino tiene conocimiento de todas estas obras y, por consecuencia, desarrolla en su máxima expresión el arte de comprender las propiedades ocultas de la naturaleza y sus vínculos con los movimientos planetarios –en otros términos, la ley oculta del universo. Esto no solo se manifiesta en su pensamiento teórico, sino que además ciertas nociones sobre la astrología lo han guiado en el terreno práctico. Asimismo, la astrología y la magia natural que ejerce, como es de costumbre, está íntimamente relacionada con la agricultura y con la medicina (aunque en ciertas ocasiones también reivindica la astrología judiciaria). Un claro ejemplo es el siguiente pasaje del *De triplici vita,* una obra de carácter astrológico, médico y filosófico escrita en 1489:

> Teniendo en cuenta todas estas cosas es como la agricultura prepara el campo y las semillas mediante los dones celestes, prepara con algunos injertos la vida de las plantas y las conduce a una especie distinta y

---

4   Es importante tener en cuenta que para Ficino la distinción tan radical entre astrología y magia no era tal, pues ambas se analizaban en conjunto.

5   Véase Pompeo Faracovi (2002).

6   A pesar de que en Grecia, como sostiene Pompeo Faracovi, la deificación del cielo no siempre se expresó en términos de identificación de los planetas con los dioses, es cierto que cada esfera celeste, sea planeta o estrella, podría pertenecer a un dios, sacralizando de esta manera a la misma esfera. En la cosmovisión astrológica y astronómica griega se observa con claridad, por ejemplo, la teoría de la armonía de esferas, basado en el sistema mesopotámico de los siete planetas, las dos luminarias y el cinco estrellas errantes menores, aunque enumeradas en diferente orden (Pompeo Faracovi 2002: 198-200).

superior. De parecida manera actúan sobre nuestro cuerpo el médico, el filósofo de la naturaleza y el cirujano, bien para fortalecer nuestra naturaleza o bien para hacer más fértil y rica la naturaleza del universo. Y de esta misma manera se comportan los filósofos expertos en las realidades naturales y en los astros a los que de ordinario llamamos magos y hechiceros, que con ciertos encantamientos concretos, insertan las cosas celestes en las terrestres[7].

Defensor, entonces, de la magia y de la astrología natural, condena en varias ocasiones aquellas prácticas relacionadas con los demonios malignos y aquellas que buscan anular la voluntad humana y que contradicen, en algún sentido, las doctrinas cristianas. No obstante, la astrología y la magia –además– están en sintonía con su objetivo filosófico-político mayor, a saber, establecer la concordia entre el cristianismo y el paganismo[8]. Debido a este objetivo, Ficino recibe ciertas críticas por parte de colegas y amigos y, también por parte de la Iglesia, quien lo acusa de *curiositas*[9]. Uno de los problemas más radicales consiste en la adjudicación por parte de la disciplina astrológica del poder de determinar el juicio y la voluntad del alma humana, anulando, en un sentido, a esta última.

---

7   Ficino, *Tres libros sobre la vida*: 165-166. Si la traducción al castellano no es de mi propia autoría se utilizará la traducción al castellano de Marciano Villanueva Salas (2006). En ese caso indicaremos el título de la obra en castellano y no en latín.

8   Ficino, como hemos dicho, tenía como objetivo demostrar la concordia entre el paganismo y el cristianismo. Asimismo, esta concordia lo orienta en sus estudios de los antiguos teólogos gentiles reconstruyendo un linaje sapiencial conocido como *Prisca theologia*, una tradición en la que se encuentran los pilares, según Ficino, de una *pia philosophia* y una *docta religio*. En esta línea se ubicaba a teólogos persas, egipcios y griegos. Es importante entender que Ficino jugó un rol importante en la reconsideración de los teólogos antiguos. Su trabajo no solo incluyó la traducción de los manuscritos al latín, sino también en la incorporación de las doctrinas de estos a su propio pensamiento, incorporación que lo llevaría a comprobar tal concordancia. No obstante, la reconsideración de la obra de los antiguos teólogos y su defensa doctrinal le generarían varios problemas, tanto con la Iglesia como con otros pensadores que pertenecían a diferentes escuelas filosóficas (Paul 2023). En innumerables ocasiones Ficino cita a teólogos cristianos junto pagano con el mismo nivel de autoridad. De este modo, manifiesta en sus escritos la concordia doctrinal entre ellos.

9   La acusación de *curiositas* en 1473 por parte de colegas y teólogos cristianos definió un cambio en su actitud frente a la astrología, que oscilaba entre la defensa y la condena. Es importante entender que esta oscilación se daba en torno a la astrología judiciaria o adivinatoria y no a la astrología natural.

Más allá de todo, Ficino comprende que la astrología es una sabiduría que puede colaborar con el camino místico hacia las verdades divinas, asistiendo a través de la reflexión sobre la naturaleza y los vínculos espirituales que ésta contiene con el cosmos todo. Asimismo, desarrolla en su filosofía la relación entre la configuración planetaria y el temperamento propio de la naturaleza humana con la terapia musical. En otras palabras, entiende que la astrología representa un saber con capacidad para abrir las puertas para investigar e interpretar las leyes de la naturaleza, esto es, el orden espiritual de lo real y la animación de las esferas celestes. Tal es el caso de la influencia saturnina en el alma. En palabras de nuestro autor:

> [Saturno], este segundo planeta, que es el más encumbrado de todos, eleva a quien le busca a la contemplación de las cosas más sublimes. Por este motivo, los filósofos finalizan con el ser singular, especialmente cuando su alma, así alejada de los movimientos externos y del propio cuerpo, se acerca lo máximo posible a las cosas divinas y se convierte casi en su instrumento. Henchida, pues, de lo alto con oráculos e influjos divinos, piensa constantemente cosas nuevas e inusuales y predice el futuro. Así lo afirman no sólo Demócrito y Platón sino también Aristóteles en el libro de los Problemas (Ficino, *De triplici vita*: 30; traducción propia).

Estudiar, justamente, la composición de los cielos y los movimientos planetarios le permite entender los influjos que éstos provocan no solo en la naturaleza del mundo, sino también en la naturaleza humana. Ambas, por poseer un espíritu, son receptoras de los rayos divinos y de esta manera son un eslabón fundamental en esta cadena cósmica espiritual. Sostiene nuestro autor que "los cuerpos celestes, (...) son como la cabeza o el corazón o los ojos del mundo" (Ficino, *Tres libros sobre la vida*: 113-114); a través de las estrellas difunden por doquier rayos no visibles. De este modo confirma que los planetas ejercen sus respectivas influencias sobre el alma y el cuerpo mediante ciertos espíritus. Sostiene Ficino:

> Que el universo es como un animal y que está animado de una manera mucho más intensa es algo que demuestran no solo los razonamientos de los platónicos, sino también el testimonio de los astrólogos árabes. Y en estas páginas demuestran asimismo que, como consecuencia de una cierta aplicación de nuestro espíritu al espíritu del mundo, hecha

por medio de un arte que sigue a la naturaleza y por medio del efecto, se transfieren a nuestra alma y a nuestro cuerpo los bienes celestes. Esta transferencia se produce, por un lado, a través de nuestro espíritu, que es en nosotros medio y ha sido revigorizado por el espíritu del mundo y, por otro lado, a través de los rayos de las estrellas que actúan favorablemente sobre nuestro espíritu, cuya naturaleza es parecida a los de los rayos y tiene, además, la capacidad de adaptarse a los rayos celestes (Ficino, *Tres libros sobre la vida*: 96).

Para comprender esto, debemos tener presente que según Ficino el cosmos tripartito entre la tierra, el cielo y la divinidad está colmado de un alma, un espíritu[10]. De allí que, para el florentino, los astrólogos son aquellos intérpretes de señales de los cielos, quienes entienden la bóveda celeste. No obstante, este saber es compartido con los físicos y los filósofos; todos ellos en sintonía buscan comprender la estructura del universo. Un claro ejemplo es el siguiente pasaje:

Los antiguos físicos llamaron al Sol el corazón del cielo. Heráclito, la fuente de luz celestial. La mayoría de los platónicos colocaron el alma del mundo en el Sol, que, al llenar plenamente la esfera del Sol, difunde, como el fuego, sus rayos a través de ese globo, tal como los espíritus, a través de todo por el corazón y desde allí, distribuye vida, sentido y movimiento en el universo (Ficino, *De Sole*, VI: 968-969; traducción propia).

Entender, entonces, aquello que se escapa del esfuerzo de la razón y de los sentidos, esto es, aquello que está oculto, es uno de los intereses de Ficino. Considera pues, que indagar las propiedades secretas presentes en cada uno de los elementos del universo y del mundo significa comprender los fenómenos ce-

---

10 En el pensamiento ficiniano, el concepto de *spiritus* funciona como nexo entre el cuerpo y el alma, nexo que permite comunicar las fuerzas del alma al cuerpo tanto en el nivel del macrocosmos como en el nivel del microcosmos, esto es, el universo y la naturaleza humana. En el *De vita* sostiene que: "En consecuencia, además de este cuerpo del mundo, manifiesto claramente a nuestros sentidos, se esconde en él un cierto cuerpo espiritual que excede a la capacidad de nuestros caducos [débiles] sentidos. En el espíritu vive el alma y en este alma brilla la inteligencia. Y así como bajo la Luna, el aire no se mezcla con la tierra, solo a través del agua, ni el fuego con el agua, sino es por medio del aire, del mismo modo en el universo, aquello mismo que llamamos espíritu es el cebo [incentivo] que une el alma con el cuerpo" (Ficino, *De tripici vita* III, 26: 384; traducción propia).

lestes, es decir, estudiar el mapa de las estrellas y de los planetas y así, aprovechar los beneficios. En otras palabras, entiende a la naturaleza como un conjunto de elementos y normas asociados con el sistema cosmológico en su totalidad[11]. En su libro *De sole et Lumine*, el autor sostiene que todos los objetos celestes tienen desde su generación su propia luz, el sol, por ejemplo, "es el ojo eterno que todo lo ve. Luz celestial inconmensurable que modera las cosas celestes y las mundanas, liderando o impulsando [*trahens*] el curso armonioso del mundo" (Ficino, *De sole*, VI: 968; traducción propia).

De ahí que el lenguaje también se vinculara con los saberes ocultos, pues son las palabras las que deben ser empleadas en el momento justo y de la manera justa para recibir los beneficios que se desee adquirir de los astros. En *De vita* dice lo siguiente: "Que determinadas palabras poseen un poder grande y muy preciso lo afirman Orígenes en el *Contra Celso* y también Sinesio y Al-Kindi cuando discurren acerca de la magia" (Ficino, *Tres libros sobre la vida*: 149). A partir de esta afirmación sostiene que la astrología es una herramienta fundamental para el médico, pues conociendo la configuración planetaria y su correlato con el cuerpo humano, éste puede realizar su labor de manera más efectiva.

> [C]oncluyamos junto a Galeno que la astrología es necesaria para el médico. Al referirse a los días críticos sostiene que es cierto lo que dicen los egipcios: a saber, que la Luna indica día tras día la condición tanto de la persona enferma como de la sana, y si los rayos de Júpiter o venos se mezclaran con la Luna cada uno de ellos reciben benéficas influencias. Por el contrario, si son Marte o Saturno [los que se unen con la luna] acontece lo contrario (Ficino, *De triplici Vita*, III, 11: 288; traducción propia).

Es por estas sendas que Ficino recomienda un estudio minucioso del mapa astral y sus ciclos, así como también los perfiles estelares. De esta manera, podemos entender las influencias o correspondencias de los planetas sobre el alma humana. Los rayos de las esferas celestes –sostiene– lo penetran todo, influyendo en secreto todos los días sobre nuestro espíritu. Para Ficino, en efecto,

---

11   Incluso, es importante tener en cuenta que el *De vita* culmina con la formulación de una terapia musical-astrológica que involucra el poder innato de las palabras.

el espíritu del mundo se comunica con el espíritu del hombre y así sus fuerzas son transmitidas al cuerpo y al alma. En sus palabras:

De hecho, todas las hierbas, las flores, los árboles, los frutos exhalan un aroma, aunque a veces no lo advertimos. Con este aroma como soplo y espíritu de la vida del mundo recrean y transmiten vigor. Tu espíritu, añado, muy parecido por su misma naturaleza a las fragancias de este género, que, a través del espíritu, intermedio entre el cuerpo y el alma, fácilmente restablecen también el cuerpo y ayudan de admirable manera al alma. [...] de este modo te alcanzan por doquier, sin dificultad, y más puros, los rayos del sol y de las estrellas e inundan tu espíritu con el espíritu del mundo que brota con ímpetu y resplandece con abundancia a través de los rayos (Ficino, *Tres libros sobre la vida*: 114).

Estudiar, además, la hora astrológica precisa, es decir, la hora indicada para recoger algunas hierbas, elaborar ciertos alimentos, esculpir una imagen y fabricar algunos talismanes, significaría saber el momento propicio en el que un astro ejerce su influencia astral. En consonancia con lo anterior, el arte de entender o descifrar, justamente, los símbolos y los signos astrales contribuye en el conocimiento de los beneficios ocultos de estos rayos y la manera de atraerlos para sí (Paul 2023).

La astrología es, por tanto, el arte de entender los símbolos, de interpretarlos y traducir sus significados en palabras. Justamente en *De vita*, dedica varias páginas a explicar que cada ser humano nace en una región cósmica en la que ciertos astros influyen más que otros. Por tal motivo, es de suma importancia para Ficino conocer nuestro propio mapa astral para, así, saber qué estrella o esfera celeste influye en nuestra alma:

Será pues oportuno averiguar qué región te han asignado desde el principio tu estrella y tu demonio para que habites en ella y la cultives, pues allí te son más favorables. Ésa es la región en la que tu espíritu, que ha salido precisamente de allí, torna en cierto modo a recrearse, donde más viva se mantienen tu sensibilidad [...]. Pero mientras permanezcas en esta región ejercita tu cuerpo con movimientos frecuentes y ejecuta giros a semejanza de los cuerpos celestes (Ficino, *Tres libros sobre la vida*: 158).

La astrología solo es un camino para que el alma humana pueda entender la espiritualidad del universo y reconocerse parte de él como imagen de Dios. De este modo, está al servicio tanto de la filosofía como de la religión. En otras palabras, el estudio de los modelos celestiales, su interpretación y su experiencia acercan al alma hacia el conocimiento divino. La pregunta que surge, entonces, es el límite que poseen los cielos para revelarnos la verdad divina (Paul 2023). Por último, Ficino, al igual que los neoplatónicos paganos, cree en un universo que está estructurado y conectado gracias a una simpatía universal, tal como lo expresaron Proclo y Plotino. La tesis de la simpatía universal, además, ofrece una visión del universo configurado como un único organismo vivo, en el que cada aspecto del mismo está vinculado con el otro. Así los símbolos o los signos ocultos pueden llevar las influencias de los planetas. Esto sucede gracias a una armonía espiritual gobernada por la divinidad. Son estas señales que leen los médicos, los agricultores, los magos, en suma, los astrólogos. Como lo dice nuestro autor:

> Se considera que esta armonía posee tal poder que extiende a menudo su maravillosa virtud no solo a las fatigas de los agricultores y de los fármacos preparados por los médicos con hierbas y aromas, sino también las imágenes fabricadas por los astrólogos a partir de piedras y metales (Ficino, *Tres libros sobre la vida*: 121).

La música como terapia espiritual

El objetivo de este apartado es comprender el lugar que ocupa la música en el pensamiento ficiniano. La música no solo representa para él un camino teórico y práctico para la contemplación divina, sino que además es una de las vías privilegiadas para que se efectúe en el alma, en el espíritu y en el cuerpo una acción terapéutica. En el primer caso, la contemplación, la música puede servir de base para entender los vínculos entre la totalidad del cosmos, entre lo visible y aquello que escapa al esfuerzo de los sentidos. En el segundo caso, la acción terapéutica, vinculada con los aromas, los sonidos y los intervalos musicales, comprende las influencias que secretamente alcanzan a la naturaleza humana. Este fenómeno musical podríamos denominarlo "vibración simpática" o "vibración cósmica" que resuenan no solo en la naturaleza, sino también en los acontecimientos anímicos y físicos de la vida humana. De este modo, el autor entiende la fuerza y el poder trasformador de la música y, al mismo tiempo, el aporte doctrinal que permite la reflexión sobre el vínculo entre el macrocosmos y el microcosmos. Para una mayor organización, dividimos este apartado en tres momentos esenciales, en primer lugar, nos abocaremos a la música en el pensamiento renacentista. En segundo lugar, desarrollaremos la noción de la música como terapéutica y, por último, su relación con la armonía del universo.

— I —

Primeramente, en el Renacimiento la teoría y la praxis sobre la música no solo responde a cuestiones relacionadas con los estudios de las matemáticas, sino también –vinculadas a estas últimas– al problema de la constitución y el movimiento del universo. Durante este periodo la música es una disciplina estudiada desde las diferentes áreas que dialogan con las fuentes clásicas y medievales. Se distinguían al menos tres tipos de música (clasificación que Boecio había realizado en su obra *De Institutione música* y que es recepcionada y profundizada en el siglo XV): el primero de ellos es la *música mundana*, íntimamente relacionada con el universo y sus movimientos planetarios y estelares. El segundo, la *musica humana,* aquella vinculada estrechamente con la naturaleza humana y las influencias que en ella recaen desde las esferas celestes. Por último, la *musica instrumentalis* es aquella con la que hoy en día estamos más familiarizados, pues es la música que incluye acordes y melodías utilizando instrumentos que, en varios casos, son acompañados por danzas y cantos[12]. Ficino es conocedor de

---

12 Para Thomas Moore (2009), en el caso de la música se ha perdido gran parte de cómo se practicaba y teorizaba en la Edad Media y a principios del Renacimiento. El célebre esquema de Boecio que proponía un triple paradigma respecto a la música y que se mantuvo firme al menos hasta el siglo XV, sostenía que la *música instrumentalis* –es decir la música representada en sonidos y melodías–, se encontraba en la escala más baja de la jerarquía. Esto no significa que no se valorara –a Ficino le encantaba tocar la lira órfica para calmar su espíritu– sino que la música mundana (recordemos aquella que se entendía como la música del cosmos, aquella que representaba las estaciones del año y los movimientos de las esferas celestes) y la música humana (la música del alma, del temperamento y carácter de la naturaleza humana) estaban vinculados de una forma más directa con la armonía cósmica y divina.

estos tres estilos o nociones, pues teoriza y pone en práctica todas ellas. Su objetivo, además de entender su origen, busca comprender su fin y cómo éste puede contribuir a la armonía del alma, del cuerpo y del espíritu.

En su obra de Juventud *De divino furore* escrita en 1457, afirma respecto a la triple clasificación de la música que es muy difícil sostener con claridad qué es lo que fue creado en primer lugar, si la música del alma, la música humana, o la música del sonido, la *música instrumentalis*. A pesar de ello, hace hincapié en la música mundana como aquella que comprende todas las demás. En sintonía con ello, dice que es Dios quien con su bondad y esplendor divino introduce la música en todos los órdenes de la realidad, para que así la mente preparada y más aguda pueda contemplar la belleza del cosmos. Afirma Ficino en el *Furor Divino*:

> [Dios] reguló los diversos círculos de las esferas, que producen mediante sus ajustados conciertos una melodía y armonía maravillosa. Después, bajo la luna, el mismo Dios deleitado de modo semejante por la poesía, dispuso las formas discordes de las cosas según la más bella simetría. Por último, decoró variadamente la tierra, que parecía iba a ser la más deforme de todas, con admirables figuras y pinturas de metales, piedras preciosas, plantas y animales; y quiso cubrir con hojas los mismos frutos de la tierra y adornarlos con flores. ¿Qué más? Reguló con ritmos musicales y cadencias poéticas no sólo cada cosa en particular, sino el universo (Ficino, *De divino Furore*: 95).

En su obra de madurez, *De triplici Vita*, asimismo, podemos apreciar la consideración que le ofrece a la música mundana. No obstante, es particular la relevancia que le otorga a la música humana, pues la conexión entre la música cósmica y natural es bastante clara y necesaria para él. Como sostiene en varias de sus cartas, tenemos en nuestro interior un cielo que se vincula con los planetas, así se siente en sintonía la música de las esferas que surgen y lo sienten en nuestra alma (Moore 2009: 124)[13]. Es así que el espíritu humano se alinea con el espíritu universal y los rayos

---

13   Es importante tener en cuenta que en *De Triplici Vita*, Ficino desarrolla principalmente las propiedades mágicas de la música, mientras que otras obras y varias de sus cartas están dirigidas a desarrollar la base filosófica, metafísica de la música. Es decir, de su composición, proporción, intervalos musicales, etc. Una de estas cartas es *De rationibus musicae* (*Divini Lettere: Epistolarum Familiarium Liber* I).

de la bondad divina atraviesan el alma para beneficiarla. Esta es la ley que gobierna el universo y que se vincula con la naturaleza humana.

Ficino atribuye el origen de la música a Venus y a Apolo. Sostiene que según lo que se puede apreciar a través del mapa de los cielos, Venus al mismo tiempo dio a luz al médico y al músico. Esto no es casual, sino más bien es la divinidad quien propone de esta manera, pues ambas disciplinas están dirigidas al cuidado del cuerpo y del alma. En otras palabras, mientras que la primera cuida la salud física utilizando como medio –entre otros– la astrología natural (aquella dedicada al conocimiento de la naturaleza del cuerpo y del mundo, esto es, de la medicina y de la agricultura), la segunda se ocupa, más bien, de la salud espiritual, abocándose de manera directa a influir en el alma. Es así que la música comparte origen con la medicina, pero solo la primera tiene el poder de contribuir en el alma para que ésta acceda a la contemplación de las esferas celestes. En efecto, la medicina y la música participan con un mismo objetivo, pero es la música quien abona con mayor fuerza a la terapia espiritual. En *De vita* sostiene:

> Te imploro bondadoso Lorenzo, que perdones estos libros de medicina, si tratando de ser médico, soy, de una u otra manera, quiérase o no, poeta, y muchas veces no muy bueno. Porque uno y el mismo Febo es el descubridor de la medicina y el maestro de la poesía, y nos da de su vida no sólo con hierbas sino también con el laúd y la música. E incluso la misma Venus, según los astrólogos, da a luz por igual al músico y al doctor (Ficino, *Tres libros sobre la vida*: 105).

Ficino quiere dejar en claro que Apolo opera en el aspecto psíquico de la naturaleza humana a través de símbolos mágicos provenientes de la propia energía del universo. Además, la música apolínea es una manera –dice Ficino– de entender la vida, no por medios racionales, pero tampoco irracionales, sino más bien hiper racionales. En cierta medida, nos dirige hacia un camino místico que permite transformarnos a través de una experiencia divina[14].

---

14 Sin embargo, no toda la música es apolínea; en realidad parece que hay una competencia arquetípica entre aquellos que prefieren la música apolínea a la de Dionisio, Pan o algún otro dios o diosa. La música de Apolo es naturalmente sutil y espiritual, pero abarca todo y conmovedora, y ofrece todas las ventajas psicológicas (véase Moore 2009: 106).

Nuestro autor sostiene, asimismo, que cada astro o esfera celeste tiene su propio ritmo y tiene su propio influjo musical, de ahí la importancia de saber bien a qué astro convocar. Sostiene:

> Pero tenga en cuenta esta diferencia entre ellos: cuanto más público y grandioso el ejercicio de su ingenio pertenece al Sol, más privado y entregado a la habilidad y el ingenio más que a Mercurio. Asimismo, la música solemne pertenece a Júpiter y al Sol, la música alegre a Venus, la del medio a Mercurio. Hay un sistema similar con respecto a las estrellas fijas. Esta es la regla común a la especie humana (Ficino, *De amore*, 3, 3: 255).

— II —

En segundo lugar, la música como terapéutica espiritual. Nos interesa iniciar esta sección del trabajo con un pasaje de la epístola *De Musica*:

> Preguntas, Canisiano, por qué con tanta frecuencia mezclo los estudios de medicina con los de música. ¿Qué relación tienen, dices, los fármacos con la cítara? Los astrónomos, Canisiano, quizás atribuirían estas dos disciplinas a la influencia de Júpiter y de Mercurio y Venus, al opinar que la medicina procede de Júpiter y la música de Mercurio y Venus. Nuestros platónicos, sin embargo, las atribuyen a un solo dios, es decir a Apolo. A éste los antiguos teólogos lo consideraron inventor de la medicina y rey del manejo de la cítara. En el libro de los *Himnos*, Orfeo cree que él con sus rayos de vida reparte con largueza a todos la salud y la vida, y que aparta las enfermedades. Además, cree que, con su lira sonora, es decir, con sus mociones y fuerza, gobierna todas las cosas: con la Hipate, esto es, con la cuerda de sonido grave, el himeneo; con la Neate o cuerda aguda cree que produce el verano, y con las Dionas o de sonido medio, la primavera y el otoño. Por tanto, si el mismo es señor de la música y descubridor de la medicina, ¿qué tiene de admirable que los mismos hombres practiquen con frecuencia ambas artes? (Ficino, *De divino furore*: 95)

Como se puede observar en la cita anterior, gran parte de la empresa de Ficino es unir la música con la medicina, pues considera que ambas, a través de un equilibrio acorde, pueden sanar los cuerpos y el alma. Esto también se puede apreciar en uno de los problemas que más le preocupa en su vida, a saber, la melancolía[15]. El objetivo de Ficino, respecto a ella, es explicar la razón por la cual Saturno, el astro oscuro, influye en el temperamento humano. Asimismo, demuestra la gran paradoja del estado saturnino, pues la bilis negra es capaz de producir efectos nocivos sobre el cuerpo y el alma, pero, a su vez, provocar los saberes más profundos, necesarios para la vida intelectual. En otras palabras, es consciente de los peligros que la vida intelectual puede acarrear al subsumirse bajo el influjo de Saturno ya que éste, provocando los peores males, al mismo tiempo es padre de las mejores mentes. De aquí que, Ficino buscara por todos los medios, particularmente en el *De vita*, la manera en que se pudiera equilibrar la bilis negra de tal forma que podamos erradicar aquello nocivo y asimilar aquello que nos hace creadores, genios. En palabras de Ficino:

> Entre todos los hombres de letras, están sobre todo oprimidos por la bilis negra aquellos que, entregados con pasión a la filosofía, apartan su mente del cuerpo y de las cosas corpóreas y la unen a las incorpóreas, ya sea porque una ocupación demasiado absorbente exige a su vez una mayor concentración de la mente o porque durante todo el espacio de tiempo que unen la mente a la verdad incorpórea se ven forzados a separarla del cuerpo. Y así, su cuerpo se vuelve a veces exánime y melancólico (Ficino, *Tres libros sobre la vida*: 27).

Uno de los tantos consejos o alternativas que ofrece para esta armonía o equilibrio anímico, que garantizara una "domesticación de la melancolía", es la buena alimentación, el descanso diurno y las buenas bebidas, así como los buenos aromas. Lo interesante es que utiliza varias páginas de su obra para sostener que la música, como terapia espiritual, también se encuentra en la base de este equilibrio. El autor no solo explica la búsqueda de este equilibrio en términos teóricos, sino también es parte de su terapia personal: recordemos que él mismo se hace llamar hijo de Saturno, *ergo* padece los males del astro maléfico. Respecto a lo mencionado sostiene que:

> Para los intelectuales, la calidad del espíritu animal es de máxima preocupación porque en su mayoría trabajan por medio de este espíritu;

---

15 En unos de nuestros escritos anteriores hemos desarrollado el problema de la melancolía en Ficino y su intento de sanar aquellas consecuencias nocivas provenientes de ella (Paul 2014).

y por eso ellos, más que nadie, tienen que seleccionar el aire puro y luminoso, los olores y la música (Ficino, *De triplici Vita*, 2, 18: 223).

Es así que las prácticas vinculadas a la música están en la base de su objetivo de erradicar la mala melancolía. La música y las danzas, especialmente las órficas, al imitar a los cielos convocan para sí los beneficios de los astros, y así el alma, el cuerpo y el espíritu pueden unirse con el fin de comprender las verdades divinas. Los astros operan en la naturaleza tanto humana como del mundo en sí mismo. De ahí que, como hemos mencionado, es necesario saber leer el mapa del cielo para encontrar esa armonía y así atraer las fuerzas mágicas y espirituales de las estrellas[16]:

> Por lo tanto, no es de extrañar que por medio del canto algunas enfermedades, tanto espirituales como físicas, a veces puedan curarse o provocarse, especialmente porque un espíritu musical de este tipo toca y actúa propiamente sobre el espíritu que es el medio entre el cuerpo y el alma e inmediatamente afecta tanto a uno como a otro con su influencia (Ficino, *De vita Triplici*, 3, 21: 361).

En el *De vita*, igualmente escribe sobre el uso benéfico de los talismanes y de los símbolos clásicos. Ambos nos ayudan a profundizar en el acto del cuidado de sí. Es en este lugar donde podemos apreciar una rica descripción de los signos y de los símbolos relacionados con los vínculos espirituales entre el mundo y las esferas celestes, entre el macrocosmos y el microcosmos, entre la naturaleza y Dios. Estos signos o símbolos que son representados en las piedras, en los talismanes, en el lenguaje, también lo son a través de la música, pues como dice Ficino, la música no es otra cosa que un cúmulo de signos mágicos, representados en los sonidos, esto es, todo el aspecto matemático del universo que la música puede emular, expresar. De ahí su teoría, entre otras, sobre la simpatía universal o cósmica a la que accede a través de Proclo, Plotino y Al-Kindi, entre otras fuentes. En efecto, Ficino

---

16   Existen tres reglas que forjarían la composición de los cantos rituales con los cuales se puede generar la conexión con la espiritualidad del mundo y del universo. La primera es conocer las constelaciones y los astros, la segunda comprender qué astro gobierna a cada persona en particular, la tercera captar los sonidos y los tonos que le corresponden a este astro y a sus movimientos cósmicos y, por último, "observar cotidianamente las estrellas y sus posiciones para saber qué discursos, danzas, cantos y comportamientos pueden ser incitados por él" (Plivares Zorrilla 2015: 17).

desarrolla la doctrina de los vínculos cósmicos o simpatía universal para enseñar las redes mágicas entre el macrocosmos y el microcosmos y así justificar no solo la astrología, sino también el saber de la magia, siempre en su carácter natural. Esto, además, no significa otra cosa que una herencia de la doctrina pitagórica sobre la música de las esferas. Es por ello que es posible aunar la ley divina con el obrar humano y, asimismo, la ley divina con la vida misma de la naturaleza del mundo.

— III —

Por último, la relación entre la música y la armonía. Ficino tiene por objetivo que el alma pueda emular la armonía de los cuerpos celestes, esto es, que exista una armonía espiritual y mental en la naturaleza humana para que ésta pueda así unirse a la divinidad. A propósito, escribe nuestro autor:

> Recuerda que la música es la más poderosa imitadora de las realidades celestes, y cuando lo hace dirige nuestra alma hacia las influencias celestes. Hay quienes remontan esas cosas a un plano más elevado y, a la manera de los pitagóricos, quienes afirman una armonía celestial, derivan el principio de la armonía de algún poder celeste o de alguna correspondencia celeste (Ficino, *De musica*: 223).

Es aquí en donde se refuerza la relación entre el movimiento de los planetas y la música. Es justamente la armonía, tal como desde los tiempos de Pitágoras se viene enseñando, lo que genera la espiritualidad propia del universo, algo sumamente sustancial e importante en su pensamiento. Armonía que no solo se expresa en la música mundana y humana, sino también en la instrumental, generando un contacto perenne con las diferentes esferas celestes:

> Dado que los cielos han sido construidos de acuerdo con un plan armónico y se mueven armónicamente y provocan todo mediante sonidos y movimientos armónicos, es lógico que a través de la armonía no sólo los seres humanos sino todas las cosas de abajo estén preparadas para recibir, según sus capacidades, celestial. […] la armonía [es/permite] capaz de recibir las cosas de arriba en siete grados: a través de imágenes (según ellos creen) ensambladas armónicamente, a través de medicinas templadas con cierta consonancia propia, a través de

vapores y olores completados con consonancia similar, a través de canciones musicales y sonidos (Ficino, *De vita Triplici*, 3, 22: 362-365).

La música, por tanto, es entendida por Ficino como un fenómeno espiritual que comprende esencialmente la armonía cósmica. Asimismo, nuestro autor examina la importancia del canto como puerta hacia las influencias celestes. Es el canto, al igual que la música, el que representa la pasión del corazón e intenta imitar los movimientos planetarios a través de la voz. Dice en *De vita* respecto al canto:

> Imita, en efecto, las intenciones y las pasiones del espíritu y de las palabras, reproduce los gestos, los movimientos, las acciones y los hábitos de los humanos, imita ejecuta todas las cosas con tal fuerza que induce de inmediato, ya sea al que canta o a los que escuchan, a imitar y poner en práctica estas mismas cosas. Y por este mismo poder, cuando imita las realidades celestes, lleva, por un lado, de manera maravillosa, a nuestro espíritu hacia la influencia celeste, y por otro lado, la influencia celeste hacia nuestro espíritu (Ficino, *Tres libros sobre la vida*: 151).

De esta forma, como la música es asimilada al aire, recorre los caminos a través de él y por él llega a nuestros oídos, por ello es natural que ingrese fácilmente en el espíritu. Y así la música también puede ser producto de la mente, la imaginación y el sentimiento, y por lo tanto fácilmente estimula estas mismas facultades en aquellos que son escuchados. La música, por tanto, es muy adecuada para el alma en muchos sentidos (Moore 2009: 103-104). En consecuencia, es necesario entender que existe un espíritu sonoro que ingresa en nuestro espíritu para así lograr la conexión cósmica y recibir los beneficios de la misma. En sintonía con lo anterior, la influencia de la música como terapia se extiende también al arte de la memoria y de la imaginación en una danza mágica y cósmica. Nos dice:

> No ignoras que la música armoniosa a través de sus números y proporciones tiene un maravilloso poder para calmar, mover e influir en nuestro espíritu, mente y cuerpo. Bien, las proporciones constituidas a partir de números son casi una especie de figuras, hechas, por así decirlo, de puntos y líneas, pero en movimiento. E igualmente las figuras celestes por su propio movimiento se disponen a actuar; por-

que por sus rayos y movimientos armoniosos que lo penetran todo, influencian secretamente nuestro espíritu diariamente, tal como la música abrumadora generalmente lo hace abiertamente (Ficino, *De vita Triplici*, 3, 17: 331).

Para finalizar, nuestro autor sostiene que la música, produciendo imágenes no visibles, nos invita a ingresar en las cualidades o aspectos espacio-temporales, pero tiende a su vez a permitirnos escapar de ellos. El espíritu y la música, además, comparten su condición etérea que las hace únicas y hermanas. Esto justamente es lo que la hace rica en sí misma y diferente, a su vez, de otras artes, como la escultura, la pintura, así como las danzas. La música, por tanto, posee movimientos, escalas, melodías, armonías y, además, fantasías e imágenes. Sus movimientos dibujan modelos dinámicos universales en el alma, logrando la catarsis necesaria para su tranquilidad. Por tanto, la música de algún modo nos dirige hacia una especie de catarsis, en la que podemos sanar el alma[17] (Voss 2007). En otras palabras, Ficino está cumpliendo con su fin de intentar armonizar los cielos con la tierra, esto es lo espiritual del universo con lo espiritual del mundo y de la naturaleza humana. La música, por tanto, no implicaba un interés netamente estético, sino cosmológico y antropológico. Para terminar, el florentino nos dice:

> Y esta misma gracia de la virtud, de la figura o de la voz, que llama y rapta al alma hacia sí por medio de la razón, la vista o el oído, se llama muy justamente belleza. Estas son las tres gracias de las que habló Orfeo así: […] esplendor, verdor y alegría desbordante. Orfeo llama esplendor a aquella gracia del espíritu que consiste en la claridad de la verdad y la virtud. Llama verdor a la suavidad de la figura y del color, porque ésta florece sobre todo en el verdor de la juventud. Y llama finalmente alegría a aquel placer sincero, sano y eterno que sentimos con una melodía musical (Ficino, De amore: 90).

---

17 Ficino mismo reflexionó sobre el devenir de la música, o la relación de ésta con las matemáticas. Sostuvo que de la aritmética nace la geometría plana, de ella la geometría sólida y de esta última la música, pues la música está íntimamente ligada a figuras y cuerpos en movimiento. La deuda pitagórica es clara. Además, la relación entre las religiones mistéricas y las nociones musicales tienen su origen, justamente, en las doctrinas órficas, pitagóricas y el hermetismo. Las tres fuentes que le ofrecen no solo la idea de la música como poesía de los cielos, sino también su lenguaje matemático y mistérico (ver Blázquez Izquierdo 2019: 127).

Conclusión

Hemos desarrollado en este trabajo la relación entre la ley natural del universo y la acción terapéutica de la música en el pensamiento de Marsilio Ficino. Este tema nos invita a pensar en varias de las controversias que este problema trajo aparejado en su filosofía, a saber, la relación entre astrología y libre arbitrio, la relación entre cristianismo y paganismo, la relación, entre demonología[18] y divinidad, en fin, la relación entre razón y fe. No obstante, nuestro tema estuvo dirigido a la música, no a sus normas o su composición sino, más bien, a su relación con la ley divina que gobierna los astros.

Es conocido que en el Renacimiento florecen varios estudios sobre los tratados de la música tanto clásicos como medievales, y que esto dirigió el pensamiento a profundizar sobre los problemas acerca del origen y la función de la música. Lo particular de Ficino es que su interés está dirigido a una cuestión mayor –esto es, su intento de armonizar el cristianismo con el paganismo, tema que hemos desarrollado en otros trabajos. Aquí podríamos observar el vínculo entre la teoría demonológica referida a los astros y la música como espíritu, pues su intento de comprender los cielos y los vínculos cósmicos que están presentes en él, no solo abarca a la música como representante del espíritu cósmico, sino también divino. Su cuerpo sonoro es el que penetra en el alma y así funciona como terapia.

En otras palabras, las propiedades curativas ocultas en los universos benefician los cuerpos y las almas. La ley divina, entonces, es entendida como la ley cósmica que gobierna el universo, Por último, la música para Ficino no implica solo una cuestión estética, ni solo una manera de entender la armonía cósmica, sino que también tiene una función ontológica y metafísica ligadas a la terapéutica.

---

18   Los demonios son los que, en cierta medida, impulsan el entusiasmo y el influjo de los cielos, así como también mediante la música se atrae a los demonios buenos y se expulsa a los demonios malos. Se recomienda la lectura de Olivares Zorrilla (2015).

Bibliografía

Blázquez Izquierdo, C. (2019) "Significados musicales de los misterios paganos en el arte del Renacimiento Italiano", *Musicologia Tic´s*, N° 22, 2019, 124-16.

Botteri, G. y Casazza, R. (2015) *El sistema astronómico de Aristóteles Una interpretación*, Buenos Aires.

Culianu, I. P. (2007) *Eros y Magia en el Renacimiento*, Madrid.

Duran Orozco, A. C. (2019) "Orfeo y la música en el Renacimiento: De Marsilio Ficino a la invención de la ópera", tesis para obtener el título de licenciatura en filosofía, México, https://repositorio.unam.mx/contenido

Ficino, M. (1994) [1469] *De Amore. Comentario a "El Banquete"de Platón*, Madrid.

Ficino, M. (1576). *De sole et Lumine*, en *Marsilii Ficini Florentini Opera omnia I*, (2 vols.), Basilea, 1576, pp. 965-986.

Ficino, M, (1989) [1489] *Libri De vita Triplici*, C. V. Kaske y J. R. Clark (eds.), Nueva York.

Ficino, M. (2001-2005) *Platonic Theology*. J. Hankins y W. Bowen (eds) M. Allen y J. Warden (trad.), Londres.

Ficino, M. (1993) [1457]: *Sobre el furor divino y otros textos*, P. Azara (trad.), Barcelona.

Ficino, M. (2006) *Tres Libros sobre la vida. Luigi Cornaro De la vida sobria*, M. Villanueva Salas (trad.), Madrid.

Garay Suárez-Llanos, J. F. D. (2016) "Magia y neoplatonismo en Ficino", en V. Rodríguez, F. Padial y J.J.

Benticuaga (coords.) *Hombre y cultura: estudios en homenaje a Jacinto Choza*, Sevilla, 217-232.

Gentile, S. (1983) "In margine all'epistola 'De divino furore' di Marsilio Ficino", *Rinascimento*, 23, 33-77.

Godwin, J. (ed.) (2009) *Armonía de las esferas. Un libro de consulta sobre la tradicción pitagórica en la música*, Girona.

Guthrie, W. K. C. (1952) *Orpheus and Greek Religion*, Princeton.

Klibansky, R., Panofsky, E., Saxl, F., Balseiro, M. L., (1991) *Saturno y la melancolía*, Madrid.

León Tania, V. (2013) "Música y poesía en el humanismo renacentista", *Escena revista de arte* 72, 1, 39-47.

Long, P. H. (2007) "Música mundana, música humana en dos obras de Sor Juana Inés de la Cruz". *Injerto peregrino de bienes y grandezas admirables": estudios de literatura y cultura española e hispanoamericana (siglos XVI al XVIII)*, 475-493.

Macias Villalobos, C; Macias Fuentes D. (2020) "Las fuentes de la astrología durante el renacimiento: algunas consideraciones" *Fortvnatae* 32, (2), 361-385.

Moore, T. (2009) Pianeti interiori. *L´astrologia psicológica di Marsilio Ficino*, Bergamo.

Olivares Zorrilla, R. (2015) "El modelo de la espiral armónica de sor Juana: entre el pitagorismo y la modernidad", *Literatura Mexicana*, XXVI.1, 11-39.

Paul, A. (2023) "La recepción de las prácticas paganas en el círculo intelectual florentino. Marsilio Ficino entre el determinismo y la libertad individual", *Magallanica, Revista de Historia Moderna*, volumen 9, número 17, 376-398.

Pompeo Faracovi, O. (2002) "Tra Ficino e Bruno: gli animali celesti e l'astrologia nel Rinasciemento". Bruniana & Campanelliana , Vol. 8, No. 1 ,197-232.

Voss, A. (2002) «*Orpheus redivivus: The Musical Magic of Marsilio Ficino*», en M. Allen, V. Rees, M. (eds.), *Marsilio Ficino. His Theology, His Philosophy, His Legacy*, Boston.

Voss, A. (1998) "The Music of the Spheres; Marsilio Ficino and Renaissance Harmonia". *Culture and Cosmos. A Journal of the History of Astrology and Cultural Astronomy*, 2(2).

Voss, A. (2006) *Wester esoteric masters series: Marsilio Ficino*, Berkeley.

Voss, A. (2007) Voss, A. (2007) "The Power of Melancholy Humour. Divination and Divine Tears" en, Curry, P. y Voss, A. (eds) *Seeing with Different Eyes - Essays in Astrology and Divination*, Cambridge.

Walker, D. P. (1953) "Ficino's *spiritus* and Music", *Annales Musicologiques*, I, 131-150.

SEGUNDA SECCIÓN:

LEY, TENSIONES Y CONFLICTOS

VIOLENCIA, LEY Y COMUNIDAD.
TENSIONES SOCIALES Y DISPUTAS JUDICIALES EN LA DEMOCRACIA ATENIENSE

Mariano J. Requena

Universidad de Buenos Aires-Universidad Nacional de General Sarmiento-
Universidad Nacional de San Martín

Diego Paiaro

Universidad de Buenos Aires-Universidad Nacional de General Sarmiento
CONICET

El desarrollo, durante el arcaísmo griego, de la *pólis* como modo de organización de las comunidades supuso la constitución de un nuevo marco regulatorio para el desenvolvimiento de las relaciones sociales. En él, las capacidades de los ciudadanos que comenzaron a integrarse políticamente en las ciudades ya no se encontraban regidas solamente por las fidelidades domésticas y parentales, sino que, a la vez, lo estaban por un conjunto de normativas que tenían la facultad de crear, limitar, modificar y reconstruir los lazos que unían a dichos ciudadanos entre sí. Tales esfuerzos normativos significaron la construcción de una práctica y un discurso jurídicos cuya institucionalidad y racionalidad no operaba de forma autónoma y por fuera del contexto político y social que les habían dado existencia. De acuerdo con esto, uno de los aspectos centrales que daba importancia al sistema legal de la ciudad se vinculaba con la capacidad que las leyes tenían para "metabolizar" las múltiples tensiones y conflictos sociales existentes en la comunidad. A pesar de ello, lo anterior no supuso la ausencia de comportamientos violentos y de conflictos de gravedad que, en el contexto específico de la democracia ateniense, tensionaron las características igualitarias (que podríamos llamar *isonómicas*) propias del sistema político desarrollado por la ciudad del Ática. Particularmente relevantes resultaban aquellas controversias en las que en el centro de la escena se encontraba el honor (*timé*) en tanto allí aparecían implicados tanto el sistema de jerarquías sociales como la definición misma de la pertenencia a la comunidad.

En el presente trabajo pretendemos analizar algunas de las tensiones sociales existentes en la *demokratía* ateniense a través del modo en que estas aparecen reflejadas en una serie de disputas judiciales y normas legales transmitidas por las fuentes disponibles en la actualidad. En particular, se hará foco sobre cómo estas tensiones sociales –que con cierta asiduidad derivaban en actos de violencia– se procesaban en los ámbitos judicial y legal en los que la pertenencia a la comunidad cívica se encontraba frecuentemente implicada. Para ello, tomaremos como punto de partida el caso del "esclavo" llamado Pitálaco que aparece retratado en uno de los discursos de Esquines (*Contra Timarco*). Dicha pieza forense resulta importante puesto que allí se encuentran reflejadas acciones de *hýbris* (ultraje, deshonra, violencia) y el discurso permite dar cuenta de qué modo ese tipo de acciones eran reprimidas o limitadas por las leyes atenienses. Una de esas leyes, que se denominaba *graphè hýbreos* (ley de ultraje), será el foco de análisis en segundo lugar. Desde nuestro punto de vista, y es lo que intentaremos demostrar, la citada ley da cuenta de los mecanismos regulatorios de los conflictos puestos en práctica por la *demokratía* ateniense y, a este respecto, la *graphè hýbreos* limitaba las aspiraciones aristocráticas de la élite ateniense permitiendo la defensa de los miembros del *dêmos* (pero también de los esclavos) frente a las conductas violentas de los poderosos. Si bien la práctica de actos violentos por parte de la aristocracia no fue anulada de forma absoluta, concluiremos que la participación política popular y su registro normativo permitieron encauzar esa violencia y garantizar la cohesión cívica de la *pólis* evitando la consolidación de una imagen devaluada y subordinada del pueblo que cuestionara los principios igualitarios del régimen democrático.

El caso de Pitálaco

El discurso titulado *Contra Timarco* constituye una pieza retórica elaborada por el orador Esquines con el objetivo de obtener la inhabilitación política de su rival, Timarco (y afectar, de ese modo, a Demóstenes[1]). En base a las acusaciones de cobardía y de evadir las obligaciones militares, de maltratar a los padres,

---

1 Sobre el trasfondo político de la acusación de Esquines a Timarco, ver Fisher (2001: 2-6).

de dilapidar la herencia familiar y de prostituirse durante su juventud, Esquines buscaba demostrar la indignidad de Timarco para dirigirse a la Asamblea y, en consecuencia, lograr que se lo condene a la pérdida de sus derechos cívicos (*atimía*). Elaborado, según la crítica especializada, en el año 346 ó 345[2], el discurso nos brinda una serie de informaciones sobre un sujeto llamado Pitálaco (Esquines, *Contra Timarco*: 54-66), que si bien no compone el centro de la argumentación, sí constituye un material importante para nuestra indagación.

Tomando en cuenta concretamente el discurso acusatorio, Esquines desarrollaba allí una línea argumental que buscaba presentar a Timarco como un sujeto con un estilo de vida corrompido, que se había prostituido en el pasado y que, en la madurez, no se había "impuesto cordura" ni se había dedicado "a mejores ocupaciones". Por el contrario, el orador plantea que se "pasaba el día en la casa de juego [*en tô kybeío*], donde está la tarima [*he telía*] en la que echan los gallos" (53). A continuación, presenta una información que, de acuerdo a cómo está situada en el discurso, se sobreentiende como conocida por quienes escuchaban la acusación: entre los que desarrollaban este tipo de actividades y negocios relacionados con las apuestas se situaba "un tal Pitálaco, un esclavo público [*ánthropos demósios*], servidor de la ciudad [*oikétes tês póleos*]". Según Esquines, Pitálaco –al que describe como "rebosante de dinero [*euporôn argyríou*]"– habría "tomado [*anélaben*]"[3] a Timarco y lo habría mantenido en su propia casa. A la persona acusada en el discurso no le importaba "humillarse [*kataiskhúnein*] al lado de un esclavo público [*ánthropon demósion*], sirviente de la ciudad [*oikéten tes póleos*]" en tanto su propósito era obtener "un mecenas [*khoregòn*] de su propia desvergüenza" (54).

---

2   Lógicamente, la datación del discurso depende de la fecha del juicio al que fue sometido Timarco y, en definitiva, de diversas indicaciones temporales que aparecen en el propio texto, entre ellas, la revisión del registro de ciudadanos (Esquines, *Contra Timarco*: 77-8 y 114-5), las Dionisias rurales del demo de Colito (157) y la sesión del Consejo (168). En este sentido, pueden clarificar los comentarios de Fisher (2001: 6-8) y Lucas de Dios (2002: 137-8). Tradicionalmente fue aceptada la datación de la obra para el 345 según la propuesta por Schäfer (1885: 336 n. 1), pero Harris (1985) realizó una leve corrección hacia el 346.

3   El verbo *analambáno* puede traducirse por "tomar", "confiscar" aunque también, y desde nuestro punto de vista se trata de algo bastante revelador puesto que reforzaría ese intento de degradar la figura de Timarco, "adoptar"; cf. Liddell & Scott (1996, *s.v. analambáno*).

Más adelante, Esquines pone en escena a un tercer personaje, Hegesandro, que habría regresado recientemente del Helesponto donde cumplía funciones militares (55-7). En el discurso es presentado como un ciudadano acaudalado que era habitué de la casa de juego regenteada por Pitálaco; en efecto, sería allí donde habría conocido y se habría interesado por Timarco. En primera instancia, Hegesandro habría buscado convencer al esclavo de que le "transfiera [*paradoûnai*]" a Timarco pero, frente a la negativa, se ocupó de persuadir directamente a éste para que abandone a Pitálaco y se vaya con él. Así las cosas, el *demósios* se encontraba ofendido por haber "gastado tanto dinero [*tosoûton argýrion anelokós*]" en vano, sentía celos y frecuentaba la casa en la que Hegesandro y Timarco habían pasado a residir (58). Según el discurso, Hegesandro, Timarco y "otros" (a quienes Esquines prefiere no nombrar) se habían embriagado e irrumpieron por la noche "en la casa que habitaba Pitálaco [*tèn oikían hoû ókei ho Pittálako*]" (1.59) destruyendo los útiles de juego que, posteriormente, arrojaron a la calle. En ese momento, mataron a las codornices y gallos que Pitálaco estimaba mucho y, que suponemos, eran utilizadas para los juegos y apuestas. Por último, el discurso relata que Hegesandro y Timarco ataron a Pitálaco a una columna[4] [*désantes pròs tòn kíona*] y "lo estuvieron azotando[5] con golpes inhumanos [*emastígoun tàs eks anthrópon plegàs*] por un espacio de tiempo tan grande que también los vecinos se enteraron del alboroto" (59).

De este modo, la escena relatada en el discurso busca mostrar de modo cristalino y deliberado que Pitálaco era un sujeto de *status* dependiente. Al ser atado a una columna y sometido su cuerpo a la violencia, los ciudadanos Hegesandro y Timarco actuaban según las prescripciones que normaban esencialmente el vínculo entre los hombres libres y los esclavos. En definitiva, Esquines no solo había señalado a Pitálaco como esclavo público (*demósios*) y sirviente de la *pólis* sino que, también, lo situó escénica y simbólicamente en el ámbito de la dependencia marcada por

---

4   El término *kíon* hace referencia a una "columna" que, con frecuencia, era usada como poste para el azotamiento de los esclavos. Es de este modo que aparece en la obra del lexicógrafo Julio Pólux (3.79). Cf. Liddell & Scott (1996, *s.v. kíon*). En cuanto al uso del *kíon* en las prácticas de castigo a los esclavos, ver Hunter (1994: 237 n. 11).

5   En cuanto al verbo *mastigóo*, adquiere el significado de "azotar", "dar una golpiza" y "latiguear"; cf. Liddell & Scott (1996, *s.v. mastigóo*).

los castigos corporales[6]. Siguiendo la narración del orador (60), al día siguiente, el indignado esclavo público se dirigió al ágora desnudo y se sentó en el altar de la madre de los dioses (Méter); es decir, en el corazón del centro cívico[7]. Una multitud comenzó a reunirse y como Hegesandro y Timarco sintieron temor de que el caso tomara estado público, se dirigieron al altar y convencieron a Pitálaco para que se baje argumentando que todo el asunto había sido solo "una locura de borrachera" (61). Sin embargo, una vez que Pitáloco se alejó del ágora, los hombres dejaron de prestarle atención y el esclavo en revancha dio "curso a una acción judicial [díken] contra cada uno de los dos" (62). Si bien la fuente no especifica de qué tipo de acción se habría tratado y ni si quiera si era de carácter público o privado, lo cierto es que el juicio se llevó adelante. Durante del mismo, Hegesandro contratacó reclamando a Pitálaco como si fuera un esclavo de su propiedad [égen eis douleían pháskon heautoû eînai] (62). Aquí entra en escena un cuarto personaje, Glaucón del demo de Colargo, a quien nuestro orador define como "un hombre realmente muy honesto [andrì kaì mála khrestô]", quien reclamó la libertad [aphaireîtai eis eleutherían] de Pitálaco (63). Esto último hace referencia a un procedimiento conocido como aphaíresis eis eleutherían, por el cual una tercera persona podía reclamar la libertad de alguien que estuviera siendo tomado (se supone injustamente) como esclavo por parte de un (falso) pretendido amo[8]. Lo anterior daba origen a un proceso que

---

6   Sobre el castigo corporal se debe decir que constituía una importante marca de dependencia. Por ejemplo, para Demóstenes (*Contra Androción*: 55) la diferencia específica que separaba a los hombres libres de los esclavos era que estos últimos podían ser sometidos a castigos corporales. Sobre el castigo físico a los esclavos, ver Finley (1982: 119-58); de Ste. Croix (1988: 66-7); Fisher (1993: 58-78); Hunter (1994: 154-84); DuBois (2003: 101-14). En cuanto al uso del látigo para esos castigos corporales a los esclavos: DuBois (2003: 104); Mactoux (2009) y Hunter (1994: 157-8 y 168) que destaca el hecho de que si bien el vocabulario para referirse a los azotes resultaba de cierta riqueza, no ocurría lo mismo en el que se ocupaba de designar al poste (*kíon*) al que, seguramente, eran atados los esclavos para inmovilizarlos (cf. Sófocles, Áyax, 108-110; Hipérides, *Fragmentos*, 16.200; Lisias, *Fragmentos*, 17. 2 recogido en Dionisio de Halicarnaso, *Demóstenes*, 11). Cf. Allen (2000) que ha elaborado un estudio monográfico sobre los procedimientos de castigo corporal aplicado tanto a los esclavos como a los libres.

7   Acerca de los altares como lugar de refugio, cf. Christensen (1984: 23-32); Mactoux (1992); Valdés (2000) y Gottesman (2014: 160-3 y 174-9).

8   Con respecto al procedimiento de *aphaíresis eis eleutherían*, véase Scafuro (1997: 400-5); Zelnick-Abramovitz (2005: 292-301) y Gottesman (2014: 157-9 y 163-9).

podía llevar el asunto a una mediación o frente a un jurado que terminaría por confirmar el estatuto servil (imponiendo una multa al demandante), o bien, liberar al sujeto en cuestión. En el caso que nos ocupa, éste quedó bajo la mediación de Diopites de Sunio, quien dilató por bastante tiempo el asunto. Finalmente, como sabemos, por el testimonio del propio Glaucón recogido en el discurso (66), Pitálaco llegó a un acuerdo con Hegesandro en virtud del cual levantaron las acciones judiciales que se habían interpuesto mutuamente produciéndose una reconciliación entre ambos.

El caso de Pitálaco es algo singular puesto que se trata de un *demósios*, es decir un "esclavo público". El orador no es en absoluto ambiguo a la hora de la definición: lo identifica como un esclavo público en dos oportunidades (utiliza el término *demósios*) y refuerza dicha identidad al caracterizarlo como un sirviente o servidor de la ciudad (*oikétes tês póleos*). Sin embargo, no tenemos datos sobre la actividad concreta que Pitálaco desarrollaría para la *pólis* por lo que es imposible atribuirle cualquiera de las variadas labores practicaban los esclavos públicos. En este sentido, a pesar de ser esclavos, y por ende, estar excluidos de la comunidad política, los *demósioi* constituían un grupo bastante particular de población dependiente ya que, al ser propiedad de la *pólis*, cumplían funciones de diverso tipo (administrativas, institucionales, coactivas, etc.) para la ciudad[9]. De todas maneras, su caso resulta interesante dada su condición de sujeto dependiente y, particularmente, por las acciones legales que a él aparecen asociadas en el discurso y se vinculan con el marco normativo de la *pólis* democrática. Avanzaremos ahora sobre esta última cuestión para retornar luego al caso presentado.

La *graphè hýbreos*, defensa del *dêmos* y pertenencia a la comunidad

En el panfleto del Pseudo-Jenofonte conocido como *La República de los Atenienses*, el autor no dudaba en señalar que, en la ciudad democrática, era problemático golpear a los esclavos puesto que resultaba posible confundirlos con los ciudadanos (1.10). Esto, de

---

9   Sobre los esclavos públicos véase Ismard (2015) y nuestro trabajo, Requena y Paiaro (2020).

acuerdo con el autor del libelo, ocurría en Atenas debido a que el poder democrático parecía nivelar a todos los estamentos sociales y, sobre todo, igualar de manera ascendente a los ciudadanos que eran pobres o contaban con escasos recursos. Esos ciudadanos, en términos prácticos, poco se diferenciaban en cuanto a sus condiciones sociales de quienes se encontraban jurídicamente en el otro extremo de la sociedad, es decir, los esclavos, y de allí surgiría esta pretendida posibilidad de confundirlos. Más allá de las implicancias que pudiera tener el pasaje[10], nos interesa en la medida en que, en clave netamente oligárquica, deja traslucir un potencial ejercicio de la violencia que iguala a los ciudadanos pobres con los esclavos. Pero, en términos concretos, lo que preocupaba al autor y constituía desde su punto de vista un problema, era la dificultad que encontraba Atenas en la posibilidad de llevar a cabo este tipo de acciones violentas consideradas –debemos entender– la norma o el deber ser de las cosas. Lo que nos interesa aquí, por tanto, se relaciona con las prácticas normativas que podían impedir tales acciones violentas. Más allá de que carecemos de información más precisa y detallada, como hemos visto en el caso de Pitálaco comentado por Esquines, el esclavo tuvo la posibilidad de defenderse de los maltratos recibidos por dos ciudadanos de pleno derecho con (la amenaza de) una acción legal.

Entre las leyes existentes en Atenas, había algunas que trataban sobre las diversas formas de violencia que podían sufrir tanto los ciudadanos como los esclavos[11]. Probablemente elaborada en la época de Solón[12] (Aristóteles, *Constitución de los Atenienses*: 9.1; Plutarco, *Vida de Solón*: 18.6), la ley de *hýbris*[13] (Demóstenes, *Contra Midias*: 47; Esquines, *Contra Timarco*: 15-17) resalta por su carácter colectivo, es decir, por haberse tratado de un procedimiento de

---

10 Sobre este pasaje y sus implicancias hemos trabajado en Paiaro y Requena (2015).
11 Todd (1993: 268-284 y 102-109); cf. Mactoux (1988) para la legislación sobre los esclavos.
12 Cf. Morrow (1937: 226); Humphreys (1983: 238-239); Mactoux (1988); Fisher (1976: 178; 1990: 124; 1992: 68-81) y Murray (1990). MacDowell (1976: 26-27) ubica la ley en el siglo VI en tanto Ruschenbusch (1965) y Gagarin (1979: 234) la fechan para el siglo V.
13 El texto de la norma aparece en el discurso de Demóstenes, mas no así en el de Esquines. La mayoría de la crítica considera el texto de la ley como genuino, véase Lipsius (1905-15 [1966]: 432); Harrison (1971: 13 n. 2); MacDowell (1990) y Fisher (1992: 36 y ss) *contra* Harris (1992 y 2008).

carácter público [*graphé*][14] que habilitaba a cualquier ciudadano [*ho boulómenos*][15] para dar inicio a una acción legal contra todo aquel que ejerciera *hýbris* sobre un niño, una mujer o un varón "de los libres o de los esclavos [*tôn eleuthéron è tôn doúlon*]" (Demóstenes, *Contra Midias*: 47). Ahora bien, junto con este carácter comunitario y de amplio espectro social que abarca la norma, lo que para nosotros resulta relevante radica en el tipo de acción que la ley buscaba penalizar.

En efecto, la *hýbris* no es algo que sea fácil de definir[16]. En términos generales, se trata de un tipo de actitud (que puede manifestarse de forma violenta o no) que supone, para quien la sufre, algún tipo de demérito, subestimación, degradación y/o ultraje. Pero, al tratarse de una práctica de carácter relacional, implica no solo la voluntad de agravio, sino el propósito de llamar la atención, de destacarse por parte de quien comete *hýbris*. En última instancia, constituye un modo agonal de vínculo entre los individuos que afecta a la estima o el honor (*timé*)[17], proponiendo un juego competitivo cuyo resultado no puede ser otro que una jerarquización de los sujetos involucrados[18]. Resulta de interés citar en extenso la definición modelizada que realiza Aristóteles (*Retórica*: 1378b, 22-31) sobre este tipo de vínculos:

> el que ultraja [*hybrízon*], desprecia; pues es ultraje [*hýbris*] el decir y hacer algo por lo cual le viene vergüenza [*aiskhýne*] al que lo sufre, y no para que a uno mismo le suceda otra cosa que ésta, ni porque le haya sucedido ya, sino para darse el gusto [*hesthê*]; porque los que responden a un acto con otro no cometen acto de ultraje [*hybrízousin*] sino que se vengan [*timoroûntai*]. Y la causa del gusto [*hedonês*] que se dan los que cometen ultraje [*hybrízousin*] es porque creen que come-

---

14   Sobre la diferencia entre las acciones privadas [*diké*] y las de carácter público [*graphé*]: Harrison (1971: 74-82); MacDowell (1978: 53-61); Osborne (1985); Todd (1993: 99-102) y Allen (2000: 39-49).

15   Glotz (1904: 369-382), Wilson (2004: 214); con matices, Osborne (1985: 41 y n. 8).

16   Chantraine (1968, *s.v hýbris*); Liddel & Scott (1996, *s.v hýbris*).

17   Cf. MacDowell (1976: 22-23), Fisher (1976: 178; 1979: 45; 1992) y Cairns (1996: 17).

18   Cf. MacDowell (1976: 14-31), Gagarin (1979: 232) y Dickie (1984: 85-109) para quienes la *hýbris* supone una conducta autoindulgente y excesiva. Para Fisher (1992) se trata de actos intencionales que se cometen con el objetivo de infligir vergüenza y deshonra en otros. Por su parte, Cairns (1996: 1-32) la describe como una conducta cuyo resultado es la disminución del honor del ofendido producto de que el ofensor sobreestima el honor propio.

tiendo un daño ellos sobresalen más [*hyperékhein mâllon*]. Por eso los jóvenes y los ricos [*hoi néoi kaì hoi ploúsioi*] son insolentes [*hybristaí*], porque creen que haciendo ultrajes sobresalen. Es propio del ultraje deshonrar, y el que quita la honra desprecia [*hýbreos dè atimía, ho d' atimázon oligoreî*]; y lo que nada vale [*medenós áxion*] no tiene ninguna estima [*timén*] ni para bien ni para mal.

En tanto la *hýbris* implicaba un comportamiento disruptivo con respecto al honor de los involucrados, salta a la vista su carácter conflictivo y la necesidad de su penalización. En efecto, quienes se comportaban de este modo ponían en cuestión el carácter *isonómico* del vínculo cívico ya que se establecía una jerarquización de hecho basada en el honor (*timé*). Si los ciudadanos se constituían como sujetos políticos en condiciones de igualdad, ello implicaba que todos partían de un honor similar que los facultaba y habilitaba a ser miembros del cuerpo cívico. Las conductas tendientes a producir la degradación del honor de otros, por consiguiente, implicaban una tensión al interior de la comunidad en tanto ponían en entredicho el carácter igualitario que la condición cívica instituía[19]. Si bien en la sociedad ateniense –como en general sucedía en el mundo griego antiguo– se desarrollaba un alto grado de competitividad, ésta no podría tener como resultado la enajenación de sus propios miembros so pena de generar una situación de crisis. Más allá de la cuestión sobre si la ley de *hýbris* fue, en efecto, una creación de Solón o una invención (y atribución) posterior, resulta, en todo caso, plausible que ésta estuviera vinculada a las derivas de la *stásis* arcaica a partir de la cual se consolidó el cuerpo cívico ateniense[20]. Asimismo, con el devenir democrático de la ciudad, no sucedería otra cosa más que el fortalecimiento de dicho elemento normativo debido a que, precisamente, el carácter del régimen político implicaba la participación del *dêmos* en un sentido social y faccioso haciendo de los ciudadanos de menores recursos económicos un elemento estructurante del sistema político. Es así que,

---

19 Sobre la centralidad del honor y la vergüenza en la cultura griega: ver Walcot (1970: 57-76); Dover (1974: 226-243); Winkler (1990) y Cairns (1993).

20 En este sentido, recientemente se ha situado a la *graphè hýbreos* en el contexto de las respuestas legislativas de la época de Solón a la crisis arcaica cuyo objeto era proteger de la violencia y la explotación aristocrática a los ciudadanos de baja condición social que se encontraban en el límite inferior de la ciudadanía (mayormente a los *thêtes*); cf. Valdés (2019).

para los propios antiguos, la mencionada ley portaba un efecto democratizante sobre la ciudad.

En este sentido, Aristóteles (*Constitución de los atenienses*, 9.1), para quien la ley tenía su origen en Solón, la caracterizaba como una de sus medidas "más populares" [*demotikótata*] junto al fin de la esclavitud por deudas y la posibilidad de apelar a los jurados. En tanto, según Plutarco (*Vida de Solón*, 18.6) el arconte habría querido "proteger" [*eparkeîn*] a la "multitud" [*polloí*] de modo que los ciudadanos se fueran "acostumbrando" [*ethízontos*] a compartir sus sufrimientos como "partes de un solo cuerpo" [*henòs mére sómatos*]. En cuanto a Isócrates, en su discurso *Contra Loquites* se puede apreciar cómo se asociaba, de modo preciso, a la *hýbris* con una conducta que ponía en riesgo a la democracia y, por consiguiente, al buen funcionamiento de la ciudad. Si bien el texto ha llegado hasta nosotros de forma incompleta, la crítica especializada lo fecha en el período de la restauración de la democracia luego del golpe de los Treinta Tiranos[21]. En el discurso en cuestión, el acusador se autodefine como "pobre" y de la "multitud" [*pénes* (...) *kaì toû pléthous*] (19) y afirma que ha sufrido *hýbris* de parte de un tal Loquites, un joven cuyo comportamiento se busca asociar con el de aquellos que habían derrocado la democracia:

> Nosotros mismos por dos veces vimos destruida la democracia y por dos veces fuimos privados de la libertad, (...) por culpa de los que desprecian las leyes [*toûs kataphronoûntas tôn nómon*] y quieren ser esclavos de los enemigos y hacer violencia a los ciudadanos [*toùs dè polítas hybrízein*]. Y ocurre que éste [Loquites] es uno de ellos. Pues aunque es más joven [*neóteros*] que los que entonces estaban en el poder, sin embargo, su manera de ser concuerda con aquel régimen. (10-11).

El agresor queda configurado en el discurso, entonces, con las características señaladas más arriba por Aristóteles; además de su juventud, se establece que es una persona adinerada (15;19). En base a estas asociaciones, el acusador busca asimilar a Loquites con los partidarios de la oligarquía. En tanto, el orador exige una satisfacción en la medida en que tales conductas no solamente

---

21   El autor señala la caída relativamente reciente de los Treinta (4.10-11). Guzmán Hermida (1979: 89) fecha la causa entre el 400 y el 396, mientras que Mirhardy y Too (2000: 123) lo hacen entre el 402 y el 400.

suponen una afrenta a su propia persona en el plano individual sino, por el contrario, se trataría de un peligro para el régimen político y el conjunto de la comunidad:

Ninguno de vosotros, tras ver que soy pobre y un hombre del común, pensará en reducir la multa. (…). Vosotros mismos quedaríais privados de vuestros derechos cívicos [*atimázoite*] si pensarais así sobre los ciudadanos.

Pero aún lo más terrible de todo sería que en una ciudad democrática (…) nos priváramos a nosotros mismos de los derechos legales [*en toîs nómois dikaíon aposteroîmen hemos autoús*]; y que quisiéramos morir luchando por la constitución, pero, en el momento de votar, concediéramos más importancia a los que tienen dinero. (19-20).

El demandante interpelaba a los jueces desde una identidad clasista[22] tratando de mostrar que la gravedad de lo sucedido a su persona afectaba también sus propios intereses como miembros del tribunal (21)[23]. A su vez, la propia democracia estaría en peligro ya que, de permitirse las acciones como la puesta en práctica por Loquites, el resultado sería el desarrollo de un conflicto civil (7-8). Lo anterior pone en evidencia que las acciones de *hýbris* afectaban la integridad del cuerpo cívico y constituían un comportamiento que resultaba políticamente destituyente.

Cabe reconocer aquí la tensión que se desarrollaba entre una comunidad competitiva, donde el honor jugaba un rol importante, y los mecanismos normativos que la ciudad se habría dado con el objeto de tramitar tales prácticas. Tal como lo ha reafirmado la crítica especializada, la *hýbris* supondría una forma paradigmática del

---

22 Sobre el estatus de los jueces, de los cuales probablemente la mayoría fuese pobre, cf. Jones (1957: 17-18, 49-50, 80-81); Markle (1985); Todd (1990); Dillon (1995: 35-36 n. 46). A la vez, se debe considerar el elemento de estrategia retórica que la apelación a la pobreza tenía entre los oradores; cf. Cecchet (2013; 2015: 141-83) y Fernández Prieto (2019: 78-9, 84).

23 Tradicionalmente el modelo de organización política fue pensado, desde Píndaro (*Píticas,* 2.86-88), en clave tripartita (el uno, los pocos y los muchos) que será continuado por la tradición intelectual posterior, cf. Hansen y Nielsen (2004: 82-3). Sin embargo, para la segunda mitad del siglo V, ya se propone otra clave de pensamiento en función de los intereses de las diferentes facciones que se disputan la política en Atenas y que tendrá al panfleto del Pseudo-Jenofonte como primera referencia (*La República de los atenienses,* 1.1), cf. Marr y Rhodes (2008: 16 y ss).

ejercicio de la violencia[24] pero, a la vez, el sistema institucional no habría buscado solo refrenar la conflictividad social sino también ofrecer un marco normativo para encauzarla[25]. Desde el punto de vista de las instituciones judiciales la cuestión radicaría, entonces, en que la competencia entre los individuos –que potencialmente podía afectar el honor– encontrara un espacio para realizarse. Ciertamente la queja del demandante en el discurso de Isócrates ponía de relieve –por su radicalidad– el carácter potencialmente subversivo de tales conductas. Pero la posibilidad de llevar tales disputas frente a los jurados habilitaba un espacio donde dicha competencia podía darse dejando en manos de la comunidad la sanción según el caso.

Esclavitud, ley y comunidad

Por lo dicho anteriormente conviene, ahora, regresar al ejemplo de Pitálaco, de sus condiciones sociales, de los actos de *hýbris* que recibió y del aparato legal de la ciudad democrática. Varios son los problemas que se desprenden del caso y, con seguridad, no podremos dar aquí una respuesta certera a todos ellos, pero, de todos modos, consideramos útil plantear algunas reflexiones en torno a él. Tal como ha sostenido Vlassopoulos (2007: 35), "Pitálaco, una persona descrita como un esclavo público, creó una pesadilla para generaciones de especialistas". El hecho de que en el discurso aparezca caracterizado como un dependiente, pero, a la vez, lleve adelante acciones judiciales, ha llevado a la crítica a cuestionar aquella condición servil o de dependencia. En efecto, lo que resulta más complejo de asimilar para los especialistas es que, en definitiva, un esclavo haya tenido la capacidad de demandar a dos ciudadanos. Así tanto el tipo de demanda que habría entablado Pitálaco como la contrademanda de Hegesandro han llevado a dudar del carácter de esclavo (público en este caso) que Esquines reafirma en tres oportunidades a lo largo del discurso. A modo de ejemplo, Fisher (1995: 69; cf. 2004: 66-7) en su tratamiento sobre la *hýbris* en el plano judicial no parece dudar respecto de que

---

24 Cf. Richer (2005: 19). Téngase en cuenta que Aristóteles (*Política*, 1267b: 37-39) consideraba que sólo habría tres razones para litigar: injurias (*hýbris*), daños (*blábes*) y asesinato (*thánatos*).

25 Cf. Cohen (2000) *contra* Herman (1995; 2006).

Pitálaco habría sido tratado de manera hubrística. Sin embargo, no queda claro en el discurso de Esquines el tipo de denuncia que habría realizado en tanto ni siquiera parecería ser claro su propio estatus. Puesto que la fuente no afirma de modo taxativo qué tipo de denuncia habría interpuesto Pitálaco –Esquines sólo menciona el término *diké*–, Fisher (2001: 200) señala que "pareciera que lo que inició no fue una acción pública de *graphe hybreos*, sino una acción privada, una *dike*, probablemente por agresión [*dike aikeias*], pero posiblemente por el daño hecho [*dike blabes*] o por actos de violencia [*dike biain*]". En base a esto, el citado autor termina por dudar de la propia condición de Pitálaco en la medida en que las capacidades jurídicas que aparecen en el discurso de Esquines serían impropias de un esclavo. En conclusión, desde su perspectiva, al momento de los acontecimientos, ya no sería un esclavo público sino un liberto (Fisher 1993: 57).

Sin embargo, el hecho de que Pitálaco haya podido presentar una demanda no implicaba que éste no fuera un esclavo público. Como ha señalado Hunter (2006: 6), las fuentes forenses nunca mencionan el nombre del tutor legal que asiste al esclavo o al meteco –salvo en dos ocasiones que involucran a mujeres (cf. Demóstenes, *Contra Aristogitón I*, 58; *Contra Neera*, 37)– y tenemos conocimiento de que, al menos en una ocasión, un esclavo público habría actuado sin necesidad de ser representado (cf. *IG* II² 1570.78-79). Más aun, la intervención de Glaucón y el procedimiento de *aphaíresis eis eleutherían* también han llevado a un cuestionamiento similar sin llegar a un punto de certeza en tanto se plantea el problema del por qué este individuo reclamaría la libertad de un esclavo público. Jacob (1928: 162) y Todd (1993: 192-4) tomarán esta acción como una muestra de que Pitálaco era ya un liberto y no un esclavo. Para Zelnick-Abramovitz (2005: 298) la intervención de Glaucón bien podría significar que Pitálaco fuera un liberto, o bien que buscase evitar que Hegesandro se lo apropiase de manera privada. Silver (2014: 106-11) utilizará este argumento como prueba de que en realidad Pitálaco no era un esclavo público sino uno privado y propiedad de Hegesandro, de manera tal que la acción de Glaucón permitiría la emancipación de Pitálaco de su antiguo amo. Ismard (2015: 113-5) señalará la cuestión como característica de la condición pública del esclavo Pitálaco, situación que para el autor revestiría las mismas condiciones que la de un meteco[26]. Por último, para Taylor (2015: 50-1) resultaría muy difícil precisar el status de Pitálaco ya que, en determinados contextos sociales, las distinciones estatutarias no tendrían demasiada incidencia. De esta manera, el uso retórico que Esquines haría del estatus se relacionaba con una realidad social en la que los sujetos no habrían sido siempre definidos por su situación en tanto ciudadanos, metecos o esclavos[27].

Desde nuestra perspectiva, creemos que no se puede negar el carácter de esclavo de Pitálaco por el simple hecho de que su accionar no encaje con nuestros preconceptos acerca de lo que podían hacer o no los esclavos[28]. En definitiva, creemos que la mejor manera de enfocar la cuestión radica en asumir la existencia de una tensión. Como ya hemos señalado, la fuente sitúa sin ambigüedades a Pitálaco bajo la condición jurídica de la esclavitud, más allá de si esto puede concebirse como una hipérbole retórica que le permitiría a Esquines profundizar su acusación contra Timarco, objetivo real de la acusación. Pero, incluso si así fuera, el discurso estaba dirigido a un público cívico que, en principio, debería entender que tal acontecimiento pudo haber sido, al menos, posible. Se trata de una cuestión importante ya que la pieza retórica buscaba, en definitiva, la eficacia persuasiva por parte del orador con el objetivo de obtener un veredicto favorable de parte de quienes escuchaban el discurso.

Asimismo, la legislación ateniense admitía que las causas de *hýbris* afectaban tanto a libres como a esclavos, de modo que lo sufrido por Pitálaco se encuadraba plenamente en el marco normativo. Si, en consecuencia, podemos admitir que un esclavo iniciara una acción legal por tales daños, ¿necesariamente debió ser un proceso de *hýbris*? Nuevamente aquí entramos en el terreno especulativo, pero incluso una respuesta negativa no nos modificaría demasiado el panorama. En efecto, los procedimientos basados en la *graphè hýbreos* son reducidos en el corpus forense (cf. Osborne

---

26   Cf. MacDowell (1978: 83), quien sugiere que desde el punto de vista legal los *demósioi* tendrían las mismas características que las de los metecos.

27   Cf. Vlassopoulos (2007: 33-52; 2009: 347-363), quien postula que las diferencias estamentales eran mucho menos claras y determinantes en la vida social y cotidiana de la ciudad.

28   Cf. Cohen (2000: 131-8, 162-70), quien señalará que el debate se debe más a los prejuicios modernos acerca del funcionamiento de las sociedades esclavistas antiguas.

1985: 57-7). Según la crítica esto se debe a que tal acción legal suponía demostrar tanto cómo ha sido afectado en su honor aquel que ha sido ultrajado como también el hecho de que tal ultraje impacta en la comunidad en su conjunto. En consecuencia, incluso en los casos en que los involucrados eran ciudadanos, las demandas adoptaban fórmulas y procedimientos más simples y concretos (cf. Osborne 1985: 49 y ss.; Fisher 1992: 66-67). Sin embargo, esto solo implicaría un mecanismo procesal más manejable sin que se pierda el efecto retórico que la invocación de la *hýbris* supondría, puesto que ésta no dejaría de aparecer durante la argumentación[29]. Y esto era así debido a que las leyes atenienses dejaban sin definir el elemento sustantivo del delito, quedando abierta su definición a la escucha y decisión de los jurados. Tal como afirma Lanni (2017: 69; cf. 2010: 240-1)[30]:

> Los litigantes eran responsables de encontrar y citar cualquier ley que pensaran que podía ayudar en el caso, aunque no había ninguna obligación de explicar las leyes relevantes. Antes que enfocarse en los elementos de la acusación en cuestión y aplicarlos a los hechos del caso, los litigantes atenienses a veces citaban un conjunto de leyes que no regían las acusaciones del caso y en otro momento no consideraban relevante discutir –o incluso mencionar– la ley conforme a la cual la demanda había sido presentada (…). Incluso las discusiones de la acusación en cuestión dejaban mucho a la discreción del jurado porque las leyes atenienses eran, para nuestros estándares, asombrosamente vagas. Como a menudo es señalado, las leyes atenienses generalmente no definían el crimen ni describían las características esenciales del comportamiento regido por la ley. En muchos casos, el propósito principal de la ley relevante pudo haber sido establecer el procedimiento para iniciar el proceso judicial ante el tribunal. El jurado después intentaba llegar a un veredicto justo sin enfocarse exclusivamente

---

29   Cuatro son los discursos forenses donde la *hýbris* juega un rol principal del argumento: *Contra Midias* y *Contra Conón*, ambos de Demóstenes, y los ya citados *Contra Timarco* de Esquines y *Contra Loquites* de Isócrates. No hay certeza para la crítica que el *Contra Midias* sea un proceso de *graphè hýbreos*, el *Contra Conón* es un proceso privado de *díke aikeías*, el *Contra Timarco* es un proceso de *dokimasía tôn rhetóron*, mientras que el *Contra Loquites* se vuelve imposible de determinar por no disponer de la introducción, por lo que la crítica especula entre una posible *graphè hýbreos* o una *díke aikeías*.

30   Para una discusión acerca de estas definiciones, cf. Harris (2017).

en determinar si el comportamiento del acusado había satisfecho los criterios formales de la acusación específica que los ocupaba.

Por consiguiente, incluso si la acción de Pitálaco hubiera transitado bajo otro procedimiento legal, esto no implicaría la ausencia de una acusación de *hýbris* tal como se ejemplifica a lo largo del discurso de Esquines.

Pues bien, si es aceptable que un esclavo hiciera uso del sistema judicial y este uso estaría enmarcado como respuesta a prácticas ultrajantes nos queda por responder la cuestión de cómo esto pudo vincularse con las tensiones sociales en la democracia ateniense. Señalábamos antes que la crítica oligárquica igualaba –como forma de degradación– la situación de los ciudadanos pobres con la de los esclavos puesto que, en su mirada, ambos grupos no portarían diferencias y esto redundaría en una crítica a las condiciones que el poder democrático estaría imponiendo a la comunidad. Por consiguiente, puede pensarse que la amplitud de la ley de *hýbris* tuviera como norte la seguridad e integridad del cuerpo cívico estableciendo una frontera legal que incluyese a los esclavos en la medida en que si tal cosa no podría ocurrirles a ellos mucho menos a los ciudadanos. Si se admite que la ley fue un efecto de la *stásis* arcaica, contexto en el que muchos ciudadanos atenienses habrían visto restituido (o instituido) su estatuto cívico, no se estaría demasiado lejos de aquella indiferenciación de la cual se quejaba el Pseudo-Jenofonte para tiempos democráticos. Asimismo, en el marco democrático, la indignación oligárquica se proyectaba como una exageración imaginaria que veía a los propios ciudadanos como esclavos fruto de su condición socio-económica.

En cualquiera de los casos, la norma, al favorecer la protección por vía de extremar el límite estatutario, ofrecía un recurso de amparo al maltrato potencial que podría sufrir un individuo poniendo en riesgo ya no solo su propia condición sino la de la comunidad en su totalidad. En este sentido, la defensa del *dêmos* no implicaba meramente la de su propia integridad (real y simbólica), sino la de su pertenencia y configuración colectiva como un todo. Si bien no tenemos certeza del tipo de acción respecto a la acción legal que un personaje como Pitálaco hubiera podido realizar, la violencia recibida por su condición de esclavo (y particularmente de esclavo público) no implicaba un mero riesgo para sí mismo, sino para la propia constitución de la comunidad cívica. En una situación a partir de la cual la discriminación estamental podía situarse en una frontera gris de acuerdo a las tensiones facciosas que atravesaban a la comunidad política, la propia salvaguarda del poder del *dêmos* exigiría un aparato normativo que frenase tales conductas. El propio Esquines parece tenerlo presente al evocar la ley –en el marco de lo actuado por Timarco y sufrido por Pitála-co– diciendo: "en democracia al que ultraja [*hybristén*] a cualquier otro, de ése pensó [¿Solón?] que no era apto para participar en la actividad política" (Esquines, *Contra Timarco*: 1.17).

Conclusiones

Para finalizar, queda claro que las prácticas denigrantes y violentas persistieron como formas vinculantes de la comunidad sin que esto supusiera, necesariamente, su tolerancia o indiferencia por parte de la misma. El marco normativo e institucional que estableció la ciudad buscaba tanto encauzar como limitarlas, de acuerdo con la necesidad de sostener una comunidad cívica cohesionada. En este sentido, el ejemplo del esclavo Pitálaco del cual partimos para trabajar la legislación sobre la *hýbris* nos sirvió para mostrar no solamente la persistencia de la violencia y su penalización por la ley, sino también el hecho fundamental de que tal legislación no tendría necesariamente como norte proteger la potencial *timé* de los esclavos tanto como la de garantizar la unidad ciudadana. De esta manera, tal como intentamos señalar, dicha legislación buscó establecer una garantía comunitaria que estuviera por encima de las disputas facciosas del cuerpo cívico. Por consiguiente, el carácter político de la ley de ultraje radicaba en su capacidad de regular la violencia entre los ciudadanos. La democracia no eliminó las desigualdades ni las diferencias de valores que atravesaban a los ciudadanos, pero tuvo la capacidad de dotarse de mecanismos legales para que los ciudadanos pudieran contrarrestar las prácticas vejatorias que –con cierta seguridad– llevaban a cabo aquellos que buscaban sobresalir o resaltar a costa de los demás. En este sentido, según nuestra interpretación, si la violencia de los poderosos no pudo ser anulada, la participación popular, su registro normativo y su funcionamiento en la práctica permitió encauzarla para garantizar la cohesión cívica que la democracia exigía.

Bibliografía

Allen, D. (2000) *The World of Prometheus. The Politics of Punishing in Democratic Athens*, Princeton.

Cairns, D. L. (1993) Aidōs. *The Psychology and Ethics of Honour and Shame in Ancient Greek Literature*, Oxford.

Cairns, D. L. (1996) "Hybris, Dishonour and Thinking Big", *The Journal of Hellenic Studies* 116, 1-32.

Cecchet, L. (2013) "Poverty as Argument in Athenian Forensic Speeches", *Ktèma. Civilisations de l'Orient, Grèce et Rome Antiques* 38, 53-66.

Cecchet, L. (2015) *Poverty in Athenian Public Discourse. From the Eve of the Peloponnesian War to the Rise of Macedonia*, Stuttgart.

Chantraine, P. (1968) *Dictionnaire étymologique de la langue grecque. Histoire des mots*, París.

Christensen, K. A. (1984) "The *Theseion:* A Slave Refuge at Athens", *American Journal of Ancient History* 9.1, 23-32.

Cohen, D. (2000) *Law, Violence and Community in Classical Athens*, Cambridge.

de Ste. Croix, G.E.M. (1988) *La lucha de clases en el mundo griego antiguo*, Barcelona.

Dickie, M. (1984) "*Hēsychia* and *Hybris* in Pindar", en D. Gerber (ed.), *Greek Poetry and Philosophy: Studies in Honour of Leonard Woodbury*, Chico, 83-109.

Dillon, M.P.J. (1995) "Payments to the Disabled at Athens: Social Justice or Fear of Aristocratic Patronage?", *Ancient Society* 26, 27-57.

Dover, K. J. (1974) *Greek Popular Morality in the Time of Plato and Aristotle*, Oxford.

DuBois, P. (2003) *Slaves and Other Objects*, Chicago.

Fernández Prieto, A. (2019) "Pobreza y miseria en la antigua Grecia: padecer y ejercer la violencia o las dos caras de una misma moneda", en A. Gonzales (ed.), *Praxis e ideologías de la violencia. Para una anatomía de las sociedades patriarcales esclavistas desde la Antigüedad. XXXVIII Coloquio del GIREA*, Besançon, 63-91.

Finley, M. (1982) *Esclavitud antigua e ideología moderna*, Barcelona.

Fisher, N. R. E. (1976) "«Hybris» and Dishonour: I", *Greece & Rome* 23.2, 177-193.

Fisher, N. R. E. (1979) "«Hybris» and Dishonour: II", *Greece & Rome* 26.1, 32-47.

Fisher, N.R. E. (1990) "The Law of Hybris", en P. Cartledge, P. Millet y S. Todd, *Nomos. Essays in Athenian Law, Politics and Society*, Cambridge, 123-138.

Fisher, N.R.E. (1992) *Hybris. A Study in the Values of Honour and Shame in Ancient Greece*, Warminster.

Fisher, N.R.E. (1993) *Slavery in Classical Greece*, Londres.

Fisher, N.R.E. (1995) *"Hybris*, Status and Slavery"*, en A. Powell, *The Greek World*, Londres y Nueva York, 44-84.

Fisher, N.R.E. (2001) *Aeschines. Against Timarchos*, Oxford.

Fisher, N.R.E. (2004) "The Perils of Pittalakos: Settings of Cock Fighting and Dicing in Classical Athens", en S. Bell y G. Davies (eds.), *Games and Festivals in Classical Antiquity. Proceedings of the Conference held in Edinburgh 10-12 July 2000*, Oxford, 65-78.

Gagarin, M. (1979) "The Athenian Law against *Hybris*", en G.W. Bowerstock, W. Burkert y M. Putnam (eds.), *Arktouros: Hellenic Studies Presented to B. M. W. Knox on the Occasion of his 65th Birthday*, Berlín y Boston, 229-236.

Gottesman, A. (2014) *Politics and the Street in Democratic Athens*, Cambridge.

Glotz, G. (1904) *La solidarité de la famille dans le droit criminel en Grèce*, París.

Guzmán Hermida, J. M. (1979) *Isócrates. Discursos. I*, Madrid.

Hansen, M.H. y Nielsen, T.H. (2004) "Part I. Introduction", en M.H. Hansen y T.H. Nielsen (eds.), *An Inventory of Archaic and Classical Poleis*, Oxford, 1-153.

Harris, E. M. (1985) "The Date of the Trial of Timarchus", *Hermes* 113 (3), 376-380.

Harris, E. M. (1992) *"Demosthenes: Against Meidias (Oration 21)*. Douglas M. MacDowell", *Classical Philology* 87.1, 71-80.

Harris, E.M. (2008) *Demosthenes, Speeches 20-22*, Austin.

Harris, E.M. (2017) "La visión ateniense de un juicio ateniense", *Revista Jurídica de Buenos Aires* 94, 103-128.

Harrison, A. R. W. (1971) *The Law of Athens. Part. II: Procedure*, Oxford.

Herman, G. (1995) "Honour, Revenge and the State in Fourth-Century Athens", en W. Eder, *Die Athenische Demockratie im 4. Jahrhundert v. Chr.*, Stuttgart, 43-66.

Herman, G. (2006) *Morality and Behaviour in Democratic Athens. A Social History*, Cambridge.

Humphreys, S. C. (1983) "The Evolution of the Legal Process in Ancient Attica", en E. Gabba, (ed.), *Tria Corda. Scritti in onore di Arnaldo Momigliano*, Como, 229-256.

Hunter, V. (1994) *Policing Athens: Social Control in the Attic Lawsuits, 420- 320 B.C.*, Princeton.

Hunter, V. (2006) "Pittalacus and Eucles: Slaves in the Public Service of Athens", *Mouseion: Journal of the Classical Association of Canada* 6.1, 1-13.

Ismard, P. (2015) *La démocratie contre les Experts. Les esclaves publics en Grèce ancienne*, París.

Jacob, O. (1928) *Les esclaves publics à Athènes*, Lieja.

Jones, A.H.M. (1957) *Athenian Democracy*, Oxford.

Lanni, A. (2010) "Judicial Review and the Athenian «Constitution»", en M.H. Hansen (ed.), *Démocratie athénienne — démocratie moderne:*

tradition et influences, Ginebra, 235-263.

Lanni, A. (2017) "Las normas sociales en las cortes de la Antigua Atenas", *Revista Jurídica de Buenos Aires* 94, 61-102.

Liddell, H.G. y Scott, R. (1996) *A Greek-English Lexicon, with a Revised Supplement,* Oxford.

Lipsius, J. H. (1905-15 [1966]) *Das attische Recht und Rechsverfahren,* Leipzig.

Lucas de Dios, J. M. (2002) *Esquines. Discursos, testimonios y cartas,* Madrid.

MacDowell, D. M. (1976) "«*Hybris*» in Athens", *Greece & Rome* 23.1, 14-31.

MacDowell, D. M. (1978) *The Law in Classical Athens,* Ithaca.

MacDowell, D. M. (1990) *Demosthenes: Against Meidias (Oration 21),* Oxford.

Mactoux, M.-M. (1988) "Lois de Solón sur les esclaves et formation d'une société esclavagiste", en T. Yuge y M. Doi, (eds.), *Forms of Control and Subordination in Antiquity,* Leiden, 331-354.

Mactoux, M.M (1992) "Espace civique et fuite des esclaves", *Index. Quaderni camerti di studi romanistici* 20, 75-101.

Mactoux, M.M. (2009), "Esclave, fouet, rituel", en L. Bodiou, V. Mehl, J. Oulhen, F. Prost, F. y J. Wilgaux (dirs.), *Chemin faisant: mythes, cultes et société en Grèce ancienne. Mélanges en l'honneur de Pierre Brulé,* Rennes, 59-70.

Markle, M.M. (1985) "Jury Pay and Assembly Pay at Athens", en P. Cartledge y F.D. Harvey (eds.), *Crux.*

Essays in Greek History Presented to G.E.M. de Ste. Croix on his 75th Birthday, Londres, 265-297.

Marr, J. y Rhodes, P. (2008) *The Old Oligarch. The Constitution of the Athenians Attributed to Xenophon,* Oxford.

Mirhardy, D. y Too, Y. L. (2000) *Isocrates I,* Austin.

Morrow, G. (1937) "The Murder of Slaves in Attic Law", *Classical Philology* 32.3, 210-227.

Murray, O. (1990) "The Solonian Law of *Hybris*", en P.Cartledge, P. Millet, y S.Todd, (eds.), *Nomos. Essays in Athenian Law, Politics and Society,* Cambridge, 139-145.

Osborne, R. (1985) "Law in Action in Classical Athens", *The Journal of Hellenic Studies* 105, 40-58.

Paiaro, D. y Requena, M. (2015) "«Muchas veces pegarías a un ateniense creyendo que era un esclavo» (PS-X, 1, 10): espacios democráticos y relaciones de dependencia en la Atenas Clásica", en A. Beltrán, I. Sastre y M. Valdés (eds.), *Los espacios de la esclavitud y la dependencia desde la Antigüedad. Homenaje a Domingo Plácido. Actas del XXXV coloquio del GIREA,* Besançon, 153-170.

Requena, M. y Paiaro, D. (2020) "Los *demósioi* de la democracia. La función policial y la identidad de los esclavos públicos en Atenas", en F. Reduzzi Merola, M. Bramante y A. Caravaglios (eds.), *Le realtà della schiavitù: identità e biografie da Eumeo a Frederick Douglas,* Nápoles, 129-149.

Richer, N. (2005) "La violence dans les mondes grec et romain: Introduction", en J.M. Bertrand (ed.), *La violence dans les mondes grec et romain*, París, 7-33.

Ruschenbusch, E. (1965) "*Hybreōs graphē*. Ein Fremdkörper im athenischen Recht des 4. Jahrhunderts v. Chr.", *Zeitschrift der Savigny-Stiftung für Rechtsgeschichte: Romanistische Abteilung* 82, 302-209.

Schäfer, A. (1885) *Demosthenes und seine Zeit. Vol. II*, Leipzig.

Scafuro, A. (1997) *The Forensic Stage. Settling Disputes in Graeco-Roman New Comedy*, Cambridge.

Silver, M. (2014) "Pittalacus the Slave and the Mother of the Gods: Between the Lines of Aeschines 1.54–66", *Marburger Beiträge zur antiken Handels-, Wirtschafts-und Sozialgeschichte* 31, 97-120.

Taylor, C. (2015) "Social Networks and Social Mobility in Fourth-Century Athens", en C. Taylor y K. Vlassopoulos (eds.), *Communities and Networks in the Ancient Greek World*, Oxford, 35-53.

Todd, S.C. (1990) "Lady Chatterley's Lover and the Attic Orators: the Social Composition of the Athenian Jury", *The Journal of Hellenic Studies* 110, 146-173.

Todd, S. C. (1993) *The Shape of Athenian Law*, Oxford.

Valdés, M. (2000) "El *Theseion*, lugar de refugio de esclavos: sus orígenes y función en el «ágora vieja» de Atenas", en Mª. Myro, J. Casillas, J. Alvar y D. Plácido (eds.), *Las edades de la dependencia durante la Antigüedad*, Madrid, 41-54.

Valdés, M. (2019) "*Hybris* en Atenas arcaica: explotación y formas de violencia de los *aristoi* frente al *demos*", en A. Gonzales (ed.), *Praxis e ideologías de la violencia. Para una anatomía de las sociedades patriarcales esclavistas desde la Antigüedad. XXXVIII Coloquio del GIREA*, Besançon, 169-196.

Vlassopoulos, K. (2007) "Free Spaces: Identity, Experience and Democracy in Classical Athens", *The Classical Quarterly* 57.1, 33-52.

Vlassopoulos, K. (2009) "Slavery, Freedom and Citizenship in Classical Athens: Beyond a Legalistic Approach", *European Review of History: Revue européenne d'histoire* 16.3, 347-63.

Walcot, P. (1970) *Greek Peasants, Ancient and Moderns. A Comparison of Social and Moral Values*, Manchester.

Winkler, J. J. (1990) *The Constraints of Desire. The Anthropology of Sex and Gender in Ancient Greece*, Nueva York y Londres.

Wilson P.J. (2004) "Demosthenes 21 (Against Meidias): Democratic Abuse," en E.W. Robinson (ed.), *Ancient Greek Democracy. Readings and Sources*, Malden, Oxford y Carlton, 211-231.

Zelnick-Abramovitz, R. (2005) *Not Wholly Free. The Concept of Manumission and the Status of Manumitted Slaves in the Ancient Greek World*, Leiden.

LA ESCRITURA, LA VOZ Y EL OÍDO EN LA CONSTRUCCIÓN DE LA VERDAD JUDICIAL A FINES DEL SIGLO XII

Paola Miceli
Universidad Nacional de General Sarmiento

Introducción

En el marco de los procesos judiciales de la Plena Edad Media, la dinámica entre oralidad y escritura se visualiza, en principio, de dos maneras. En primer lugar, a través de las formas de la prueba, siendo el testimonio y el documento dos de los modos clásicos de la prueba según el derecho común. En segundo lugar, toda pesquisa o sentencia ha llegado hasta nuestros días a partir de un soporte escrito, ya sea carta, diploma, o cartulario. Por ende, el proceso de escrituración, de puesta por escrito de la pesquisa, hace también a la validación de esa verdad procesal y construye una dinámica particular entre oralidad y escritura. Indagar esta relación es nuestro objetivo principal en este artículo a partir del estudio de un diploma perteneciente a la *Colección del monasterio de Sahagún*[1] que da cuenta de una pesquisa que en el año 1152 llevó adelante la Infanta Sancha, hermana del rey Alfonso VII, para resolver el conflicto que se había entablado entre el cenobio y la villa de Grajal.

El diploma y su contexto de producción

El diploma que vamos a analizar forma parte de la *Colección Diplomática del monasterio de Sahagún* que contiene un sinnúmero

---

1   Fernández Flórez (1991) *Colección Diplomática del monasterio de Sahagún (857-1230), 4, (1110-1199), Fuentes y estudios de historia leonesa*, León, documento N° 1313=CDMS.

de cartularios procedentes del monasterio leonés de Sahagún, el *Becerro Segundo* del *Liber Testamentorum Sancti Facundi,* más conocido como el *Becerro Gótico* y un conjunto de documentos que actualmente se encuentran en la sección de «Clero Secular y Regular» del Archivo Histórico Nacional de España.

El diploma que nos ocupa, del año 1152, "relata" –siempre en la voz de Sancha, la hermana del rey Alfonso VII– el conflicto que enfrentó al monasterio de Sahagún con la Villa de Grajal, y describe el procedimiento judicial llevado a cabo.

El monasterio de Sahagún comenzó siendo un santuario dedicado al culto de los mártires Facundo y Primitivo, y desde principios del siglo X desarrolló estrechos lazos con los monarcas leoneses ocupando un papel fundamental en el proceso de conquista cristiana. Sahagún tenía la ventaja de encontrarse ubicado al pie de la floreciente ruta jacobea que, en los siglos XI y XII, experimentó un auge extraordinario, favorecido por la mejora de infraestructuras y servicios –calzadas, puentes, albergues. En 1068 al concederle Alfonso VI completa inmunidad, el monasterio encarnó la colaboración entre la Corona y la institución monástica de Cluny, cuyo resultado fue la consolidación de un poderosísimo cenobio desde el que se promoverá la implantación en la península tanto de la reforma cluniacense como de la política pobladora regia[2]. Todo este proceso de autonomización fue acompañado por un incremento de las donaciones *pro anima*, procedentes sobre todo de los magnates de la región (Pérez 2015: 3) y también de una preocupación por la recuperación, conservación y, en muchos casos, reformulación de su propia memoria (Agúndez San Miguel 2010: 267). Este fenómeno concuerda con lo planteado por Pierre Chastang para otras regiones: la escrituración se volvió, a partir de los siglos XII y XIII, un recurso para los procedimientos de gestión de conflictos, la producción de la memoria de las instituciones, así como para la estabilización del estatus de los hombres y la identidad de los grupos y de las relaciones de dominación (Chastang 2001: 42). Efectivamente, el proceso escriturístico que llevó adelante el *scriptorium* de este poderoso monasterio tuvo por

---

2   Ver Pérez Gil y Sánchez Badiola (2002); Agúndez San Miguel (2010); Martínez Sopena (1991); Martínez Sopena (2007); Pérez (2015).

objetivo construir una memoria institucional del cenobio y consolidar su poder jurisdiccional frente a otras fuerzas territoriales. Diversos documentos, entre ellos la *Primera Crónica Anónima de Sahagún*[3], narran que al momento de la muerte del rey Alfonso VI se desató en la región, controlada por el cenobio, un clima de violencia contra el monasterio, produciéndose numerosas revueltas de burgueses y campesinos, organizados en hermandades, que tenían por objeto protegerse de los abusos de los monjes de Sahagún[4]. La Villa de Grajal, el otro actor en el pleito, comprendida en la jurisdicción del monasterio no fue ajena a este movimiento; cuestión que motivó, según se narra en la *Crónica*, que sus habitantes organizaran, en 1111, una hermandad juramentada para defender sus intereses económicos contra las intrusiones y abusos del abad y los monjes del poderosísimo monasterio de Sahagún.

Si bien este marco es fundamental para comprender el pleito y la pesquisa que se llevará adelante, no es el eje central de este artículo. Nos interesa especialmente este diploma porque posee un tono narrativo que permite recrear ante nuestros ojos el montaje de la escena judicial, las estrategias políticas ligadas a lo teatral, el acople entre pacto y sentencia y, muy especialmente, la articulación entre oralidad y escritura[5]. Precisamente el modo peculiar en que en este diploma se entrelaza la escritura formular y la narración de los hechos lo vuelve una fuente muy interesante para

---

3   *La Primera Crónica Anónima de Sahagún* es un relato de la situación turbulenta que atravesó la región entre los años 1109 y 1117, durante las denominadas revueltas burguesas, escrito por los monjes del monasterio de Sahagún. Existe mucho debate acerca del período en el que fue escrita. Hay quienes sostienen que su escritura corresponde al siglo XII, es decir que es contemporánea a los hechos, otros al siglo XV. Ver Espinosa Elorza (2014); Ubieto Arteta (1987).

4   Estas revueltas han sido muy estudiadas por la bibliografía. Ejemplos representativos pueden ser: Mínguez (1994); Pastor (1980); Romero (1989); Menjot (2007); Astarita (2019).

5   Esta singularidad del diploma, el de estar escrito en primera persona como si lo narrara la propia Infanta Sancha es explicada por el historiador Martínez (2019: 7) de la siguiente manera: "Estéticamente, el monje redactor, Germano, manifiesta tener un buen sentido del drama procesal que se desarrolló ante la Infanta, al ir facilitándonos los particulares de los hechos gradualmente, dejando la declaración de un testigo deliberadamente incompleta para completarla con la del siguiente, hasta llegar al clímax final y objetivo primario de la pesquisa, introduciendo en la escena a dos misteriosos vecinos de Grajal, que revelan a la Infanta y al público presente el verdadero motivo de la destrucción de la presa y por qué unánimemente todos los vecinos de la villa habían escondido y negado la conjura".

indagar aquello que nos preocupa en este artículo: la relación que se traza entre escritura y oralidad en el proceso de construcción de la verdad judicial y de su escrituración.

La disputa

En 1152 se presentaron frente al emperador Alfonso VII y a la propia Sancha los monjes y el abad del monasterio saguntino para requerir, entre llantos y súplicas (*maximas querimonias dederunt et / plures lacrimas, flexis genibus*), su intervención debido a la persistencia de los actos violentos y maliciosos de los de Grajal en relación con la presa del molino de Villasalit. Nos enteramos por el diploma que el mismo conflicto había tenido lugar trece años antes y que consta una carta firmada, incluida también en la colección, en la que quedó registro de que Sancha había intervenido para resolver la disputa a favor del monasterio sin llevar el conflicto a la arena judicial.

Se trata de la carta del año 1139[6] en la que se indica que Sancha intervino al tener noticias (*senum audiuimus*) de que los monjes se quejaban de *iniurias et dampna et molestias* realizadas por el Concejo de Grajal. El monasterio denunciaba que los hombres de la villa de Grajal, rompían la presa de los molinos de Villasalit en el Cea que pertenecía al monasterio, y con las aguas liberadas se dedicaban a pescar, práctica que afectaba gravemente al cenobio.

El descargo del Consejo era que se trataba de una práctica que realizaban desde antiguo los sayones del fisco, cada vez que el rey y la propia Sancha iban a Grajal. La Infanta, en la carta mencionada, ordenó que ninguno de sus descendientes causase nuevos problemas a los monjes del cenobio en lo tocante a esta controversia[7]. Se trata evidentemente de un primer intento de

---

6   CDMS, n° 1266.

7   CDMS, n° 1313: "Ego Santia, Adefonsi imperatoris germana, cunctis, tam presentibus quam futuris, in Domino Deo eternam salutem, amen. Notum uobis facimus quod in territorio / Graliarensi est quedam uilla de Sancto Facundo, nomine Uillasalit, super ripam fluminis Ceia. Et sicut relatione senum audiuimus, quando ego aut rex ueniebat /3 ad Graliare, ibant saiones fisci Graliarensis, quasi ex antiqua consuetudine, et frangebant uiolenter presam de Uillasalit ad espiscandum; unde grauem / monachis molestiam inferebant, qui multotiens proinde ad me uenerunt cum querimonia. Qua ego permota uolo et mando et cartam facio et ad posteros / transmitto ut nemo de proienie nostra ulterius monachis de hac re ullam faciat iniuriam. Quod

negociación que no dio resultado porque unos años más tarde, en 1152, el diploma da cuenta de la persistencia del conflicto y señala que el rey decidió convocar a dos de los *potentiores* de Grajal para que explicaran su accionar. Ambos representantes sostuvieron el mismo argumento que esgrimieron en 1139, que la ruptura de la presa del molino la realizaban sus padres *ex antiquitate et consuetudine* recuperando una supuesta práctica de los sayones del fisco cada vez que el rey y la propia Sancha iban a Grajal, y con las aguas liberadas se dedicaban a pescar. Frente a esto los hombres del monasterio volvieron a sostener, como lo habían hecho trece años antes, que no se trataba de una costumbre antigua sino de una práctica hecha con malicia y violencia y de corto tiempo (*set quod faciebant ex malicia et ui et a paruo tempore, non longo*). Establecida así la controversia, es decir si la ruptura de la presa de Villasalit era costumbre antigua o no, maliciosa o razonable, Alfonso VII encomendó a su hermana Sancha, llevar adelante una pesquisa por todos los lugares para dar a conocer la verdad (*facerem inquisiam per uicinas partes et loca et reperta ueritate*), hacer carta y resolver definitivamente el problema.

> Entonces el emperador, mi hermano, una vez escuchada la discordia y discrepancia entre las partes, me mandó a mí, que estaba sentada junto a él, que hiciese una pesquisa por los pueblos de los alrededores y, una vez descubierta la verdad, que hiciese una carta y estableciese qué se debía hacer en caso de futuras fracturas de la presa y de los daños llevados a cabo con tales acciones; hecha la carta sobre los hallazgos de la pesquisa, debería remitirla a él para ser confirmada y corroborada con su sello[8].

---

si quis deinceps facere presumpserit et presam illam sine /6 consensu monachorum frangere temptauerit, pedes manusque illi arescant et oculi cum nimio dolore de cauernis suis prosiliant, sitque a Domino Deo maledictus / et cum Datan et Abiron terre iatu dimersus et cum Iuda Domini traditore in eterna dampnatione perditus; et ne sit expers a dampno seculari, uobis uel regie / potestati mille solidos exsoluat. Et hec carta, quam pro anima mea et aui mei regis Adefonsi anima fieri mandaui, rata in eternum permaneat".

8   CDMS, n° 1313: "Tunc, imperator frater meus, audita di/ssensione ab utraque parte, mandauit mihi cum eo presencialiter sedenti, quod facerem inquisiam per uicinas partes et loca et reperta ueritate quod facerem kartam et mandarem in ea quid ultra de fractione huius prese et de iniuria et dampnis actenus factis fieri debeat, si iniuste fregerunt; et facta karta de inquisicione inuenta, quod mitterem eam ad eum, et ipse confirmaret et signo suo roboraret".

No resulta extraño que fuera Sancha quien se ocupara del proceso. Durante el reinado del emperador Alfonso VII, en lo que refiere a Grajal, la resolución de los conflictos con el monasterio estuvo a cargo de su hermana Sancha. Probablemente esto se debiera a que era la *tenente* de la Villa, señora del *Infantado de Campos*, cuya extensión iba desde Grajal hasta San Román, villa cercana a Tordesillas, casi en las márgenes del Duero. Pero vale la pena resaltar también el rol de Sancha como árbitro en tanto figura femenina. Como señala Iñaki Bazán Díaz, se advierte con frecuencia en estos siglos la mediación femenina como *arbitra, arbitradora y amigable componedora*, según el lenguaje de la época, con el objetivo de alcanzar un acuerdo de paz entre dos facciones enfrentadas (Bazán Díaz 2019). Según el autor, esto podría deberse a la concepción que la sociedad medieval poseía acerca de la mujer como figura ligada a la armonía y a la paz. En 1139, como vimos, Sancha había intervenido con esta función de arbitraje entre partes con éxito relativo. En 1152 llevará adelante la pesquisa respetando el derecho común, pero como veremos más adelante, con una singularidad que parece respetar el canon atribuido a las mujeres en estos siglos.

Pesquisa, verdad, carta

Alfonso VII le requiere a la Infanta que, una vez encontrada la verdad, haga carta. La escritura de la carta que contendrá la verdad de la pesquisa se presenta como un elemento clave para la resolución del conflicto. El diploma, escrito en primera persona, como si la propia Sancha estuviera narrando, inicia señalando:

> En el nombre de Dios y su imperio, amén. Esta es la carta de paz, concordia, amistad, caridad y estabilidad para siempre que yo, la reina Sancha, hermana del emperador Alfonso, por mandato suyo, hago entre el abad Domingo y todos los monjes de Sahagún y el concejo y todos los hombres de Grajal[9].

---

9   CDMS, n° 1313: "In Dei nomine et eius imperio, amen. Hec est carta pacis, concordie, amicicie et karitatis et stabilitatis im perpetuum, quam ego Sancia regina, soror imperatoris Adeffonsi, ex eius mandato, inter abbatem Dominicum et omnes monachos Sancti Facundi et inter concilium et omnes homines de Graliare, facio".

Hacer carta implicaba entonces llegar a un acuerdo de paz, concordia, amistad, caridad y estabilidad, todos términos claves del lenguaje político de la época. Como ha señalado López Gómez Oscar, se trataba de conceptos que gozaban de la aprobación colectiva y que, por tal motivo, albergaban una evidente trascendencia en las doctrinas del poder (López Gómez 2021).

Luego de esta introducción, la arenga presenta uno de los tópicos más frecuentes en el siglo XII para justificar la puesta por escrito:

> De la misma manera que en todo contrato la autoridad imperial debe estipular las condiciones por escrito, así también la razón y la justicia exigen que todo lo que por mandato, tanto de los emperadores como de los reyes o sus ministros es ordenado, se confirme por escrito, especialmente lo que se refiere a la paz y la concordia para que el paso del tiempo no lo relegue al olvido[10].

En este fragmento se advierte que, como en la mayor parte de los documentos a partir del siglo XII, la escritura se justifica como la herramienta privilegiada en la lucha contra el olvido. Si bien, la relación entre escritura y fiabilidad se encontraba ya presente en el *Liber Iudiciorum* cuando se establecía que los asuntos puestos por escrito debían tener plena validez y parece ser de influencia romana[11], el tópico que se consolida a partir del siglo XII, a medida que se fortalecen las cancillerías reales, es el que plantea que la página escrita asegura el conocimiento de lo sucedido o lo concedido tanto a los habitantes actuales de la comunidad como a los por venir (Canellas López 1979: 133). Se la piensa como recurso de conservación frente a la precariedad del mundo. Atendiendo a esta novedad, Zimmermann (2003: 50) afirma que estamos frente a una justificación escatológica de la puesta por escrito ligada a una nueva concepción de la historia y del mundo[12]. En su estudio

---

10 CDMS, n°1313: "Sicut in omni contractu conditiones ualere imperialis testatur auctoritas, sic etiam iusticie ratio exigit ut ea que ab imperatoribus siue regibus siue a minis/tris eorum de mandato suo fiunt, scripto firmentur; maxime ea que pacis et concordie sunt nec temporum longitudine obliuioni tradantur".

11 Consideración que muestra, según el autor, la influencia de la tradición romana presente en la *traditio per chartam* heredada por los visigodos y transmitida a la Alta Edad Media.

12 Ver Zimmermann (2003), especialmente tomo I: 19-22, dedicadas a una reflexión sobre la relación entre escritura y memoria.

de cartas y documentos escritos en la región de Cataluña, advierte sobre el cambio que se produjo a partir del siglo XII. Si hasta ese momento la exigencia de la escritura estaba siempre asociada a la evocación de la ley gótica, desde los primeros años del siglo XII se da paso en la documentación a justificaciones que ponen el acento en la capacidad que tiene la escritura de perpetuar los actos. El mismo argumento se encuentra en muchos otros diplomas: la memoria es lábil, la mente del hombre frágil, y cae en las redes del olvido; de allí que sea un imperativo moral, social, y jurídico, dejar constancia escrita de las acciones humanas[13]. Es evidente que la palabra escrita se valorizaba socialmente en función de su capacidad de *hacer durar*, pero para que esto tuviera impacto todo el mundo debía estar convencido del carácter efímero de la memoria; el olvido deviene entonces el gran fantasma[14]. Patrick Geary (2006: 19-22) señala que en este momento histórico para cada institución el registro o invención de la memoria de su pasado es la clave para responder a los desafíos del presente, de allí que el olvido se presente como una obra diabólica, capaz de poner en juego la identidad y los derechos de cada institución laica o eclesiástica.

La escritura, entonces, se presenta como un dispositivo que produce diferentes efectos: instituye memoria, construye una imagen pública de los reyes como donadores de concordia, paz y justicia, y perpetúa los acuerdos. Todos estos eran argumentos habitualmente esgrimidos para la escrituración. Pero más allá de lo que se esgrimía como justificación para la puesta por escrito, en esta colección documental la escritura era también un mecanismo de construcción y consolidación del poder del monasterio de Sahagún en un momento plagado de conflictos[15].

Asimismo, la escritura del diploma cumple un rol en el proceso judicial que se llevará a cabo y, según el requerimiento del rey a Sancha, será el modo de comunicar una verdad procesal. Verdad a la que se llegará a través de la oralidad del testimonio. Este es el juego que nos interesa.

---

13   Un estudio sobre la justificación de la puesta por escrito en los fueros leoneses puede verse en Miceli (2008).

14   Ver Morsel (2006).

15   Respecto del rol del *scriptorium* del monasterio en la construcción de su propia memoria y del reforzamiento del poder de la Infanta ver: García de Cortázar, Agúndez San Miguel (2011-2012).

Luego del prólogo, el diploma describe con exhaustividad cómo se llevó adelante la pesquisa, que seguirá los requerimientos del procedimiento romano-canónico. Lo primero que hará Sancha es buscar testigos, dos o tres vecinos por localidad que pudieran testificar sobre el hecho en disputa. Establece que deberán ser los más ancianos y de mejor vida y fama de cada localidad (*duos uel / tres homines de qualibet uilla et loco, de antiquioribus et melioris uite et fame qui possent inueniri*). Como sabemos, si bien el derecho común reconocía como válidas numerosas formas de la prueba judicial, poseía una especial predilección por la palabra de los testigos[16]. Esta preferencia se apoyaba, por un lado, en las limitaciones impuestas a la escritura como forma de prueba y, por otro, como señala Madero (2008: 8), en la primacía que los juristas, siguiendo a Aristóteles, dieron a los sentidos en los procesos cognitivos. Los requisitos de Sancha para elegir a los testigos también se basarán en los requerimientos del derecho común. La Infanta les encomienda a dos de sus vasallos más antiguos que busquen, por un lado, a los hombres más ancianos, dado que uno de los requisitos para probar una costumbre es que haya sido observada durante muchos años sin violentar ningún derecho; y por otro, hombres de buena fama porque, como sabemos, la condición de vecino probo es uno de los elementos de construcción de la credibilidad de los testimonios.

Catorce testigos de siete aldeas diferentes se presentaron ante Sancha, quien, siguiendo las reglas del derecho común, les tomó juramento colectivo y los convocó a declarar de uno en uno para probar el hecho de la pesquisa. A cada uno le preguntó utilizando la misma fórmula:

> si había visto, u oído, o sabía de alguna otro forma, si los hombres de Grajal habían quebrado o debían quebrar la presa de Villasalit desde hacía mucho tiempo por antigua costumbre, o no[17].

---

16 Para un análisis sobre la pesquisa judicial medieval y el lugar del testimonio ver Gauvard (2008); Lemesle (2003); Bazán Díaz (2003); Mausen (2004); Cerdá Ruis Funes (1962); Procter (1968); Miceli (2009).

17 CDMS, n° 1313: "vtrum ipse uiderat uel audierat uel sciebat aliquo modo quod homines de Graliare frangerent uel debuissent frangere presam de Uillasalit, a tempore antiquo et consuetudine longa ac non".

En esta pregunta hecha a cada testigo se advierte que la construcción de la verdad judicial debía recurrir a la dimensión cognitiva de los testigos: se sabe porque se vio, se cree porque se oyó o se recuerda. Entre los siglos XII y XV el derecho común impondrá un cambio en el "creer verdadero": la construcción de la verdad dependerá directamente de la creencia del juez, basada sobre todo en la credibilidad de unos testigos que, siendo su testimonio el medio de prueba más relevante, serán convocados a exponer lo que saben, creen y recuerdan[18].

El diploma en voz de Sancha explica que interrogó luego a un par de testigos más, y para abreviar un poco el proceso excusó a varios:

> hallé que todos ellos concordaban con lo que habían declarado los testigos anteriores, es decir, que nunca habían visto, ni oído, ni sabían, que los hombres de Grajal hubiesen roto la presa de Villasalit, ni que por tradición tuviesen que romperla, sino que lo hacían desde hacía veintiocho o cerca de treinta años, y aun menos. También dijeron que habían oído de muchos, y así lo creían, que por la fuerza e injustamente hacían aquel mal contra el abad y los monjes de Sahagún[19].

La sentencia entonces irá en esta línea: que la rotura de la presa no es antigua sino maliciosa y reciente, por lo tanto, no es una costumbre. A partir de esta verdad judicial decretará para los de Grajal una multa de 2000 *solidos* y por cada vez que reincidieran, deberían pagar otros 1000 *solidos*. Y estableció, además, que a futuro no pudiera utilizarse el argumento de la antigüedad para intentar probar que esta práctica, la de la rotura de la presa, fuese una costumbre.

---

18   Si bien la cualificación de los testigos seguirá jugando un rol fundamental a la hora reconstruir el hecho, la novedad del derecho común será que aun ocupando un lugar fundamental la condición de los testigos, su fama pública, la reconstrucción cognitiva del *fecho* adquirirá mayor relevancia a la hora de llegar a la verdad judicial. Ver Madero (1999: 206); Miceli (2020).

19   "et / propter breuitatem, dimissis plurimis que dixerunt, inueni eos concordantes cum superioribus et dicentes numquam se uidisse nec audiuisse nec sciuisse quod homines de Graliare fregissent presam de Uillasalit nec debuissent frangere, nisi a uiginti et octo annis uel quasi a triginta et infra. Ecciam dixerunt quod a multis audierant, et ita ipsi credebant esse, quod vi et potestate et non recte hoc malum faciebant contra abbatem et monachos Sancti Facundi".

Oralidad y escritura

Es clarísimo en esta pesquisa que el testimonio cumple un rol clave a la hora de la construcción de la verdad. Y en ese sentido, la oralidad, la voz viva de los testigos, es el medio para reconstruir la verdad e impartir justicia.

Ahora bien, lo que nos ocupa en este trabajo no es tanto la relación entre prueba escrita y testimonio oral, sino la relación que queda trazada en un documento escrito, el diploma de 1152, entre la escritura, la voz y el oído. Lo que convencionalmente se ha considerado como vínculo entre oralidad y escritura.

En primer lugar, llama la atención el modo que el diploma "retrata" la vocalidad del testimonio. La escritura formular con la que habitualmente se presenta en los documentos la declaración testimonial, deja paso a la puesta por escrito de una vocalidad menos formular, como si reproducir lo que los testigos dicen en su forma más "espontánea" tuviera un impacto más potente en la construcción de la verdad. Si bien los testigos, como pasa en otras pesquisas, recurren a las fórmulas requeridas por el derecho para que una costumbre sea derecho, es llamativa la narración florida puesta en boca de los testigos sobre lo acontecido.

Se construye toda una teatralidad en relación con la palabra pública de los testigos que no deja de llamar la atención. Un ejemplo de lo que señalamos es el testimonio de Pedro Vellítiz de Melgar que reproduce Sancha, que por ejemplo señala, refiriéndose a lo sucedido la víspera de la fiesta de San Pedro y San Pablo cuando el cillerero del monasterio vio que los de Grajal habían roto la presa:

> corrió hacia ellos y deteniéndose en medio del camino delante de la multitud, teniendo una lanza en su mano, golpeaba a los más jóvenes y rogaba a los mayores que regresasen a la villa; y como no pudiese con ellos, empezó a gritar a grandes voces y a llorar, diciendo: por amor del Crucificado y de su Madre, no queráis en este día hacer un mal tan grande, volved a la villa y yo iré ante el concejo de Grajal y trataré con ellos del mal que habían hecho al cillerero para que lo enmendasen y que no volviesen a hacerlo[20].

---

20 CDMS n° 1313: "clamantem magnanimiter plorantem et dicentem quod homines de Graliare fregerant presam molindinorum de Uillasalit ipsa die, et quod erant ibi piscando et insuper quod eum interfecerant si non fugerat; et tunc, pulsatis cimbalis,

La descripción minuciosa y la dramatización narrativa son verdaderamente inusuales al compararlas con testimonios de la misma época de otras colecciones documentales. Ludivine Gaffard, que ha trabajado en profundidad este fondo documental desde el punto el punto de vista de la escritura, señala que una de las características de los diplomas del siglo XII de la *Colección Diplomática del monasterio de Sahagún* es la creación de espacios de narrativización dentro del documento diplomático, cuestión que desaparece en el siglo XIII[21]. Según la autora, los redactores monásticos juegan con las imágenes para volver más llamativas ciertas actitudes privilegiadas en la definición de la identidad del cenobio. Este esfuerzo de narrativización servirá también para hacer más densa la identidad del monasterio, al asentar la construcción de la memoria sahaguntina alrededor de la imagen del abad que asegura paz y justicia. Esta vocalidad plasmada de forma profusa por el dispositivo escriturístico no trata sólo de "narrar" la pesquisa, de mostrar la prueba de una costumbre, sino de construir una teatralidad política que legitime la jurisdicción del monasterio en el marco de una supuesta conjura.

En segundo lugar, advertimos que el escrito no solamente recrea la vocalidad de los testigos, sino que existe un juego permanente entre oralidad y escritura en el propio documento[22]. Por un lado, es interesante señalar la inclusión, en el diploma de 1152, de la carta que el abad de Sahagún le envía a la Infanta Sancha a través de dos mensajeros en la que se establece que los dos repre-

---

motus / fuit totus locus et exierunt omnes homines de Melgare armati extra uillam, parati ad interficiendum homines de Graliare, quia Bernardus cellerarius amicus eorum erat ualle et consanguineus multorum. Et uidens hoc Michael Iohannis de Melgare, quia omnes parati et animati erant ad perpetrandum homicidium contra homines de Graliare et credens quod maximum malum inde eueniret utrisque partibus et quia maior omnium uita et honestate erat et quasi patrem / eum omnes habebant, cucurrit et parauit se in uia coram omni multitudine, habens lanceam in manu sua, iuuenes percutiendo et maiores rogando ut ad uillam reuerterentur; et cum non posset cum eis, cepit clamare magnis uocibus, plorare et dicere quod amore Cruciffixi et eius Genitricis nollent ista die tantum malum facere, et quod reuerterentur ad uillam et ipse iret ad concilium de Graliare et tractaret cum eis quod de male facto facerent emen/15dam cellerio et quod ultra non facerent".

21   Ludivine Gaffard (2006).

22   Respecto de la crítica a la concepción binómica entre oralidad y escritura en sociedad premodernas ver Goody (2007); Morsel (2006); Zumthor (1989); Morsel (2009); Zimmermann (1974; 2003); Irvine (1994); Kuchenbuch (2002); Miceli (2002).

sentantes que envía tendrán capacidad para validar o contradecir lo que mande y decrete sobre la presa de Villasalit:

> Yo Domingo, abad del monasterio de Sahagún, y los monjes del mismo monasterio, reunidos todos en nuestro capítulo, como es costumbre, mandamos a la reina Dña. Sancha, hermana del emperador, a Fernando, cillerero, y a Martín, apocrisiario, monjes y socios nuestros, con nuestra carta roborada con nuestros sellos, para que lo que ella mande y decrete sobre la presa de Villasalit, ellos, de nuestra parte, lo tengan por válido y firme o, si fuese necesario, lo contradigan. Y todo lo que ellos tengan por válido y firme, o contradijesen, por parte nuestra, lo tendremos por válido y firme y lo respetaremos siempre. Hecha esta carta en nuestro monasterio el 11 de diciembre de la era de MCLXXXX. Juan, diácono, testigo; Ordoño, alférez del abad, testigo; Pelayo, monje, testigo, la escribió[23].

La carta (roborada y sellada) dentro de la carta (práctica habitual en la confección de los cartularios) pone en evidencia la importancia de la escritura para certificar a los representantes que deberán validar o contradecir el acuerdo. Ahora bien, la carta dentro del diploma requiere de la presencia de testigos para ser válida. Y así se registra al final de la misma.

La escritura no es autónoma respecto del testimonio. Como señalaba Paul Zumhor (1989: 122) en su maravilloso libro *La letra y la voz*, escribir seguía dependiendo en estos siglos de la oralidad, y esta dependencia en lugar de debilitarse se irá fortaleciendo. El oído y la voz tenían una función determinante en la construcción del escrito.

Otro elemento interesante, que refuerza la relación intrínseca entre testimonio, oralidad y escritura, es la frase que da pie a la inclusión de la carta del abad. Sancha dice: "El abad me en-

---

23 CDMS n°1313: "Ego Dominicus, abbas monasterii Sancti Facundi, et monachi eiusdem monasterii, omnes pariter in nostro capitulo /36 sicut mos est congregati, mittimus ad dominam Sanciam reginam, sororem imperatoris, Fernardum cellerarium et Martinum appocrisarium, monachos et socios nostros, cum litera nostra sigillis nostris roborata, ut qui ipsa mandauerit et decreuerit super presa de Uillasalit, ipsi, ex parte nostra, ratum habeant et firmum, uel si necesse fuerit contradicant. Et omne quod ipsi pro rato et pro firmo habuerin*t* uel contradixerint, ex parte nostra, nos pro rato et firmo habemus et habebimus omni tempore. Facta littera in mo/nasterio nostro VII° idus decembris, era MCLXXXX. Iohannes diachonus testis. Ordonius armiger abbatis testis. Pelagius monachus scripsit testis".

vió a Fernando, cillerero, y a Martín, apocrisiario, con una carta cuyo contenido era el siguiente…" y da toda la sensación, en la narratividad del diploma, que la Infanta está leyendo la carta del abad "en voz alta". Otra vez se presenta este singular juego: la carta escrita y atestiguada es leída y oída por la comunidad involucrada en la pesquisa.

Se advierte rápidamente esta relación entre escritura, voz y oído al final del diploma, cuando Sancha, para dar sentencia, reúne a todos los hombres de Grajal:

> Una vez reunidos todos ante mí, les leí todo lo que los testigos precedentes habían declarado. Oído esto, los hombres y mujeres de Grajal temblaron de miedo. Una vez calmados en sus angustias los de Grajal dijeron que era verdad todo lo que les había leído e imploraron que les dijese qué enmienda debían hacer, y ellos de buena voluntad la cumplirían. Visto, oído y conocido todo lo que precede, Sancha decretó una multa de 2000 *solidos* y por cada vez que reincidieran, deberían pagar otros 1000 *solidos*. Los de Grajal dijeron *Amen* y, emperador ratificó solemnemente la sentencia[24].

La situación podría sintetizarse así: se lee una sentencia escrita para que la comunidad pueda ver, oír y conocer la verdad producida a partir de la recreación escrita de la vocalidad de unos testigos.

Un elemento más nos interesa señalar antes de pasar a la conclusión, aunque no se trate del objetivo de este trabajo: me refiero a la gestualidad conciliadora (y maternal tal vez) de la Infanta. Se puede advertir en este párrafo citado que Sancha no solo cumple con el mandato de su hermano de conocer la verdad y hacer carta, sino que también calma las angustias de los condenados. Unas páginas antes referimos a la frecuencia en que en estos siglos aparece la mediación femenina como *arbitra, arbitradora y amigable componedora*, con el objetivo de alcanzar un acuerdo de paz entre dos facciones enfrentadas (Bazán Díaz 2019).

---

24 CDMS n°1313: "Quibus arcessitis et omnibus coram me stantibus, legi eis omnia predictorum testium dicta. Quibus auditis, homines et femine de Graliare ingenti pauore timuerunt et pre timore loqui non potuerunt; quos ego / blande consolata sum, dicens quod recognoscerent reatum suum et mala que iniuste egerunt et facerent emendam abbati et monachis Sancti Facundi, et ego securos eos reddebam quod nullum malum eis eueniret, ob hanc causam, a fratre meo imperatore nec etiam a me".

En este caso da la sensación que el modo de cumplir ese rol tiene una singularidad ligada a que se trata de una pesquisidora de género femenino. Creo que vale la pena indagar en próximos trabajos en este rasgo componedor asignado a las mujeres.

A modo de conclusión

Visto, oído y conocido, tres palabras claves para entender la construcción de la verdad judicial en el siglo XII, así como para concebir la relación entre oralidad y escritura por fuera del binomio moderno que la construye de forma antitética. Efectivamente sería un error aplicar el binomio escrito/oral a la Edad Media en tanto que, como vimos, la palabra escrita se produce y circula en relación con la vocalidad, la audición y también con la visibilidad.

Expresiones muy frecuentes en la documentación entre los siglos XII y XV como "esta carta que oímos" o "esta carta que vimos", podría sintetizar claramente la relación trazada entre escritura-voz-oído-vista en este período. Tal vez abusando un poco de las generalizaciones, se podría poner en relación este vínculo entre el oído y la materialización de la palabra escrita con las imágenes que ligan la traducción de la Biblia a la *Inspiratio* divina (por ejemplo, la inspiración divina de San Jerónimo traduciendo la Biblia es representada por una paloma posada en su hombro y hablándole al oído). Joseph Morsel (2006: 18) plantea que esta permutación entre oral y material se construye en la Edad Media sobre el modelo de la encarnación concebida como materialización del verbo divino[25].

El ámbito judicial suma sus particularidades. Como ya dijimos, el lugar que le otorgaba el derecho común, a la vista y al oído para la construcción de la verdad era fundamental. Los filósofos y juristas medievales seguían en este punto los comentarios del *De Anima* de Aristóteles. Allí el Estagirita afirmaba que si un sentido

---

25 El autor remite aquí a las representaciones iconográficas de la encarnación del Verbo bajo la forma de soplo de Dios a través de una especie de trompa que llega a la oreja de María. Motivo "neumático" que se encuentra presente por ejemplo en torno de 1100 en Francia en el sacramentario de Saint-Étienne de Limoges. Ver Morsel (2006).

percibía lo que estaba destinado a percibir, es decir, su propio sensible, no podía equivocarse[26]. Zumthor nos aporta algo más. Sostiene que a partir del siglo XII "el texto no es más que la oportunidad vocal" (1989: 65). Podría aventurarse la idea de que la centralidad de la voz, el oído y la vista, al igual que en la literatura, tiene por función la de elevar al escrito (aunque sea de forma fictica) al estatuto de locutor y fijar su situación de discurso en *praesentia*. La asistencia de la comunidad reunida como público para que la sentencia fuera vista y oída muestra una escena muy parecida a la de un teatro en el que se trata de enunciar una verdad judicial escrita, que instituye memoria, verdad y justicia, pero que para alcanzar ese valor de verdad debe, por un lado, en su grafía, reactualizar de forma vívida la voz de los testigos y la audición de Sancha y, por otro, ser vocalizada, vista y oída por la comunidad.

Bibliografía

Agúndez San Miguel, L. (2010) "Memoria y cultura en la documentación del monasterio de Sahagún: la respuesta de las fórmulas "inútiles" (904-1230)", *Anuario de Estudios Medievales (AEM)*, 40/2, 847-888.

Agúndez San Miguel, L. (2015) "Estudio de las transformaciones formales y funcionales en el género de los cartularios: el ejemplo de los *becerros* del monasterio de Sahagún (siglos XI–XIV)", *Journal of Medieval Iberian Studies* 7, 44-56.

Astarita, C. (2019) *Revolución en el burgo. Movimientos comunales en la Edad Media. España y Europa*, Madrid.

Bazán Díaz, I. (2003) "La condition du témoin dans le droit castillan et navarrais médiéval" en B. Garnot (dir.), *Les témoins devant la justice : Une histoire des statuts et des comportements*, Rennes, http://books.openedition.org/pur/19631; DOI: https://doi.org/10.4000/books.pur.19631.

Bazán Díaz, I. (2019) "Las mujeres medievales como agentes de paz y reconciliación. Elementos de análisis y discusión", *e-Spania* 33 [Online], URL: http://journals.openedition.org/e-spania/31445.

Calleja Puerta, M. (2014) "La autoridad de lo escrito en la *Primera Crónica Anónima de Sahagún*", *e-Spania* 19 [En ligne], URL : http://journals.openedition.org/e-spania/23828.

Cerdà Ruis Funes, J. (1962) "En torno a la pesquisa y procedimiento inquisitivo en el Derecho Castellano-

---

26   Madero (2004: 61); Miceli (2012: 155); Miceli (2019: 196).

leonés en la Edad Media", *AHDE* 32 p. 483-518.

Espinosa Elorza, R. M. (2014) "Indagaciones filológicas sobre la Primera Crónica Anónima de Sahagún", *e-Spania,* 19 URL: http://e-spania.revues.org/23843.

Fernández Flórez, J. A. (1991) *Colección diplomática del monasterio de Sahagún (857-1230),* 4, (1110-1199), *Fuentes y estudios de historia leonesa,* León.

Gaffard, L. (2007) "Los monjes de Sahagún a la luz de su escritura: Imagen de una comunidad y construcción memorial (León-Castilla, s. XII-XIII)", en A.López Castro, M.L. Cuesta Torre, (coord.), *Actas del XI Congreso Internacional de la Asociación Hispánica de Literatura Medieval,* Vol. 1, 551-560.

García de Cortázar, A. y Agúndez San Miguel, L. (2011-2012) "Escritura monástica y memoria regia en las abadías de San Millán de la Cogolla y Sahagún en el siglo XII", *Cuadernos de historia de España,* N° 85-86, 247-270.

Gauvard, C. (2008) *L'enquête au Moyen Âge,* Roma.

Geary, P. (2006) *La mémoire et l'oubli à la fin du premier millénaire,* París.

Lemesle, B. (2003) *La preuve en justice : de l'Antiquité à nos jours.* Nouvelle édition [en ligne]. Rennes : Presses universitaires de Rennes, http://books.openedition.org/pur/15825; DOI : https://doi.org/10.4000/books.pur.15825.

López Gómez, O. (2021) "La paz y el rey en los Cuadernos de Castilla (siglos XIV-XV). Léxico político y argumentación retórica", *En España Medieval* 44, 127-168.

Madero, M. (1999), "Façons de croire. Les témoins et le juge dans l'oeuvre juridique d'Alphonse X le Sage, roi de Castille", *Annales. Histoire, Sciences Sociales,* Vol. 54, N° 1, 197-218.

Madero, M. (2004) *Las verdades de los hechos,* Salamanca.

Martínez Sopena, P. (1991) "Monasterios particulares, nobleza y reforma eclesiástica en León entre los siglos XI y XII", en AA.VV., *Estudios de historia medieval. Homenaje a Luis Suárez Fernández,* Valladolid, 323-331.

Martínez Sopena, P. (2007) "Aristocracia, monacato y reformas en los siglos XI y XII", en AA.VV., *El monacato en los reinos de León y Castilla (siglos VII-XIII), X Congreso de Estudios Medievales,* 67-100.

Martínez, S (2019) "La Infanta Dña. Sancha Raimúndez y la Conjura de Grajal", *Argutorio* 42, II semestre, 4-16.

Mausen, Y. (2004) "*Veritatis adiutor.* La procédure du témoignage dans le droit savant et la pratique française (XII-XIVe siècles)" *Droit et Culture, Revue Internationale Interdisciplinaire* 48, 210-215.

Menjot, D. (2007) "Le mouvement des libertés dans les villes de l'Occident médiéval", en *Belfort 1307: L'éveil à la Liberté. Actes du colloque de Belfort 19-21 octobre 2006,* Belfort, 9-30.

Miceli, P. (2008) "Representar, instituir, redimir: oralidad y escritura en los textos forales", en *Bulletin du Centre d'études médiévales d'Auxerre,*

Numéro Hors série 2, http://cem. revues.org/index9642.html.

Miceli, P. (2009) "Prueba, verdad y sospecha en los fueros del reino de León (s. XI-XII)", E. Conte, y M. Madero (eds.) *Proceso judicial y prueba, de la Antigüedad a la Modernidad temprana. In memoriam de Mario Sbriccoli*, Buenos Aires.

Miceli, P. (2012) *Derecho Consuetudinario y Memoria. Práctica jurídica y costumbre en Castilla y León (siglos XI-XIV)*, Madrid.

Miceli, P. (2019) "'El creer verdadero': prueba escrita y testimonio en un pleito castellano del siglo XIII", en E. Dell' Elicine, H. Francisco, A. Morin, P. Miceli, *Tener por cierto. Prácticas de la creencia de la Antigüedad romana a la Modernidad*, Buenos Aires, 195-221.

Mínguez, J. (1993) *La España de los siglos VI al XIII. Guerra, expansión y transformaciones*, San Sebastián.

Morsel, J. (2006) "Ce qu'écrire veut dire au Moyen Âge. Observations préliminaires à une étude de la scripturalité médiévale", en N. Coquery, F. Menant y F. Weber (eds.), *Écrire, compter, mesurer / 2. Vers une histoire des rationalités pratiques*, París, 4-32, (https://shs.hal.science/halshs-00291802/document).

Pastor, R. (1980) *Resistencia y luchas campesinas en la época del crecimiento y consolidación de la formación feudal. Castilla y León, siglos X y XIII*, Madrid.

Pérez Gil J. y Sánchez Badiola, J. J. (2002) *Monarquía y monacato en la Edad Media peninsular: Alfonso VI y Sahagún*, León.

Pérez, M. (2015) "Aristocracia, monasterios y conflictos por la tierra. Reforma eclesiástica y relaciones sociales en León (siglos XI-XII)", *Bulletin du centre d'études médiévales d'Auxerre BUCEMA*, URL : http://journals.openedition.org/cem/13899.

Procter, E. (1968) *El uso judicial de la pesquisa en León y Castilla (1157-1369)*, Granada.

Romero, J. L. (1989) *La revolución burguesa en el mundo feudal*, Vol. 1, México.

Ubieto Arteta, A. (1987) *Crónicas anónimas de Sahagún*, Zaragoza.

Zimmermann, M. (1974), "Protocoles et préambules dans les documents catalans du Xe au XIIe: évolution diplomatique et signification spirituelle", *Mélanges de la Casa de Velázquez* 10, 41-76.

Zumthor, P. (1989) *La letra y la Voz de la 'literatura' Medieval*, Madrid.

LA NORMA COMO FUENTE DE CONFLICTOS:

UN EJEMPLO DE MUTACIÓN MONETARIA EN LOS *CONSILIA* DE OLDRADO DE PONTE

Alejandro Morin
Universidad de Buenos Aires-Universidad Nacional de Córdoba
CONICET (IMHICIHU)

El particular contexto económico de los años iniciales del s. XIV representó un impulso clave en la reflexión jurídica y filosófica sobre la institución de la moneda y ello por la simple razón de que las frecuentes mutaciones monetarias dictadas por los monarcas condicionaban la estimación del valor de los bienes y cargas y ponían en cuestión la equidad o justicia de los intercambios y las relaciones contractuales.

El panorama monetario bajomedieval es de una alta complejidad. Al desarrollo del bimetalismo (o trimetalismo, como plantean algunos autores por la pregnancia del uso de la moneda de vellón), se suma la persistencia del uso de metal en bruto como medio de pago, cuya circulación crece a medida que se incrementa la expansión monetaria bajomedieval en el contexto de pagos relevantes a nivel de comercio local o internacional durante el s. XIV (Le Goff 2010: 72). Por otro lado, la inexistencia de un monopolio de la acuñación lleva naturalmente a una multiplicación de las especies circulantes que se suman a las monedas extranjeras que circulan a la par, lo cual revela el escaso nivel de territorialización de la moneda. Por último, el doble sistema de moneda de cuenta y moneda real se vuelve más complejo tras las acuñaciones en el s. XIII de monedas *grossae* (Spufford 1991) y, por supuesto, desde fines de ese siglo por la proliferación de mutaciones monetarias con objetivos fiscales por parte de los gobernantes. Estas manipulaciones se ven favorecidas por una característica de las monedas medievales que cabe recordar, el hecho de que las piezas de metal no indican un valor numérico. El valor establecido por la autoridad que las acuñó, llamado *valor impositus*, no se reconocía, como hoy, con solo echar una mirada a la moneda, como dice Wolfgang Ernst (2016): se debía en cambio recurrir a un estatuto. Todas estas circunstancias obligan a los hombres medievales a llevar a cabo una tarea de evaluación de las monedas circulantes, en especial en esos momentos en los que, como dice Marc Bompaire (2007: 69), los sujetos se ven obligados a operar con moneda real y no con moneda de cuenta y ese paso, ese salto, representa siempre una aventura.

Los siglos XIII y XIV asisten, en este marco, a una lenta pero constante construcción de una reflexión medieval en torno de la moneda, proceso en el que también intervienen los juristas de uno y otro derecho. La conflictividad originada en estas variaciones del valor monetario daba lugar, por otra parte, a la necesidad de consejos legales en estos asuntos. Oldrado de Ponte formaba parte de ese proceso de reflexión tal como se evidencia en los enfoques que ensaya en torno de la institución monetaria en el marco de sus *consilia*[1].

Estos *consilia* constituyen documentos muy fructíferos pues su razón de ser es, en la mayoría de los casos, la conexión situacional entre teoría legal y práctica forense en la Baja Edad Media[2]. Un *consilium* viene dado por la opinión certificada de un jurista sobre un caso presentado o a presentar en un tribunal. Se trata de un texto por encargo de un cliente que suele ser uno de los litigantes, pero más a menudo es el propio tribunal el que contrata a un consejero para obtener su ayuda en la resolución de un caso difícil. Para ser operativos, los *consilia* deben remitir a la mayor cantidad posible de alegaciones del derecho romano y del canónico, así como también, si es el caso, del derecho propio de los reinos o el estatutario de las ciudades. El habitual fárrago de citas legales funciona entonces como muestra del oficio pues, en un punto, su acumulación justifica el pago que recibe el jurista contratado.

---

1   Nacido en Lodi, estudió con Dino del Mugello en Bolonia y enseñó en Padua, Montpellier y Aviñón donde se asentó hasta su muerte, probablemente en 1335, con una relevante actuación en la corte papal. Escribió tratados, comentarios al Digesto y al Código y un gran número de *consilia*, luego recopilados en una obra unificada.

2   Sobre la literatura consiliar en la Edad Media, cf. entre otros: la introducción de Zacour (1990); Ascheri (1999); Gilli (2000); Menzinger (2011) y Padoa-Schioppa (2014).

Estos textos, que en general son breves, luego son compilados para su uso en la enseñanza o en la práctica forense. Desde el s. XIII la demanda de *consilia* se incrementa progresivamente, en gran parte por la creciente complejidad del mundo judicial y también por la conformación de un saber técnico que progresivamente deja en un relativo desamparo a autoridades jurisdiccionales sin preparación universitaria (Bazán Díaz 2014). Las recopilaciones de *consilia* incluyen a menudo textos que reciben otras denominaciones (*responsa, allegationes, quaestiones*) y esto es porque, de manera cada vez más frecuente, las autoridades recurren a estos peritos legales para obtener sus consejos sobre asuntos de gobierno, no necesariamente ligados a un contexto de litigio judicial (en este sentido, la corte de Aviñón donde operaba Oldrado fue un estímulo constante para la producción de *consilia*).

En el caso de los *Consilia* de Oldrado, nos encontramos con estos rasgos generales de las recopilaciones: hallamos *consilia* que tienen un origen *pro parte* así como también otros que son informes de experto. La compilación se efectuó poco tiempo después de su muerte y probablemente en su núcleo duro, compuesto por los primeros 264 textos, haya contado con la participación del propio Oldrado como primer compilador al final de su carrera (Valsecchi 2000). Las ediciones nos presentan 333 *consilia* pero la autoría de esos casi 70 textos que exceden al núcleo base es muy discutida. En la compilación se incluyen textos, entonces, que no pertenecen a Oldrado y muchos de los que sí le pertenecen en realidad no son técnicamente *consilia* (como son las *quaestiones*[3]). Por último, sabemos que no se incorporaron a esta compilación *consilia* de su autoría, en particular los que estuvieron conectados con la vida urbana italiana en función de su paso por la política local[4]. En este sentido, la compilación que nos ha llegado revela

---

3 Un ejemplo de *quaestio* es la que compone Oldrado en torno de la licitud de las prácticas alquímicas que, según Francesco Migliorino (1981), se origina en su paso por el ámbito universitario padovano.

4 Hacia 1297 Oldrado se halla al servicio del cardenal Pedro Colonna pero la deposición del prelado ese año por el papa Bonifacio VIII corta la carrera de Oldrado como curialista. Revistará luego como asesor de Fissirago Bresciano, *capitano del popolo* de Bolonia. Al tiempo enseñará derecho en Padua hasta poco después de 1310 para después trasladarse a Aviñón donde se afincará hasta su muerte. En cuanto a la imbricación del *consilium sapientis* con el contexto cultural y político urbano, cf. Vallerani (2011).

un sesgo canonístico al que no se reducía la carrera de Oldrado y que está ligado sobre todo al ambiente aviñonés de su última etapa profesional.

Las elucubraciones de los juristas medievales relativas a la estimación de la moneda anteceden, por un lado, a una reflexión más teórica como la que a mediados del s. XIV encararán autores como Nicolás Oresme. Por otro lado, representan una creación original desde el momento en que los materiales que los juristas tienen a mano resultan poco adecuados para trabajar sobre estas cuestiones. Así, el derecho romano, donde ineludiblemente abrevan los autores de *consilia*, ofrece solo parcialmente un marco de referencia. Recordemos que en Roma el valor de las monedas es fijo y por lo tanto ellas no están sujetas a una *aestimatio* y que la compilación justinianea no contempla los problemas derivados de las mutaciones monetarias como aquellos que se generan en la Baja Edad Media (aun cuando el Imperio Romano sí conoce problemas monetarios, las compilaciones jurídicas deciden ignorarlos; Ernst 2016: 112).

En los *Consilia* de Oldrado se puede definir un corpus de seis textos que permiten ver un tratamiento de la moneda. Dentro de tal corpus hallamos, en primer lugar, un grupo de tres consultas que abordan la cuestión de la moneda en relación con obligaciones de pago (*consilia* 13, 31 y 250)[5]. Los restantes *consilia* (58, 168 y 229) componen un segundo grupo centrado en la estimación de valor de beneficios, en todos los casos en relación con vacancias (Valsecchi 2000: 364)[6]. Nos centraremos en este trabajo en el *consilium* 250.

Este texto tiene una relación directa con las políticas monetarias de los últimos reyes Capeto. Gira en torno de una obligación monetaria afectada por una decisión gubernamental de reforzar la moneda (en este sentido, es un caso minoritario pues lo más

---

5   Sobre los *consilia* 13 y 31, cf. Stampe (1930: 12-14) y Taeuber (1968: 288-296).

6   El régimen a aplicar en estos casos termina generando bastante trabajo a los *consiliatores* aunque, en principio, se basaba en un criterio muy simple: la condición preliminar para que un beneficio pudiera ser asignado era que se hallase vacante, por muerte del titular, incapacidad sobreviniente o retiro legítimo. Pero la definición de en qué momento se puede hablar efectivamente de vacancia suele ser en la práctica una cuestión más compleja que da origen a varios litigios (Valsecchi 2000: 341). A ello se suma la política de Aviñón de proliferación de concesiones (especialmente con el procedimiento especial de las expectativas), lo que multiplica las ocasiones de conflicto y las dudas de aplicación. Cf. Rapp (1994: 50-51).

común en las mutaciones es el movimiento contrario de debilitamiento). El rey decide corregir mediante un reforzamiento los
efectos de sucesivos debilitamientos desde 1295 y esto incide en
el pago de una pensión anual que es el núcleo del litigio al que
convocan a Oldrado para expedir una opinión. Como veremos, se
trata de un caso que tiene derivaciones jurisdiccionales y señala
incluso los límites de las políticas monetarias del rey.

¿Cuál es el *factum* que da pie al litigio? Se trata de un diferendo
entre las abadías de Císter y Claraval que termina con una decisión
del papa Bonifacio VIII que impone a Císter primero el pago de
una suma de 10.000 libras tornesas y luego el establecimiento de
una pensión anual de 300 libras. Los autores que han tratado este
consilium (como Georges Hubrecht) lamentan el hecho de carecer
de todo rastro sobre este litigio. La sentencia de Bonifacio VIII no
aparece en los registros editados de su papado (Potthast 1874;
Digard, Faucon, Thomas y Fawtier 1906).

La sentencia papal es datada por el mismo texto de Oldrado
en el año 1302 (*dicta ordinatio Papae fuit facta anno Domini 1302*)[7], lo
que conforma el primero de tres momentos a señalar para entender
dónde reside el conflicto. Según el relato de Oldrado, en ese año el
abad de Císter concreta el pago de 10.000 *librae parvorum* y lo hace
en un contexto en el que en Francia circula una moneda debilitada
por las intervenciones de Felipe el Hermoso[8]. Por efecto de estas
manipulaciones, el valor de 1 *gros*, la moneda de plata fuerte,
equivalía a 3 *sous*, por lo tanto a 36 denarios[9]. Es así que cada año
Císter debe erogar una suma de 72.000 denarios reducibles en
moneda grande a 2.000 *gros*.

El segundo momento no es fácil de datar, pero sabemos por
Oldrado que corresponde a un momento de reforma monetaria
por la cual el rey decide reforzar la moneda, de manera tal que 1
gros pasa a equivaler a 1 *sous* ó 13/12 denarios. Muy probablemente
refiera a la reforma monetaria de Felipe el Hermoso de 1306, faci-
litada por la paz con Inglaterra establecida en 1303 y con Flandes

---

7   Las citas de Oldrado corresponden a la edición de Francfort, 1576.
8   Cf. Borrelli de Serres (1902); Bompaire (1999); Allen (2016); Volckart (2019: 20).
9   "in regno Franciae currebat debilis moneta, et talis, quod unus Turonen. grossus
    valebat tres solidos, de qua debili moneta Abbas Cisterc. solvit Abbati Claraevallis
    dictam summam 10.millium librarum", f. 139r.

en 1305 (Allen 2016: 46)[10]. A partir de este cambio, 3 denarios del momento primero en el que se fijaron las obligaciones pasan a valer 1 denario en este segundo momento. Oldrado también afirma que la moneda no fue reprobada (es decir, no se desmonetizó ni dejó de circular) sino que por el mismo valor intrínseco en metal precioso pasaba a valer el triple en función de una decisión gubernamental[11]. Con esta política de reforzamiento, entonces, para pagar los 72.000 denarios anuales, Císter debía erogar una suma de alrededor de 5.500 *gros*.

El tercer momento es la actualidad del *consilium* de Oldrado, es decir, hacia la década de 1320, cuando se desarrolla un conflicto ante la curia papal. El texto del *consilium* nos dice que Císter pagó durante 18 años su anualidad con moneda fuerte (*solvit 18.annis dictam annuam pensionem in bona moneta*) y ahora se niega a pagar en los mismos términos y ofrece erogar su obligación en moneda débil o su estimación correspondiente[12].

Recordemos, para ubicarnos en las coordenadas de la época, que un debilitamiento de la moneda en la Edad Media no equivale a una devaluación moderna. El debilitamiento implica que el *gros* vale más denarios por pieza (aun sin cambiar peso o aleación) y eso en principio favorece a los deudores (que pasan a pagar menos *gros* por la misma cifra de deuda). En cambio, con un reforzamiento, el *gros* vale menos denarios y los deudores pagan más si están

---

10   Sobre la reforma de 1306, cf. Borrelli de Serres (1902: 342-345). Raymond Cazelles (1966: 83) señala que este reforzamiento de la moneda inaugura un período de estabilidad monetaria que durará hasta 1326.

11   "Subsequenter post ordinationem regiam facta est bona moneta in regno, quae currit communiter, de qua 13.denarii valebant unum Turon. grossum. Non enim fuit prima moneta debilis reprobata, sed pro eo valore intrínseco, in quo erat, in cursu suo remansit. Ita quod tres denarii de illa debili moneta currebant pro uno denario monetae fortis, et statuit Rex, quod si aliquis tempore, quo currebat debilis moneta, obligaverat se ad redditus solvendum perpetuos durante tempore debilis monetae, quod teneretur solvere bonam monetam", f. 139r.

12   Ernst Stampe (1930: 14-16) ubica este tercer momento en 1320 y contando los 18 años de pago en moneda fuerte ubica la reforma monetaria en 1302, coincidiendo entonces en el mismo año la sentencia de Bonifacio VIII y la medida de Felipe el Hermoso. Georges Hubrecht, en su reseña del libro de Stampe (*Revue historique de droit français et* étranger, 12, 1933: 776-783), también data el c. 250 en 1320 pero toma en cuenta 1306 como fecha de la reforma monetaria que afecta a los pagos anuales de Císter. El problema allí radicaría en que el texto de Oldrado menciona 18 años pagando con moneda fuerte. Por ello, parece más razonable la datación de Valsecchi (2000: 154) que plantea un momento "dopo il 1320".

obligados a hacerlo en *bona moneta* (Bloch 1953: 443-44). Como recuerda Alain Guerreau (1987: 526), estas políticas monetarias afectan intereses concretos, por lo que la pregunta fundamental al fin de cuentas es quién paga los efectos de estas medidas. En el caso del reforzamiento de 1306 sabemos que dio pie a los disturbios parisinos que incluyeron un asedio al rey Felipe el Hermoso instalado en el Temple y el incendio y pillaje de las viviendas del asesor real sindicado como autor de la medida[13]. La chispa que dio comienzo a la revuelta fue la triplicación de los costos de alquiler al que los locadores se veían condenados en caso de obedecer la orden real de efectuar los pagos con moneda fuerte.

Este *consilium* 250 es un ejemplo de opinión de experto solicitada por un tribunal, en este caso la curia papal (Valsecchi 2000: 193 y 275-276). ¿Cuáles son los puntos en discusión, tal como los enumera el propio Oldrado? En primer lugar, *quaeritur* si la deuda se paga con *praedicta bona moneta* o con la moneda débil o su correspondiente estimación. En segundo lugar, si se acuerda que por derecho común bastase con pagar con moneda débil pero el estatuto regio ordena pagar con moneda fuerte, la pregunta gira en torno de la pertinencia de las ordenanzas reales en asuntos eclesiásticos (y la necesidad o no de obedecerlas)[14]. La respuesta de Oldrado en este punto planteará que el estatuto regio no tiene allí lugar alguno (*statutum Regium nihil facit*), lo que nos habla sobre los límites jurisdiccionales de las políticas monetarias de las monarquías en este período. Por último, se cuestiona si el abad de Claraval puede interponer un recurso contra el abad de Císter por algún interdicto posesorio en la situación por la cual, habiéndole pagado Císter por 18 años en buena moneda, ahora se rehúsa *in termino instante* a seguir erogando en los mismos términos. La respuesta de Oldrado es categórica: el pagador tendría derecho a repetición por lo erogado indebidamente hasta el momento o a una compensación en los pagos futuros y, por lo tanto, no hay lugar para interdicto alguno.

---

13   Cf. Borrelli de Serres (1902: 343); Hubrecht (1933: 341); M. Bompaire (1999: 123); Allen (2016: 49). También Gullbekk (2019: 145-146). En cuanto al efecto de los acontecimientos de 1306 en la reflexión sobre las mutaciones y los consejos al rey, cf. Bompaire (2007).

14   En segunda línea la pregunta yace en considerar o no iguales a los asuntos espirituales y a los temporales. Ver Valsecchi (2000: 275-276).

La solución a la primera cuestión le da la razón al abad de Císter pues Oldrado señala que se ha de pagar en moneda débil o su correspondiente estimación porque esa era la moneda que circulaba al momento de estipularse la anualidad. Se trata de la primacía del momento original de la obligación, posición que viene desde la época de los glosadores como Pillio della Medicina y su tratamiento del *tempus dationis* (siguiendo el modelo del mutuo) o Azon, que generaliza el régimen para toda relación contractual obligando a seguir lo estipulado según el *tempus contractus* (De Concilio 2019: 391 y 408-413). En el caso del c. 250, Prodi señala que la primacía la tiene el *tempus ordinationis*, ya que la obligación se origina en un acto de imperio y tal solución resulta la más acorde a equidad (Grossi 1960: 279-283).

Para fundamentar esta posición, Oldrado se basa en referencias al derecho común que son un buen ejemplo de cómo, en estas temáticas, las alegaciones se apoyan en textos del *Corpus Juris* que poco o nada tienen que ver con la moneda. Así remite a D. 32.41.4 (*Testamento*) que trata sobre niños esclavos legados por un testador que muere varios años después, lo que genera la pregunta sobre si los esclavos legados son los que han devenido adultos al momento de la apertura del testamento u otros esclavos que tengan edad de niño.

También recurre a un pasaje del Digesto citado por casi todos los juristas que tratan la cuestión monetaria, la *lex Cum quid* (D. 12.1.3) que trata de una cantidad de vino entregada en mutuo y que debe ser devuelta del mismo género y de la misma calidad. Como plantea Ernst (2016), para un jurista romano no tendría sentido alguno utilizar *Cum quid* (o su paralelo en D. 12.1.22, *lex Vinum*) para una obligación monetaria ya que, como dijimos, las monedas no eran pasibles en Roma de una *aestimatio* que, por definición, era pública y uniforme (y no es casual que el vocabulario medieval de la moneda presenta una gran diversidad de connotaciones tomadas del campo lexical del valor, tanto financiero como moral; Ancelet-Netter 2010: 151). La aplicación de estos pasajes del Digesto revela, sin embargo, cómo los juristas medievales adoptan y adaptan los textos del derecho romano, resignificándolos en función de su presente. De hecho, Oldrado deriva de esta referencia a *Cum quid* que con la moneda *"agitur de bonitate intrinseca"*[15].

15   Mientras en este c. 250 la noción más operativa es la de *bonitas intrinseca*, si dirigimos la mirada al c. 168 ese lugar está reservado a la *bonitas extrinseca*. Este *consilium* no está, en principio, en relación con las mutaciones monetarias sino con la pluralidad de especies circulantes y consiste en un caso de estimación de valor de un beneficio, muy probablemente una vicaría en tierras francesas (Valsecchi 2000: 270). Oldrado se pregunta cuál debe ser el lugar de referencia que se ha de tomar para la estimación del beneficio, si el de origen donde fue concedido o, en cambio, aquel donde está situado el beneficio otorgado. Como derivación de esto, la siguiente cuestión tratada es en qué moneda se hará la estimación, en particular si se considerará la *bonitas intrinseca* o la *extrinseca*. Aquí opta por *bonitas extrinseca*. Ver Bridrey (1906). Oldrado trae a colación, para rechazar después, la posición de colegas que apelan a esta *lex Cum quid*. En este contexto, le da un lugar central al uso local, el cual al fin de cuentas deroga solo toda regla y constitución. Esta referencia le sirve para justificar que sea el *valor usualis*, el valor de circulación (sea decretado por las autoridades o determinado por el mercado), el que debe tomarse en cuenta para la estimación allí donde funciona el sistema de la libra tornesa. La *bonitas intrinseca* tiene un lugar secundario pues interviene allí donde no se dé el uso del sistema tornés de moneda de cuenta. Sobre el *valor usualis*, cf. Thier (2016: 152). Ernst (2016: 125) señala que algunos autores utilizan la expresión *valor usualis* solo para el valor de mercado, por oposición a un *valor decretalis* o sea la tarifa oficial. Cf. Ernst. Oldrado considera, entonces, en el c. 168 que debe considerarse el curso y uso común de las monedas en el lugar donde está fijado el beneficio y, por lo tanto, no prima aquí la *bonitas intrinseca* sino la *extrinseca*, es decir, que el foco está puesto en la relación con otras monedas en lo que hace a los tipos de cambio y no en función del metal precioso incluido en las piezas. Mientras que en el c. 250 el caso radica en la variación temporal del valor monetario en un mismo espacio político que lleva a mantener como criterio la *bonitas intrínseca* de las piezas, en el c. 168 la pluralidad de especies que circulan en un mismo espacio impone el recurso al *valor usualis* de la moneda de referencia. Para fundamentar su posición en este c. 168, Oldrado remite a otro texto del *Corpus Juris*, D. 18.1.1 (*lex Origo*), lo que implica reenviar la cuestión al origen mismo del dinero. *Origo* es la sede donde se montará en gran medida la reflexión de los civilistas en torno a la institución del dinero (Rüfner 2016: 98-99 y 111). Esta remisión al texto justinianeo funciona como argumento para centrarse en la utilidad de la moneda en tanto unidad de medida, lo cual implica distanciarse de la idea del valor intrínseco en metal precioso: "cuando alguien quiere estimar alguna cosa a través de la moneda por la cual todas las cosas son estimadas y ella por ninguna otra […] no dirige la atención al valor intrínseco de la moneda sino al usual como en D. 50.16.88 y esto se dice abiertamente en D. 18.1.1 que el uso y el dominio da [la moneda] no tanto por la sustancia como por la cantidad. En efecto si esto es así lo cierto es que para tal estimación, es decir, la usual, se debe hacer estimación porque en las discusiones importantes el uso deroga solo toda regla y toda constitución" ("cum quis vult rem aliquam per pecuniam aestimare, qua omnia aestimantur, & ipsa per nihil aliud […] non dirigit considerationem ad intrinsecum valorem pecuniae, sed ad usualem. ar *ff. de ver. sign. l. propemodum* et hoc aperte dicitur *ff. de contrah. emp. & vend. l. 1, circa prin.*, usum dominiumque non tam ex substantia praebet, quam ex quantitate. si autem sic est, certum est quod ad talem aestimationem, scilicet usualem, est aestimatio facienda, quia in audiendis sermonibus usus omni regulae omnique constitutioni derogat solus").

Con este tipo de referencias, vemos que algunos juristas medievales piensan las obligaciones monetarias de acuerdo con el modelo del mutuo que requiere devolución de lo mismo que fue entregado en género y calidad, independientemente de que varíe o no el precio de mercado. Desde esta perspectiva, las variaciones del *valor impositus*, el dictado por la autoridad, resultan irrelevantes y debe atenderse a las cualidades intrínsecas de las piezas monetarias para estimar el valor adeudado en el momento original del contrato o sentencia que generó la obligación de pago.

Conclusiones

Las normativas reales que dan lugar a mutaciones monetarias son, por lo tanto, fuente de una intensa conflictividad frente a la cual los montajes discursivos de los juristas intentan operar en un contexto donde la equidad de las obligaciones ha quedado comprometida. En este punto, el modelo del mutuo resulta apropiado para obligaciones monetarias en una situación histórica en la que las monedas no tienen valor fijo sino que son objeto de una estimación continua y, desde esta perspectiva, remitir al valor intrínseco en peso y proporción de metal precioso, independientemente de la cotización oficial o de mercado, parece condecir más con una idea de equidad contractual. Pero se trata siempre de soluciones *ad hoc* en planteos siempre situacionales: es cada caso el que determina qué conceptos y qué alegaciones de la tradición jurídica se van a movilizar. De hecho, se percibe una tendencia a operar con criterios dispares entre los posglosadores, que van construyendo continuamente la reflexión monetaria bajomedieval en función de diferentes escenarios con el planteamiento de *distinctiones* que resulten productivas. Así, los juristas proponen en la ejecución de los contratos un régimen diferenciado entre la *moneta in obligatione* y la *moneta in solutione*; o, a partir de Hostiensis, distinguen mutaciones *ex materia*, *ex pondere* y *ex cursu*; y, de la misma manera, por último, plantean tratamientos diferenciados para los casos de debilitamiento o reforzamiento, por un lado, y para los de una *reprobatio* que implique desmonetización, por el otro.

Evidentemente, no podemos desligar la construcción de categorías y distinciones operativas del contexto monetario del s. XIV inicial y de la conflictividad que desatan las normativas reales. Las mutaciones son mecanismos complejos que juegan diferenciadamente en cada caso y que afectan de manera diversa a distintos intereses en modalidades difíciles de captar[16]. En este sentido, podríamos decir que la reflexión jurídica derivada de las implicancias de las políticas de mutación se ve motorizada por la necesidad de responder a situaciones de intereses en conflicto. Y algo similar puede decirse de los distintos criterios de estimación de la moneda (que lejos está de una estimación fija al estilo de la moneda romana clásica) en un contexto de pluralidad de especies circulantes.

Estas soluciones, como hemos visto, pueden incluso llegar al recorte de las competencias monárquicas, bajo el paraguas que ofrece el panorama de pluralismo jurídico y multiplicidad de fueros que caracteriza al mundo medieval. En este punto, la tradición canónica viene generando referencias jurídicas que parecen impugnar la facultad del rey de modificar el valor de la moneda (Bisson 1989). Desde fines del s. XIII y durante la primera mitad del s. XIV se asiste, especialmente en Francia con Felipe el Hermoso, a la construcción de la soberanía del rey en asuntos monetarios (Piron 1996): una serie de políticas reales buscan instalar esta supremacía que se explicitará en la declaración de 1347 acerca de que compete a la majestad del rey todo lo concerniente a la emisión, supresión u ordenamiento de la moneda. Se trata de construir a la moneda como bien público (y, en tanto tal, atañe al rey) pero al mismo tiempo se la toma como un recurso patrimonial (y, por lo tanto, como una potencial fuente de ingresos). Esta es la contradicción que cuestionará Nicolás Oresme la siguiente década, inaugurando la primera reflexión sistemática de la moneda en la que se plantea en última instancia a la alteración monetaria como un robo[17]. Pero señalemos que, en este contexto de debate, las operaciones de los juristas, sin pretensiones de sistematicidad y siempre ligadas al plano situacional, anteceden a la reflexión filosófica.

---

16   Como planteara en los años '80 Alain Guerreau (1987: 526), para comprender el fenómeno de las mutaciones se debe empezar de cero admitiendo todo lo que se ignora sobre el tema y tratando de evitar toda hipótesis que parta de la idea de que la gente de la época era tonta y no sabía actuar de acuerdo con sus propios intereses.

17   No por nada Dante sugiere que la muerte de Felipe el Hermoso fue una retribución por sus abusos monetarios y lo asimila a un falsificador de la moneda: "*Lì si vedrà il duol che sovra Senna / induce, falseggiando la moneta, / quel che morrà di colpo di cotenna*" (vv. 118-120).

Bibliografía

Allen, M. (2016) "Currency Depreciation and Debasement in Medieval Europe", en D. Fox y W. Ernst (eds.), *Money in the Western Legal Tradition. Middle Ages to Bretton Woods*, Oxford, 41-52.

Ancelet-Netter, D. (2010) *La dette, la dîme et le denier: une analyse sémantique du vocabulaire économique et financier au Moyen Âge*, Villeneuve-d'Ascq.

Ascheri, M. (1999) "Le fonti e la flessibilità del diritto comune: il paradosso del *consilium sapientis*", en M. Ascheri, I. Baumgartner y J. Kirshner (eds.), *Legal Consulting in the Civil Law Tradition, Studies in Comparative Legal History*, Berkeley, 11-53.

Bazán Díaz, I. (2014) "Asesorar a la justicia municipal en la Castilla medieval: los alcaldes ordinarios o foreros y la primera instancia judicial", en M. Charageat (ed.), *Conseiller les juges au Moyen Âge*, Toulouse, 81-98.

Bisson, T. (1989) "'Quanto Personam Tuam' (X 2.24.18): Its Original Significance", en T. Bisson, *Medieval France and Her Pyrenean Neighbours*, Londres, 303-24.

Bloch, M. (1953) "Mutations monétaires dans l'ancienne France (Seconde Partie)", *Annales. Economies, sociétés, civilisations* 8, 4, 433-456.

Bompaire, M. (1999) "Monnaies et politiques monétaires en France (XIIe-XVe siècle)", en AA.VV. *Moneda y monedas en la Europa medieval (siglos XII-XV), XXVI Semana de Estudios Medievales. Estella, 19 a 23 de julio de 1999*, 87-128.

Bompaire, M. (2007) "Évaluer les monnaies à la fin du Moyen-Âge. Une information imparfaite et inégale", *Revue européenne des sciences sociales* 45, 137, 69-79.

Bompaire, M. (2007) "La question monétaire: avis et consultations à l'époque de Philippe le Bel et de ses fils", en P. Contamine, J. Kerhervé y A. Rigaudière (eds.), *Monnaie, fiscalité et finances au temps de Philippe le Bel*, Vincennes, 105-140.

Borrelli de Serres, L. (1902) *Les variations monétaires sous Philippe le Bel*, Châlons sur Saône.

Bridrey, É. (1906) *La théorie de la monnaie au XIVe siècle: Nicole Oresme; étude d'histoire des doctrines et des faits économiques*, París.

Cazelles, R. (1966) "Quelques réflexions à propos des mutations de la monnaie royale française (1295-1360)", *Le Moyen Âge* 72, 83-105.

Dante Alighieri (1989) *La Divina Commedia*, Milán.

De Concilio, D. (2019) "Moneta e cultura giuridica. Un brocardo di Azzone nella costruzione del diritto pecuniario medievale", *Tijdschrift voor Rechtsgeschiedenis / Revue d'Histoire du Droit / The Legal History Review* 87, 4, 384–426.

Digard, G.; Faucon, M.; Thomas A. y Fawtier R. (ed.) (1906) *Les registres de Boniface VIII: recueil des bulles de ce pape publiées ou analysées d'après les* manuscrits originaux des archives du Vatican, t. 3, fasc 9-13, París.

Ernst, W. (2016) "The Legists' Doctrines on Money and the Law from the Eleventh to Fifteenth Centuries", en D. Fox y W. Ernst (eds.), *Money in the Western Legal Tradition. Middle Ages to Bretton Woods*, Oxford, 110-135.

Gilli, P. (2000) "Les *consilia* juridiques de la fin du Moyen Age en Italie: sources et problèmes", *Reti Medievali*: http://www.rmoa.unina.it/2102/1/RM-GilliConsilia.pdf, p. 1-11.

Grossi, P. (1960) *Ricerche sulle obbligazioni pecuniarie nel diritto comune*, Milán.

Guerreau, A. (1987) "Réflexions sur les mutations monétaires en France, à la fin du Moyen Âge", en G. Depeyrot, T. Hackens y G. Moucharte (eds.), *Rythmes de la production monétaire, de l'Antiquité à nos jours. Actes du colloque international organisé à Paris du 10 au 12 janvier 1986 par la Monnaie de Paris, le Centre National de la Recherche Scientifique et la Séminaire de numismatique Marcel Hoc de l'Université Catholique de Louvain*, Lovaina, 521-35.

Gullbekk, S. (2019) "Money and its Interpretation: Attitudes to Money in the *Societas Christiana*", en R. Naismith (ed.), *A Cultural History of Money in the Medieval Age*, Londres, 125-150.

Hubrecht, G. (1933) "Les conséquences juridiques des mutations monétaires dans la législation et la jurisprudence françaises des XIVe et XVe siècles, à propos d'un ouvrage récent", *Revue historique de droit français et étranger* 12, 2, 4ª serie, 337-347.

Le Goff, J. (2010) *Le Moyen Âge et l'argent*, París.

Menzinger, S. (2011) "*Consilium sapientum*: Lawmen and the Italian Popular Communes", en L. Armstrong y J. Kirshner (eds.), *The Politics of Law in Late Medieval and Renaissance Italy*, Toronto, 40-54.

Migliorino, F. (1981) "Alchimia lecita e illecita nel trecento: Oldrado da Ponte", *Quaderni Medievali* 11, p. 6-41.

Oldrado de Ponte (1576) *Oldradi de Ponte Consilia seu Responsa et Quaestiones aureae*, Francfort.

Padoa-Schioppa, A. (2014) "Note sui consilia nell'evoluzione dello *ius commune*", en M. Charageat (ed.), *Conseiller les juges au Moyen Âge*, Toulouse, 15-23.

Piron, S. (1996) "Monnaie et majesté royale dans la France du XIVe siècle", *Annales. H.S.S.*, 2, 325-54.

Potthast A. (ed.) (1874) *Regesta Pontificum Romanorum inde ab a. post Christum natum 1198 ad a. 1304*, t. 2, Berlín.

Rapp, F. (1994) *L'Église et la vie religieuse en Occident à la fin du Moyen Age*, París.

Rüfner, T. (2016) "Money in the Roman Law Texts", en D. Fox y W. Ernst (eds.), *Money in the Western Legal Tradition. Middle Ages to Bretton Woods*, Oxford.

Spufford, P. (1991) *Dinero y moneda en la Europa medieval*, Barcelona.

Stampe, E. (1930) *Das Zahlkraftrecht in den Königsgesetzen Frankreichs von 1306 bis 1547*, Berlín.

Taeuber, W. (1968) *Geld und Kredit im Mittelalter*, Frankfort.

Thier, A. (2016) "Money in Medieval Canon Law", en D. Fox y W. Ernst (eds.), *Money in the Western Legal Tradition. Middle Ages to Bretton Woods*, Oxford, 136-66.

Vallerani, M. (2011) *"Consilia iudicialia. Sapienza giuridica e processo nelle città comunali italiane"*, *Mélanges de l'École Française de Rome-Moyen Âge* 123, 129-49.

Valsecchi, C. (2000) *Oldrado Da Ponte e i suoi Consilia. Un'auctoritas del primo Trecento*, Milán.

Volckart, O. (2019) "Money and its Technologies: The 'Principles of Minting' in the Middle Ages", en R. Naismith (ed.), *A Cultural History of Money in the Medieval Age*, Londres, 15-36.

Zacour, N. (1990) *Jews and Saracens in the Consilia of Oldradus de Ponte*, Toronto.

JUSTICIA, UNIVERSALIDAD Y PARTICULARIDAD EN *LA COMMEDIA* Y EN *DE MONARCHIA* DE DANTE

Victoria Arroche
Universidad de Buenos Aires

Introducción

Los debates contemporáneos acerca de los conceptos de *igualdad* y *diversidad* constituyen el escenario en el que se han discutido algunos problemas en torno a la interacción política de ciertas comunidades en el mundo globalizado, así como también algunas cuestiones relativas a la cultura. Precisamente, de esas cuestiones nos interesa destacar los debates en torno a la vinculación de las minorías con la hegemonía cultural. Esas discusiones teóricas ofrecen múltiples matices, sin embargo, pueden distinguirse con claridad dos puntos de vista. Por un lado, quienes privilegian en su análisis elementos hermenéuticos, contextualistas y posmodernos que pueden identificarse con cierta defensa de los particularismos o la reivindicación de características propias de las comunidades a la hora de definir, por ejemplo, la igualdad o la diversidad. Por el otro, una corriente teórica que, si bien no defiende una postura esencialista, no obstante, sostiene la preeminencia de los contenidos normativos de la razón sobre otros criterios –esto es, los valores cognitivos de la filosofía occidental tales como la objetividad o imparcialidad, entre otros. En ese sentido, esta última perspectiva propondría una visión universalista para el análisis de los conceptos mencionados que, en rigor, no se limita a los aspectos cognitivos, sino que se extiende al ámbito de lo moral, destacando principalmente una noción de igualdad que iría más allá de las diferencias culturales, sexuales, de género, lingüísticas o religiosas. Una versión más pragmática de este tipo de universalismo descarta, de alguna manera, las razones esencialistas acerca de la naturaleza o la racionalidad humana y propone que ciertas normas sean aceptadas y respetadas por todos los sistemas jurídicos, esto es, que se instituyan universalmente ciertos derechos básicos para todos los seres humanos.

Así, en general, el problema que abordan estos debates contemporáneos tiene que ver con las formas en que se manifiesta el etnocentrismo y, en ese sentido, con la articulación entre un "nosotros" respecto de un "otro". Asimismo, los sistemas jurídicos se revelan parte de esta articulación en cuanto podrían constituir la herramienta para establecer ciertos derechos humanos básicos universales, sin por ello apelar a una justificación esencialista de esos derechos (Benhabib Seyla 2006: 61-66).

Una aproximación histórica a partir de la *Commedia*

Ahora bien, ciertos temas abordados por la teoría política del siglo XIV pueden clasificarse teniendo en cuenta estas dos visiones, a saber, una universalista y otra particularista. En este trabajo intentaremos mostrar un ejemplo de ello analizando dos obras de Dante Alighieri: la *Commedia* y la *Monarchia*.

En efecto, en la *Commedia* Dante se expresa sobre el nexo entre "nosotros" y "otros" en distintos contextos políticos, y lo hace, además, mostrando que esas relaciones tienen lugar en tres niveles. Así, en los cantos VI de las diferentes partes de la obra (*Infierno*, *Purgatorio* y *Paraíso*) el poeta señala un camino ascendente desde la comunidad más particular, la ciudad de Florencia, a la más universal, que es el Imperio, mostrando cómo la discordia y los conflictos que impiden a la humanidad alcanzar su fin –v.g. la felicidad– se presentan según grados que se despliegan, justamente, desde el más particular hasta el más universal.

El magnífico relato que Dante ofrece en estos cantos permite resaltar algunas cuestiones históricas que son necesarias para contextualizar los temas de teoría política que el autor desarrolla en su tratado *Monarchia*. De este modo, en el canto VI del *Infierno*, cuando accede al tercer círculo reservado para los condenados por cometer el pecado de la gula, Dante se encuentra con Ciacco, un ciudadano de Florencia que dice conocer al poeta, aunque éste, sin embargo, no lo recuerda. A pesar de la angustia que le provoca la condición del pecador, Dante logra reponerse y preguntar sobre la situación en su ciudad. Primero, pregunta acerca del desenlace de la lucha entre los partidos políticos; en segundo lugar, indaga sobre quiénes entre los ciudadanos de Florencia podrían considerarse justos y, por último, quiere saber cuál es la causa de tanta discordia. Y Ciacco responde esas dudas como si estuviese vaticinando algunos hechos ocurridos alrededor del año 1300. En rigor, ciertos acontecimientos que narra el personaje suponen un tiempo previo, a partir del año 1215, cuando la ciudad de Florencia era asolada por una intensa división política entre dos partidos: güelfos y gibelinos. Los primeros defendían las ideas políticas del papado mientras que los segundos apoyaban las del imperio. Justamente, hacia el final del siglo XIII –específicamente el 11 de junio de 1289 cuando tuvo lugar la batalla de Campaldino en la que Dante participó, a los 25 años, como caballero– los florentinos derrotaron a sus vecinos de la ciudad de Arezzo consolidando, de ese modo, su hegemonía, y por lo tanto la posición güelfa sobre toda la Toscana. A pesar de la apariencia de unión que suponía la victoria de los güelfos frente a los gibelinos, dos familias florentinas comenzaron a disputar el poder sobre el gobierno de la ciudad: la familia Donati, comandando a los güelfos negros y la familia Cerchi que lideraba a los güelfos blancos. Entre estos últimos se encontraba Dante, quien además intervenía activamente en la política de Florencia desde el año 1296 y lo haría hasta su exilio en 1302. Nuestro autor relata, a través de Ciacco, el modo en que la soberbia, la envidia y la avaricia provocaron enfrentamientos sangrientos entre güelfos negros y blancos en la primavera de 1300. Ese año, el papa Bonifacio VIII envió a Florencia al cardenal Mateo d'Acquasparta para pacificar la ciudad. La consecuencia de esa intervención fue, en realidad, la alianza del papado con la facción negra y el debilitamiento de los representantes de los güelfos blancos. En el año 1301, Dante fue encargado con una misión diplomática en Roma frente al papa Bonifacio VIII y, en ese momento, el papa envió a Carlos de Anjou a Florencia, quien sometió militar y políticamente a los güelfos blancos (Petrocchi 2001: 5-25).

En el año 1302, muchos de ellos fueron acusados y procesados, entre los cuales estaba Dante, quien fue condenado al exilio perdiendo la ciudadanía florentina pero convirtiéndose en un ciudadano del mundo (Dante Alighieri, *De vulgari elocuentia* I, 6).

Así, el canto VI del *Infierno* refiere a sucesos en la ciudad de Florencia y, por eso, representa el plano más particular dentro del recorrido que continúa en los restantes cantos sextos de la *Commedia*.

En efecto, en el canto VI del *Purgatorio*, Dante, rodeado de las víctimas de asesinatos violentos, mientras busca junto a Virgilio la vía más rápida para continuar su camino hacia el *Paraíso*, encuentra un alma que describe como digna y seria. Se trata de Sordello, un joven caballero, también trovador de poesía política en lengua provenzal, que participó apoyando a Carlos de Anjou en la guerra contra Manfredo. El personaje pregunta a los viajeros de dónde son, y cuando Virgilio responde que es de Mantua, la sombra de Sordello se alegra, abrazándolo, por haber encontrado un conciudadano. Esa actitud de compañerismo afectuoso suscita en Dante una amarga reflexión acerca de la situación en la que se encuentra Italia alrededor del año 1300. Precisamente, describe a su tierra como un lugar de desgracias derivadas de la ausencia de un gobernante capaz de conducirla para superar las dificultades por las que atraviesa (Dante Alighieri, *Purgatorio*, Canto VI, vv. 76-78). En ese sentido, el poeta se pregunta: *"Che val perché ti racconciasse il freno Iustiniano, se la sella é vota?"* (*Purgatorio*, Canto VI, vv. 88-89).

El reclamo del canto VI del *Purgatorio* tiene como destinatario a Alberto I de Habsburgo, quien fue emperador entre 1298 y 1308, y a sus descendientes, a quienes acusa de haber abandonado a Italia a causa de la avaricia (Dante Alighieri, *Purgatorio*, Canto VI, vv. 103-105). Por eso, este canto representa un nivel intermedio entre la comunidad de Florencia y el Imperio, esto es, Dante traslada su argumentación a un plano lógico de mayor generalidad que en el canto VI del *Infierno* pero menor universalidad que el sexto del *Paraíso* (Rocco Lozano 2018: 57-58).

En efecto, en el episodio del canto VI del *Paraíso*, entre las almas que consiguieron fama y honor por haber realizado el bien, aparece el emperador Justiniano. El gobernante comienza su narración con el traslado del Imperio de Occidente a Oriente operado por Constantino en el año 330 y ubica la restitución del imperio a Occidente durante su propio gobierno (a partir del año 527).

Dante destaca la compilación y el ordenamiento de las leyes que llevó adelante Justiniano:

Cesare fui e son Iustiniano,
che per voler del primo amor ch'i' sento,
d'entro le leggi trassi il troppo e'l vano.
(*Paraíso*, Canto VI, vv. 10-13).

Y, asimismo, establece que la causa de que haya realizado esa tarea es la conversión de Justiniano a la religión católica (*Paraíso*, VI v.17). Dante continúa su relato a través de esta figura y presenta, desde el verso 28 hasta el 94, una historia épica sobre la constitución del Imperio Romano. Según el poeta, esa institución se desvanece peligrosamente por los errores de güelfos y gibelinos que, mientras luchan entre ellos no perciben que el imperio corre el riesgo de pasar a la órbita de Francia. De este modo, el canto VI del *Paraíso* nos muestra un contexto histórico-político más general que incluye una disputa que atravesó la realidad política de toda la época medieval, esto es, el problema de la delimitación de las jurisdicciones del poder temporal y el poder espiritual. En efecto, desde el año 356 hasta la crisis decisiva del siglo XIV, la demarcación del alcance del poder del emperador y el del papa constituyó un conflicto más o menos turbulento en los diversos momentos históricos que componen ese amplio rango de tiempo de casi nueve siglos[1].

Justamente, uno de los aspectos significativos del tratado *Monarchia* –vinculado con el contexto político del siglo XIV– consiste en exhibir el problema de las relaciones entre el poder temporal y el poder espiritual. En lo que sigue, voy a concentrar mi exposición en el tratado *Monarchia*, donde Dante ofrece un modelo teórico para analizar, desde un punto de vista filosófico, las bases de la suficiencia del poder temporal y su relativa autonomía respecto del papado y el modo en que esa autonomía puede ser útil para resolver los conflictos y relaciones en las comunidades particulares.

El modelo teórico-político en el tratado *Monarchia*

Dante nació en Florencia en el año 1265. Algunos de los acontecimientos histórico-culturales que nos resultan de interés para mostrar cuáles podrían haber sido las fuentes del modelo teórico

---

1   Sobre el tema Petrocchi (2001: 29-55); Ullmann (1961: 40 y ss.; 1999: 42-43); Bertelloni (1982-1985); Miethke (1993: 14).

que analizaremos en este apartado, tienen que ver con la formación de Dante. Su educación no tuvo lugar, estrictamente, en el ámbito universitario. Sin embargo, conoció las posiciones filosóficas y teológicas de Alberto Magno y Tomás de Aquino así como también otras doctrinas más cercanas al pensamiento agustiniano y franciscano[2]. Estudió desde 1283 hasta 1300 (Dante *Infierno* XIX vv. 79-84), con intervalos de tiempo entre esos años y de forma asistemática. Durante los primeros dos años, parece haber frecuentado las lecciones de un erudito florentino, de profesión escribano, llamado Brunetto Latini. Este maestro laico había compuesto dos obras durante su exilio en París entre 1263 y 1266: una en italiano –*Rettorica*– y otra en francés –*Li libres dou tresor*. Este segundo texto era una enciclopedia universal que su autor define como una obra de filosofía (Imbach 2003: 45). Entre 1285 y 1287 Dante parece haber continuado sus estudios en Bolonia y luego, nuevamente en Florencia, entre los años 1291 y 1295 en el convento de la Santa Croce (franciscano) y el de Santa María Novella (dominico). Él mismo habría definido esta etapa de sus estudios como una participación en las "discusiones entre filósofos" (Dante *Convivio* II, 12, 7). Sobre su paso por el convento franciscano se especula con la posibilidad de que haya accedido al pensamiento de Joaquín de Fiore a través de los sermones de Juan Olivi y de Ubertino de Casale. De su tránsito por el convento dominicano, en cambio, se conocen más datos. En efecto, allí tuvo como maestro al fraile Remigio Girolami (1235-1319) quien fue llamado a Florencia como lector de teología en Santa María Novella. Este famoso predicador escribió sermones, comentarios y prólogos, aunque la influencia que ejerció sobre el pensamiento de Dante se relaciona, más que con sus propios escritos, con la trasmisión de la obra de Tomás de Aquino y de doctrinas filosóficas presentes en los textos del Aquinate. A través de Girolami, precisamente, Dante también parece haber accedido al pensamiento de Alberto Magno y de Aristóteles (Davis 1960: 663-664).

Los estudios de Dante se vieron interrumpidos en 1289 por su participación en la batalla de Campaldino. Como se dijo en el apartado anterior, ello indica la situación conflictiva por la que atravesaban las comunas italianas, consecuencia del enfrenta-

---

2   Raffi (2004: 19 y ss.); Davis (1960: 662 y ss.).

miento entre facciones a favor del papado (güelfos) o a favor del imperio (gibelinos). En este contexto histórico conflictivo, en el que durante esos años se desarrolló la política de las comunas italianas, y la situación particular y personal del exilio –que Dante experimentó durante sus últimos veinte años de vida–, nuestro autor escribió el tratado político titulado *Monarchia*[3], cuya fecha de composición exacta se desconoce pero podemos ubicar entre el año 1310 y la muerte de Dante en el año 1321.

Ahora bien, la relación entre los cantos VI de *Infierno*, *Purgatorio* y *Paraíso* podría tener múltiples interpretaciones. Lo cierto es que, al menos en dos aspectos, el camino que Dante propone desde la comunidad más particular hasta la más universal muestra la influencia de la filosofía neoplatónica. En primer lugar, según el neoplatonismo el orden lógico y el orden ontológico convergen y, por ello, la procesión total del universo y el desarrollo deductivo que permite su conocimiento, se desarrollan conjuntamente. En efecto, Dante supone, en numerosos pasajes de sus obras *Commedia* y *Monarchia,* que lo real se corresponde con una estructura lógica que es inteligible para nuestra capacidad racional o intelectual. Luego, en segundo lugar, en los textos que analizaremos aparece el vínculo entre los eslabones que conforman esa estructura lógico-ontológica. Es decir, para que exista una conexión entre los distintos grados de la realidad es necesaria la presencia de instancias intermedias que posean alguna característica común con el nivel anterior y el sucesivo. El factor que surge en los tres cantos de la *Commedia* es el conflicto entre los partidos güelfo y gibelino, que luego deviene en los enfrentamientos entre güelfos blancos y negros, es decir, entre conciudadanos o, como expresa Dante entre *"regna particularia et gentes"* (*Monarchia* I, 11). Además, como vimos, este tipo de conflictos se entrecruzan, en los relatos del *Purgatorio* y el *Paraíso*, con la aparición de la figura de Justiniano, quien reúne, según el poeta, dos características fundamentales para resolverlos y alcanzar la paz. Por un lado, la conducción de la monarquía como la institución que puede dirigir a la totalidad de la humanidad hacia su fin propio y, por el otro, la aplicación

---

3   No existe consenso sobre la fecha de composición del tratado. Para el estado de la cuestión sobre ese tema, ver Petrocchi (2001: 99-130).

de la ley para establecer un criterio universal que permita al gobernante arbitrar entre facciones y partidos políticos. Precisamente, según la metáfora del canto VI del *Purgatorio*, el monarca o emperador es quien debe ocupar la silla desde la que cabalga sobre la voluntad de la totalidad de los gobernados, utilizando como instrumento las leyes, compiladas en el *Corpus Iuris Civilis* por Justiniano, que permiten poner un freno a esa voluntad.

Ahora bien, la totalidad de la humanidad es, según Dante, el sujeto ético de su teoría política, es decir, en *Monarchia* el poeta postula que el "género humano considerado como totalidad" (*Monarchia*, I, 4) debe ser "ordenado", esto es conducido, por un único monarca, con el objetivo de alcanzar su fin propio, no solamente para constituirse como sociedad sino, sobre todo, para garantizar la vida y la existencia de la especie humana. En efecto, al iniciar el tratado *Monarchia* el autor establece la existencia de un fin al que tiende la *humana civilitas* y luego determina cuál es ese fin, a saber, la actualización del intelecto posible por parte del género humano, total y simultáneamente (*Monarchia*, I, 2). Asimismo, Dante juzga que la consecución de la paz y la existencia de un monarca son condiciones de posibilidad para que la humanidad alcance ese fin último. Una vez establecido el fin, en el capítulo 6 del Libro I de *Monarchia*, presenta argumentos que atañen al modo en que el imperio y las comunidades particulares se relacionan según un orden que va desde esas comunidades hacia la monarquía. Ese orden implica que las comunidades menores se vinculen entre sí en tanto que partes y también se relacionen, como totalidad, respecto de uno que no es parte, es decir, con el monarca que los gobierna:

> Del mismo modo como la parte es al todo así el orden parcial es al orden total. La parte está ordenada al todo como a su fin y a su perfección [...] De donde resulta que la bondad del orden parcial no excede la bondad del orden total sino a la inversa. Puesto que el orden que se encuentra en las cosas es doble, pues en ellas hay un orden de las partes entre sí y hay un orden de las partes respecto de uno que no es parte [...] De ello se sigue que si la forma de ese orden existe en las partes de la multitud humana, con más razón debe existir en la [...] totalidad del género humano [...] pues se trata de un orden o de una forma de orden más alta [...] De este modo, todas las partes arriba mencionadas (comunidades particulares) que están por debajo

de los reinos y los reinos mismos, deben ordenarse en función de un único Príncipe o Principado, es decir de un Monarca o Monarquía (*Monarchia* I, 6).

Ahora, es necesario destacar que la noción de *fin* utilizada por Dante en *Monarchia* se conecta con algunas ideas que provienen tanto de la metafísica neoplatónica como de la aristotélica. Podemos mencionar dos de esas ideas: en primer lugar, el concepto de *fin* indica la existencia de una causa que produce un movimiento, en virtud del cual la totalidad de la humanidad se constituye como una entidad (es decir, se define como tal), pues alcanzar su fin implica su perfección ontológica (entelequia). En segundo lugar, y derivado de lo anterior, el fin de la monarquía se manifiesta como superior frente a los fines de las comunidades menores o particulares pues es su fundamento, precisamente, por su condición de causa del movimiento.

En el pasaje de *Monarchia* I que acabamos de ver, Dante señala que el orden de la realidad puede presentarse, por un lado, según una relación que involucra las partes entre sí y, por el otro, según un vínculo entre esas partes respecto de uno que no es parte. Esta clasificación podría comprenderse a la luz de la distinción entre dos tipos de relaciones causales: una denominada "causalidad *per accidens*" es decir "por accidente" y otra "causalidad *per se*" "esencial o por sí".

En el primer caso, a saber, la causalidad por accidente, si consideramos una cadena de causas y efectos –en la que además los efectos pueden ser, a su vez, causas de lo que se sigue de ellos– cada una de esas instancias no depende de la otra en el ejercicio de su poder causal (en cuanto a su potencia, su fuerza, su capacidad o *virtus*) sino que entre ellas tiene lugar simplemente una sucesión. De ese modo, la intención de la causa alcanza solo al efecto próximo y no toca al resto de los eslabones de la cadena causal. Así como cuando una persona enciende una vela y luego, más allá de su intención, esa vela es usada para encender otras. Las últimas acciones, precisamente, no dependen de la primera intención, es decir, de la causa en virtud de la cual se encendió la primera vela. El orden de las partes entre sí, al que hace referencia Dante, comparte una característica clave con las causas denominadas *per accidens*, esto es, que en un orden de este tipo, la operación de cada una de esas partes no es reductible a la de las otras.

En el segundo caso –i.e. el de las causas ordenadas *per se*– sucede lo contrario, pues las causas solo ejercen su poder para producir un efecto si reciben la influencia de la causa precedente. Justamente, la influencia se extiende a través de intermediarios en una cadena de causas-efectos desde la primera causa hasta el último efecto que no es causa. Este tipo de orden exige, precisamente, una causa primera incausada que no se relaciona con las otras causas en cuanto parte sino como uno que no es parte. Por ello, las causas ordenadas *per se* pueden reducirse al primer principio pues también se despliegan a partir de él. Por ejemplo, cuando el arte del herrero mueve la mano, la mano mueve el martillo que golpea el hierro y el martillo forja el hierro, lo cual constituía la intención del arte del herrero[4]. En este caso, se produce un regreso desde el último efecto hacia la causa primera, pues la intención de esa causa primera constituye no solo el inicio del movimiento sino también el fin al que tendía toda la serie causal, a saber, la intención del herrero. Justamente, en las causas ordenadas *per se,* el momento de la regresión a la primera causa de la serie resulta necesario para que se produzca el efecto.

Dante ofrece un ejemplo de este último tipo de orden –v.g. de las partes respecto de la unidad– apelando a la imagen de un ejército cuyos componentes se relacionan, por un lado, entre sí y por otro, con su comandante. Esa relación causal denominada *per se* puede ser funcional, según Dante, en la esfera política. El capítulo 11 del Libro I de la *Monarchia* explica que:

> El monarca se ocupa directa e inmediatamente del cuidado de todos los hombres, mientras que los príncipes lo hacen por medio del monarca, de quien deriva su autoridad.

Porque:

> Cuanto más universal es una causa tanta más razón de causa tiene, pues las causas inferiores no son causas sino en virtud de las superiores, como resulta del *De causis*. Ahora bien, puesto que el monarca es, entre los mortales, causa universalísima de su bienestar –pues como quedó dicho los restantes príncipes son causa de dicho bienestar

---

4   Tanto el ejemplo de las velas como el del herrero son de Tomás de Aquino en su *Comentario al Liber de causis*, prop. I.

solamente en virtud del monarca–, de ello resulta que el monarca es quien más ama el bien de los hombres (*Monarchia* I, 11).

Según el Libro I de *Monarchia*, entonces, el modelo causal que nos permitiría analizar la situación descrita en la *Commedia*, admite dos escenarios: uno, constituido por el paradigma según el cual la causa primera es Dios y la causa segunda, a la cual Dios transmite su poder *inmediate*, es el monarca, el emperador (Justiniano/Alberto I de Hasburgo). Ese modelo, da cuenta de una cadena causal *per se* porque, en primer lugar, la causa primera afecta a todos los grados sucesivos y, en segundo lugar, porque el *regressus* hacia la causa primera, que es Dios, resulta necesario. En el segundo paradigma causal, el monarca constituye la causa primera de una cadena cuyos efectos están representados por las comunidades particulares y los reinos, es decir, las congregaciones conducidas por señores, príncipes y reyes. En esa cadena causal, los vínculos entre lo primero (monarquía/monarca) y lo segundo (comunidades y reinos/señores y príncipes) no se califican con la expresión "*reductio*" sino con el concepto de "*ordinatio*". Ello puede dar cuenta, por una parte, del modo en que la potencia operativa de los príncipes (el poder o capacidad para actuar y decidir) procede del monarca. Por otra parte, sin embargo, puesto que en cuanto a su ser las comunidades no dependen del monarca sino de Dios, la noción de "*ordinatio*" podría indicar el carácter no reductible de las comunidades respecto de la monarquía, es decir, la imposibilidad de que las comunidades particulares se reduzcan al ser de la monarquía (las comunidades particulares, de ese modo, no son superfluas). En ese sentido, los intermediarios en la cadena causal resultan necesarios porque la existencia de las comunidades particulares, cuya explicación conceptual es teleológica, se manifiesta necesaria en un orden político recto para garantizar el vínculo entre monarca y pueblo. Por eso, podemos considerar este segundo modelo causal, asimilable a las causas ordenadas *per accidens* en cuanto que las comunidades particulares, v.g. los intermediarios, no son reductibles a la causa universal del orden político, esto es, al monarca.

Un pasaje del último capítulo del Libro I puede servir como apoyo a esta hipótesis. En efecto, Dante indica que:

Las naciones, reinos y ciudades poseen cualidades propias, que conviene regular con leyes diferentes [...] Debe entenderse, pues, que el género humano, según lo que tiene en común y a todos compete, debe ser regido por él [monarca] y conducido a la paz de acuerdo con una regla común. Y esta regla o ley deben recibirla del monarca los príncipes particulares, del mismo modo como el intelecto práctico, para la conclusión operativa, recibe la premisa mayor del intelecto especulativo (*Monarchia* I, 14).

Ya en el capítulo 11, Dante había justificado la necesidad de la existencia de una monarquía gobernada por uno solo apelando a la comparación con la situación de un reino particular:

Pero el monarca nada puede desear porque su jurisdicción tiene el océano como término, cosa que no sucede a los restantes príncipes cuyos principados terminan donde comienzan los principados de otros, como por ejemplo el del rey de Castilla que limita con el del rey de Aragón (*Monarchia* I, 11)[5].

De ese modo, lo que sugiere el planteo político del libro I es la construcción teórica de una legalidad propia de la realidad temporal fundamentada en una causalidad propia. En efecto, el monarca es la causa próxima de la autoridad de los reinos particulares y por ello los reinos particulares derivan su autoridad del monarca *inmediate* (*Monarchia* I, 11). El concepto de "*ordinatio*" en este contexto, indicaría la dependencia directa de los reinos particulares y de los pueblos respecto de la autoridad del monarca, pero no su reductibilidad. El monarca es causa próxima porque Dios constituye la causa primera que crea. Por eso, a pesar de definirlo como "la causa universalísima del recto orden político" (*Monarchia* I, 11), Dante establece ciertos límites al poder del monarca que se manifiestan, justamente, en la imposibilidad de que los intermediarios de la cadena causal se reduzcan a la causa primera. Así, el monarca no suprime la función de esas comunidades sino, por el contrario, bajo su tutela ellas devienen órganos indispensables para el buen funcionamiento del orden político (*Monarchia* I, 12). Y por ello también, el emperador se constituye en la garantía del cumplimiento de las condiciones ideales para el buen vivir de la humanidad (*Monarchia* I, 15).

---

5   Un argumento similar en *Convivio* IV, 9: 1-3.

Conclusión

Como vimos al inicio de esta exposición, la trama de conflictos narrados en la *Commedia* incluye, en *Purgatorio* y *Paraíso*, a la figura de Justiniano. El emperador reúne, según Dante, dos características fundamentales para resolver esos conflictos y alcanzar la paz. Por un lado, la conducción de la monarquía y, por el otro, la aplicación de la ley para establecer un criterio universal que permita arbitrar entre facciones y partidos políticos.

Asimismo, como surge de la lectura del último pasaje del libro I de *Monarchia*, la aplicación de esas leyes debería contemplar las características propias de los ámbitos en los que se utilizan, esto es, si se trata de comunidades particulares o, en cambio, si se trata del Imperio y su alcance universal.

Surge con bastante claridad, tanto en *Commedia* como en *Monarchia*, que desde el punto de vista de la organización política y social, el grado más universal incluye al más individual y, dado que constituye su fundamento, también desde un punto de vista cualitativo puede considerarse superior. Esto significa, por ejemplo, que a la hora de ordenar jerárquicamente los fines de cada comunidad y decidir cuál de ellos es más importante, el fin más universal será mejor que el fin individual. Ahora bien, esta conciliación de los planos lógicos de la universalidad y la individualidad sería posible, en principio, solamente desde un punto de vista pragmático, esto es, mediante la aplicación del derecho pues éste se revela como una herramienta universal. En efecto, a partir del análisis lógico-metafísico, si el fundamento de la universalidad del Imperio es el vínculo entre el emperador y Dios, es decir, el mismo que proclama la Iglesia respecto del Papa, entonces no es posible esa universalidad pues, en el esquema gradual planteado por Dante, conformado por niveles ¿cómo podrían coexistir dos esferas, ambas universales y de igual jerarquía, cuyo fin (que, recordemos, funciona como fundamento de esa jerarquía) sea el mismo? En efecto, sobre la base de esas características, el poder temporal y el espiritual podrían concebirse como esferas autónomas, pero no universales.

Si, en efecto, como postula Dante en el canto XVIII del *Paraíso* (vv.115-118) la ley escrita, que constituye la herramienta del gobernante temporal, proviene de la ley natural, entonces, en lo concerniente a la jurisdicción del ámbito temporal no haría falta la intervención de la Iglesia. Es posible pensar, dados los hechos históricos a los que refiere Dante en el canto VI del Infierno (el nivel más individual, Florencia) que la intromisión del papado en los asuntos terrenales no solamente alienta las luchas en el nivel más universal con el imperio, sino que también afecta a las comunidades más particulares. En ese sentido, Dante ofrece en el libro primero de la *Monarchia*, un modelo teórico-filosófico que sostiene la dependencia ontológica de una multiplicidad de comunidades respecto de la unidad del imperio o monarquía. De esto podría seguirse que la solución de conflictos políticos en un nivel universal (papado e imperio) permitiría resolver, también, las controversias en las comunidades particulares.

Bibliografía

Águila, R. et al. (2001), Anónimo *Liber de causis*, Bilbao.

Benhabib, S. (2006) *Las reivindicaciones de la cultura: igualdad y diversidad en la era global*, Buenos Aires.

Bertelloni, F. (1982-1983-1985) "*Constitutum Constantini* y *Romgedanke*. La donación constantiniana en el pensamiento de tres defensores del derecho imperial de Roma: Dante, Marsilio de Padua y Guillermo de Ockham", *Patristica et Mediaevalia* III, 21-46; IV-V, 67-99; VI (1985), 57- 78.

Bertelloni, F. (1984) *Dante. De la Monarquía y otros textos*, Buenos Aires.

Coletti, V. (2005) *Dante Alighieri, De vulgari eloquentia*, Milán.

Cruz Cruz, J. (2000) *Tomás de Aquino, Exposición sobre el "Libro de las causas"*, Pamplona.

D'Ancona, C. (1986) *Tommaso D'Aquino Commento al Libro delle Cause*, Milán.

Davis C. T. (1960) "An Early Florentine Political Theorist: Fra Remigio de' Girolami", *Proceedings of the American Philosophical Society* 104, 6, 662-676.

Imbach R. (2003) *Dante, la filosofia e i Laici*, Turín.

Inglese, G. (2004) *Dante Alighieri, Convivio*, Milán.

Miethke J. (1993) *Las ideas políticas de la Edad Media*, Buenos Aires.

Pattin, A. (1966) *Liber de causis*, Lovaina.

Petrocchi G. (2001) "Introducción" en *Monarchia*, Milán, 5-136.

Pizzica, M. (2001) *Dante Alighieri, Monarchia*, Milán.

Raffi A. (2004) *La gloria del volgare. Ontologia e semiotica in Dante dal "Convivio" al "De volgare eloquentia"*, Catanzaro.

Ricci, P. (1965) Dante Alighieri, *De Monarchia*, Verona.

Rocco Lozano V. (2018) "La teoría de la justicia en la 'Divina Comedia', entre Imperio y republicanismo", Tenzone 19, 55-108.

Saffrey, H. (1954) Tomás de Aquino, *Super librum De causis expositio*, Friburgo.

Ullmann W. (1961) *Principles of Government and Politics in the Middle Ages*, Londres.

Ullmann W. (1999) *Historia del pensamiento político en la Edad Media*, Barcelona.

Villaroel G. (2003) Dante Alighieri, *Commedia*, Milán.

Vinay, G. (1950) Dante Alighieri, *Monarchia*, Florencia.

TERCERA SECCIÓN:

LA LEY Y SU OTRO

NÓMOS Y PHÝSIS EN EL CORPUS HIPPOCRATICUM

Sergio Javier Barrionuevo
Universidad Nacional de General Sarmiento
Universidad de Buenos Aires

El tópico de la antítesis entre los conceptos de *nómos* y *phýsis* suele ser un punto de partida en muchos manuales de historia del pensamiento o de la filosofía para plantear el contexto en el cual se produjo el giro intelectual en Atenas durante el siglo V a.c. Durante el siglo XX, la mayor parte de los trabajos acerca de la antítesis *nómos-phýsis* estuvo marcada por la lectura establecida por Felix Heinimann (1945 [=1980]), la cual constituye un "hito" en el estudio del tema, estableciendo una suerte de "estándar hermenéutico" que constituye lo que podríamos denominar la "interpretación clásica" del tema. En dicho trabajo Heinimann sostiene que la dupla *nómos-phýsis* fue concebida en términos antitéticos a partir de la tematización llevada a cabo por la sofística, más específicamente a partir de la propuesta protagórica, es decir, un proceso de conceptualización donde el rango de objetos que se representan con estos conceptos se delimitan uno en relación al otro. No obstante, esta tesis ha sido revisada y cuestionada por varios especialistas[1]. A pesar de ello, autores posteriores han retomado la tesis de Heinimann y han propuesto diferentes matices a la misma, considerando incluso que dicha antítesis constituyó el horizonte conceptual para la comprensión de los fenómenos morales y políticos hacia el siglo V a.C.[2] Asimismo,

---

1   Pohlenz (1953), por ejemplo, sostiene que los griegos desarrollaron concepciones excluyentes entre sí. Por este motivo, considera que la antítesis *nómos-phýsis* ya habría estado establecida hacia el siglo V a.C.

2   Cf. Gigante (1956); Guthrie (1969); Kerferd (1981).

durante muchos años se ha aceptado el juicio de Heinimann al tipificar la antítesis *nómos-phýsis* como un tópico "sofístico"[3], lo cual ha conducido a muchos especialistas a considerar la aparición de estos términos en clave antitética y sofística. Entre los textos conservados que datan del siglo V a.c., se puede observar en el *Corpus hippocraticum* varias menciones de distinto orden de los términos *nómos* y *phýsis*. Este *corpus* está compuesto por un conjunto de textos escritos por diferentes autores y en momentos diferentes, por lo cual referirse a este *corpus* como una unidad resulta, en cierta medida, una ficción. Por ello, no podemos buscar ni esperar un uso totalmente consistente de los conceptos que allí aparecen. En el tratado *Sobre las articulaciones* 87 (ed. Whitington 1928) y en *Instrumentos de reducción* 6 (ed. Whitington 1928), por ejemplo, se puede observar un uso de *nómos* conceptualizado como "costumbre". Mientras que en *Sobre la generación* 1 (ed. Joly 1970) se afirma *nómos mèn pánta kratýnei* ("el *nómos* gobierna todas las cosas"), una construcción semejante a la frase de Píndaro en el fr. 169a (ed. Snell-Maehler 1975-80): *nómos páton basileús* ("el *nómos* es rey de todas las cosas"). En el pasaje del *Sobre la generación*, a diferencia del fragmento de Píndaro[4], se reemplaza el sustantivo *basileús* por el verbo *kratýno* el cual remite al acto de gobernar, pero entendido como un derecho derivado del

---

3   El término *sophistés* como categoría utilizada para referir a un conjunto de intelectuales que intervinieron en la vida intelectual ateniense durante el siglo V a.c. fue acuñada por Platón en el siglo IV a.c. No obstante, a pesar de la especificidad de esta referencia platónica, no contamos con testimonios que nos permitan afirmar una autoconsciencia de estos intelectuales respecto de su pertenencia a una corriente, movimiento o grupo socialmente definido de esta manera, así como tampoco tenemos testimonios textuales contemporáneos a estos intelectuales que apliquen el término *sophistés* para referir a un grupo claramente definido. Por ello la utilización del sustantivo "sofista" como categoría historiográfica para definir a un grupo social, así como el uso del adjetivo "sofístico" aplicado a los objetos intelectuales propios de este grupo, resulta problemática. En este trabajo mantenemos el uso de estos términos, "sofista" y "sofístico", en tanto son los términos en que se apoyó la interpretación clásica y discutimos en este trabajo.

4   En Píndaro el *nómos basileús* eleva un acto de violencia a la categoría de normativa (*dikaión tò baiótaton*). Hirzel (1907: 183) considera que ello se debe a que Píndaro pretende justificar el robo del ganado de Gerion bajo la premisa de que todo lo que hizo Heracles debió ser correcto. En la actualidad se considera que la frase *dikaión tò baiótaton* pertenece al poema de Píndaro (Cf. Johann 1973: 17). Para una discusión más amplia del fragmento, ver: Page (1962); Treu (1963); Ostwald & Caplan (1965); Gigante (1956); Pavese (1968); Castagna (1971); Lloyd-Jones (1972); Bornmann (1978); Ferrari (1991); Kyriakou (2002); Payne (2006).

dominio en tanto producto de un acto de posesión. En este caso, la frase coloca al acto originario de posesión como fundamento del gobierno ejercido por el *nómos*. En todos estos pasajes la conceptualización del término *nómos* se realiza sin remitir necesariamente a una contraposición con el concepto de *phýsis*.

Algunos especialistas han considerado que en la segunda parte del tratado *Sobre los aires, aguas y lugares* (caps. 12-24) se puede observar una antítesis entre *nómos* y *phýsis*. Ello se debe al hecho de que esa parte del tratado se organiza en torno al problema de cómo influye el clima en las "costumbres" (*nómos*) o cómo estas pueden producir modificaciones en la "naturaleza" (*phýsis*). En este sentido, se ha llegado a plantear la existencia de una "influencia sofística" en dicho tratado. Asimismo, esto lo vincula con otro texto del *Corpus hippocraticum* de posible "influencia sofística": *Ley*, en el cual también algunos especialistas han observado la presencia de la antítesis *nómos-phýsis*, a lo cual se adjuntan otros conceptos intervinientes de relevancia en el vocabulario atribuido a la "sofística" tales como *tékhne* ("técnica"), *dóxa* ("opinión"), *episteme* ("saber científico"), *didaskalía* ("enseñanza"). Finalmente, la referencia a una oposición entre *nómos* y *phýsis* señalada en *Sobre la dieta*, así como la similitud entre el comienzo del libro III y el testimonio acerca de la posición de Protágoras sobre los dioses[5], también suele ser leído en clave de "influencia sofística". En el presente trabajo nos proponemos analizar estos textos con el objetivo de discutir su lugar en la organización diacrónica que pretende dar cuenta del inicio del proceso de desarrollo de una antítesis conceptual entre *nómos-phýsis*. Para ello, pasaré revista someramente de aquellos pasajes en estos tres textos donde se conjugan los términos *nómos* y *phýsis*, allí pretendo mostrar que en estos textos no se puede hablar de un "comienzo" diacrónicamente establecido para la antítesis *nómos-phýsis* (cabe observar que de-

---

5   Hipócrates, *Sobre la dieta* 3.67: "En lo que respecta a la dieta humana (*Perì dè `diaítes anthropínes*)… es imposible tratar por escrito (*xyngrápsai mèn oukh hoîón*) con tanta precisión como para hacer que los ejercicios sean exactamente proporcionales a la cantidad de alimento. Pues son muchas las cosas que lo impiden (*poullà gàr tà kolúonta*)". Diógenes Laercio, *Vida de los filósofos más ilustres* 9.51 [=80B4 (DK), 31D10 (LM)]: "Acerca de los dioses (*perì mèn theôn*) no puedo saber (*ouk ékho eidénai*) ni que existen ni que no existen, ni cómo son en cuanto a su forma. Ya que son muchas las cosas que me impiden saberlo… (*pollà gàr tá kolúontá me eidénai*)".

jaremos de lado la discusión respecto de si esta antítesis puede ser considerada "sofística", junto con todo lo que ello implica).

Sobre los aires, aguas y lugares

El tratado hipocrático *Sobre los aires, aguas y lugares* es uno de los textos donde los términos *nómos* y *phýsis* aparecen conjugados. La segunda parte del tratado (caps. 12-24) se propone tratar las diferencias entre los pueblos de Asia y Europa[6], para lo cual asume como criterio de las diferencias características de estos los condicionamientos establecidos por la *phýsis* y el *nómos* (Hipócrates, *Sobre los aires, aguas y lugares*, 14.1). Si bien el término *phýsis* aparece en ambas partes del tratado, la mayor cantidad de menciones aparece en la segunda parte. Sobre un total de 36 apariciones del término, el 31% se encuentra en la primera parte y el 69% restante en la segunda. El término *nómos* por su parte, solo figura en la segunda parte del tratado. En cuanto a la distribución de los términos, los parágrafos con mayor concentración del término *phýsis* son §14 y §24, para el caso de *nómos* la mayor concentración se da en los parágrafos §14 y §23.

En el §14 se afirma: "Dejaré a un lado los pueblos que difieren poco, pero respecto de los que son muy diferentes, o por naturaleza o por la costumbre (*è phýsei è nómoi*), diré en qué condiciones están, refiriéndome en primer lugar a los macrocéfalos" (Hipócrates, *Sobre los aires, aguas y lugares*, 14.1). Hans Diller (1970: 95) considera que este pasaje establece una oposición entre *nómos* y *phýsis*. Sin embargo, la disyunción *è phýsei è nómoi* puede indicar que se establece una alternancia o una exclusión entre estos elementos, es decir, que puede ser una disyunción inclusiva o exclusiva. Esta posibilidad establecería o bien una oposición o bien una contraposición. Si analizamos el contenido de este parágrafo, se puede observar que hay mayores evidencias para considerarlo un uso inclusivo y, por ende, una oposición.

Respecto de la forma de la cabeza de los macrocéfalos dice: "En efecto, al principio fue la costumbre (*ho nómos*) la mayor

---

6   Hipócrates, *Sobre los aires, aguas y lugares*, 12: "a propósito de Asia y Europa, quiero mostrar cuánto difieren mutuamente en todo…" (*boúlomai… perì tês Asíes kaì tês Europes déxai, hokóson diaphérousin allélon es tà pánta…*) (ed. Diller 1970; trad. López Férez 1986).

responsable de la longitud de la cabeza, pero, ahora, también la naturaleza se une a la costumbre (*he phýsis symbálletai tôi nómoi*)" (Hipócrates, *Sobre los aires, aguas y lugares*, 14.2). El uso del verbo *symbállo* en tercera persona de la voz media puede indicar "unir", "reunir" o "mezclar", pero también puede significar "ponerse de acuerdo con" o "convenir en". Interpretar aquí los términos *nómos* y *phýsis* en sentido antitético implica necesariamente asumir una disyunción exclusiva en este pasaje. Sin embargo, no podemos sostener que se plantee una contradicción entre ambos, sino que, por el contrario, se complementan[7]. El matiz que indica "acuerdo" o "convención" combina con el sentido de este pasaje, pues se afirma que la *phýsis* coincide con la costumbre. No hay nada en el pasaje que nos indique que el *nómos* fuerce o violente a la *phýsis*, sino que justamente se presenta una concordancia entre ambos. Luego, el autor explica por qué razón y de qué modo *phýsis* y *nómos* coinciden. En cuanto a la razón, ello se debe a que "los que tienen la cabeza más grande son más nobles" (*toùs… makrotáten ékhontas tèn kephalèn gennaiotatous hegeûntai*); mientras que, en lo que respecta al modo, ello se debe a una práctica: presionar con vendas las cabezas de los niños cuando aún están blandas.

En el pasaje siguiente, al analizar esta práctica, sostiene:

> De este modo, la costumbre (*ho nómos*) consiguió, al principio, que la naturaleza fuera de tal tipo (*toiaúten <tèn phýsin> genésthai*), pero, transcurriendo el tiempo, el rasgo entró en la naturaleza (*proióntos en phýsei egéneto*), de tal suerte que la costumbre no impone ya su necesidad (*tòn nómon <moûnon> mekéti anagkázein*). (Hipócrates, *Sobre los aires, aguas y lugares*, 14.4).

Si bien en este pasaje se remite a la relación *phýsis-nómos* en términos de imponer por necesidad (*anankázo*) a partir de la costumbre, no aparece el rasgo negativo que se le atribuirá, luego, en el marco del rechazo al νόμος democrático, esto es, la referencia al uso de la violencia (*bíe*)[8]. En este pasaje, a diferencia de lo que ocurre en *Sobre la verdad* de Antifonte, *anánke* no remite a una instancia primigenia que cumple la función de legitimación

---

7 López Férez (1975: 211), por ejemplo, considera a este tratado como "presofístico" a raíz de esta situación.

8 En la edición de Littré (1844) se lee: *hóste hypò bíes toiaúten tèn phýsin genésthai*; sin embargo, Diller (1970) lo elide.

ni mucho menos le otorga un carácter inviolable. Esto se puede observar en *Sobre los aires, aguas y lugares*, 14.6 donde, remitiendo a una "teoría de la herencia", argumenta que la necesidad establecida por el *nómos* puede cambiar con el tiempo. De manera que en este tratado la permanencia y continuidad en el tiempo no es una característica intrínseca a la necesidad, ni de la establecida por el *nómos* ni por la *phýsis*.

En este apartado del tratado, por tanto, la relación entre *nómos* y *phýsis* no se presenta en términos de contraposición, sino como elementos opuestos. Estos conceptos tampoco representan en este trabajo esencias inmutables ni elementos de diferente naturaleza –*i.e.* una inmutable y otra mutable–, sino que ambas aparecen como conceptos que remiten a elementos que pueden variar en el tiempo por la fuerza que una puede ejercer sobre la otra. De modo que, para que uno de ellos ocurra, ambos se tienen que dar al mismo tiempo, lo cual implica que no hay contraposición. Por ello, la interpretación clásica, según la cual en el siglo V a.C. emerge la antítesis entre *nómos* y *phýsis* como resultado de la intervención de los "sofistas" en la vida intelectual, no puede asumirse como antecedente o marco intelectual que ejerza algún tipo de influencia sobre el uso de estos términos en este tratado. Ello se debe a que los marcos conceptuales en los cuales se encuadra el uso de los términos difieren entre sí y responden a lógicas operativas de distinto orden.

Ley

El tratado hipocrático *Ley* tiene como objetivo destacar la importancia del correcto ejercicio de la *iatrikè tékhne* ("técnica médica"). La situación en la cual se llevan a cabo estas reflexiones, a juicio del autor, es que esta técnica es "la más distinguida" (*epiphanestáton*), pero por la "ignorancia" (*amathía*) que presentan muchos de los que la practican queda "relegada" (*apoleípetai*). Para ello, el autor del texto recurre a una serie de reflexiones pedagógicas referidas al aprendizaje de la medicina, otorgando preponderancia a la *phýsis*. Sin embargo, su argumento se sostiene sobre el supuesto de que la "educación" (*paideía*) cumple una función normativa, la cual se sostiene sobre el carácter punitivo que establece el *nómos*. Por este motivo, construye su argumento a partir de la siguiente premisa:

"...la medicina es la única <técnica> que en las *póleis* no tiene establecida una penalización, excepto el desprestigio... (*próstimon gàr ietrikês moúnes en têsi pólesin oudèn hóristai, plèn adoxíes*)"[9]. En este pasaje el autor trata de establecer lo que considera la "causa" (*aitía*) con el siguiente argumento: dado que la función del *nómos* es educar a los ciudadanos mediante el castigo y que las *póleis* no ejercen un control de su ejercicio, así como tampoco penalizan a quienes no lo realizan correctamente, la "técnica médica" resulta desvalorizada. Esta desvalorización estaría dada por la propagación de personas que se hacen llamar médicos, pero que carecen de la instrucción para aplicar correctamente esta técnica. El autor destaca que la única consecuencia del mal ejercicio de esta técnica sería la *adoxía*, es decir, la deshonra producida porque los otros no tienen una buena opinión de ellos y, por ende, caen en el desprestigio. Sin embargo, el desprestigio, según el autor, a diferencia de los castigos impuestos por el *nómos* (Jaeger 1933, 282-283), no produce ningún perjuicio en quienes realizan una acción incorrecta, sino que quien padece perjuicio es el paciente.

Luego el autor pretende establecer una diferencia entre los que "realmente" son médicos y quienes solamente lo parecen, tal como puede observarse en el siguiente pasaje:

> Pues éstos <*sc*. los falsos médicos> son semejantes a los personajes accesorios en las obras trágicas (*Homoiótatoi gár eisin hoy toioíde toîsi pareisagoménoisi prosópoisin en têsi tragodíesin*): así como éstos tienen aspecto, ropa y máscara de actor, pero no son actores, de manera similar ocurre con los médicos, muchos lo son por su fama, pero de hecho muy pocos <lo son> (*phéme men polloì érgo dè pánkhu baioí*) (*Ley* 1.7-10).

En este pasaje se establece una analogía, según la cual, al igual que aquellos que están caracterizados como un "personaje accesorio" (*pareisagómenoisi prosópoisin*), no se lo puede considerar un "actor" (*hypokrités*), dado que carecen de actividad en la obra. De manera que estos "personajes" (*prósopon*) se caracterizan por su modo de aparecer: parecen actores. Mientras que, en el caso de los médicos, quienes aplican estas técnicas con ignorancia, "parecen médicos", pero carecen de la instrucción para aplicar esta técnica

---

9   Hipócrates, *Ley* 1.5-6 (ed. Heiberg 1927).

con conocimiento[10]. Por lo que, los ignorantes respecto de la técnica médica son considerados médicos por la "opinión de los demás" (*phéme*), pero de "hecho" (*érgon*) no lo son. La distinción entre "ser X por opinión" y "ser X de hecho", puede leerse como "ser X falsamente" y "ser X verdaderamente". Esto se puede corroborar en *Ley* 4.7-8 cuando afirma: "...es preciso que, poseyendo un conocimiento sólido y auténtico <*sc.* de la técnica médica>, al ir de ciudad en ciudad se lo tenga por costumbre como médico no sólo de nombre, sino también de hecho (*mè lógo moûnen, allà kaì érgo ietroùs nomízesthai*)". En este pasaje, por un lado, establece que el "ser médico de hecho" equivale a "poseer un conocimiento sólido (*atrekés*) y auténtico (*autós*)"; mientras, por otro lado, transforma la antítesis "opinión de los demás"-"hecho" (*phéme-érgon*) en "discurso"-"hecho" (*lógos-érgon*). En el §4, a su vez, esta distinción se caracteriza a partir de una distinción entre *dóxa* y *epistéme*: "pues, dos <cosas distintas> son la ciencia y la opinión, de las cuales la primera produce conocimiento y la segunda ignorancia (*Dúo gàr, episteme te kaì dóxa, hôn tò mèn epístasthai poiéei, tò dè agnoeîn*)"[11]. De modo que el médico *de hecho* puede considerarse un *verdadero* médico ya que tiene conocimiento verdadero acerca de las causas de la enfermedad y los efectos de los fármacos (*epistéme*)[12]; mientras que quien es considerado médico *por opinión* de los demás parece un médico, pero por desconocer las causas y los efectos en realidad es un ignorante.

Asimismo, en *Ley* 2.11-14 se establecen también las condiciones para ser un médico "de verdad": *phýsios* ("disposición natural"), *didaskalíes* ("enseñanza"), *tópou euphýeos* ("lugar adecuado"), *paidomathíes* ("instrucción"), *philoponíes* ("amor al trabajo") y

---

10 Müller (1940: 101) considera que con esta comparación se pretende colocar al actor como modelo del médico, debido a que el actor, en la época de escritura del texto, conservaba su función de servicio al culto y a la comunidad.

11 Hipócrates, *Ley* 4.7-8 (ed. Heiberg 1927).

12 Cf. Hipócrates, *Sobre la medicina antigua* 20.14-23. Laín Entralgo (1987: 167) sostiene que la *tékhne* se integra por dos capacidades del *tekhnítes*: (a) "saber *qué es* aquello que se hace (lo que la habilidad puesta en práctica 'es') y aquello sobre que se opera (lo que 'es' la realidad a que se aplica el 'arte')" y (b) "saber *por qué* se hace lo que se hace, cuando se actúa 'según arte'". De modo que el *tekhnítes iatriké* "debe saber qué son el tratamiento y el diagnóstico, qué es el hombre, qué es la enfermedad y qué el remedio; con todo lo cual sabrá de manera suficiente por qué él hace en cada caso lo que un tratamiento correcto requiere".

khrónou ("tiempo"). Para luego afirmar en *Ley* 2.14-15: "primero de todo es necesario <*sc.* para adquirir el conocimiento médico> la disposición natural (*phýsios*). Pues cuando se obra en contra de la disposición natural, todo es en vano (*phýsios gàr antipressoúses, keneà pánta*)". En este último pasaje se establece que, para ser un verdadero médico, por un lado, se tiene que otorgar primacía a la *phýsis*; mientras, por otro lado, se tiene que actuar según las disposiciones naturales. En el pasaje de *Ley* 2.14-15, por su parte, *phýsis* remite a la disposición natural de los hombres que los "conduce hacia lo mejor" (Cf. Hipócrates, *Sobre la decencia* 4), es decir, aquellas capacidades que vienen de nacimiento para adquirir el conocimiento que permite aplicar la "técnica médica" (*iatriké tékhne*).

Su argumento es ejemplificado por medio de una analogía entre el médico y el agricultor (*Ley* 3.1-6). En dicho pasaje, mediante la metáfora agrícola, se aplican las condiciones del aprendizaje para ser médico que fueron establecidas en *Ley* 2.11-14. Werner Jaeger (1933: 285-286) considera que allí se utiliza la "trinidad pedagógica" establecida por los sofistas –*i.e.* naturaleza, enseñanza y hábito–, la cual habría sido aplicada por Plutarco en *Obras morales* 2A-B donde éste declara que conoce y utiliza la literatura antigua relativa a la educación. Friedrich Müller (1940: 94-96), en cambio, rechaza la asociación entre la analogía de Plutarco y *Ley* establecida por Jaeger, encontrando diferencias significativas entre ambos; concluyendo que la analogía entre educación y agricultura debió ser anterior a la sofística, lo cual no implica necesariamente que el texto de *Ley* tenga dicha antigüedad.

Las contraposiciones entre "por opinión de los demás" / "de nombre" y "de hecho" (*Ley* 1.7-10, 4.7-8), entre "ciencia (conocimiento)" y "opinión (ignorancia)" (*Ley* 4.7-8), así como entre "ser" y "parecer" (*Ley* 1.7-10) también son consideradas por varios especialistas como elementos "sofísticos", dado que son leídos, junto con la analogía entre agricultura y educación, en el marco de la contraposición, también considerada "sofística", entre *nómos-phýsis*. Sin embargo, como se puede observar, estas oposiciones son construidas a partir de la distinción *lógos-érgon* ("discurso"-"hecho"), la cual, como había señalado Heinimann (1945: 45), fue más antigua y popular que la antítesis *nómos-phýsis*. Estas oposiciones se construyen sobre la base de la distinción entre el "decir y persuadir a los demás de que se es *X"* y el *"hacer X"*, es decir, entre el no tener conocimiento, pero "parecer" que se lo tiene (ignorancia), y el poder ejercer la práctica por posesión del conocimiento. De modo que la utilización de estas oposiciones responde a una lógica que no necesariamente se equipara a la antítesis *nómos-phýsis*. Se podría objetar esta afirmación sosteniendo que la frase "cuando se obra en contra de la disposición natural, todo es en vano" (*phýsios gàr antipressoúses, keneà pánta*) está presentando a la *phýsis* como un elemento inviolable, conjeturando, a partir de que el autor señala como causa de la situación de la medicina en su época una deficiencia en la normativa de las *póleis*, que el *nómos* sería aquello que pretende contradecir a la *phýsis*; derivándose de ello que, el *nómos* es una sentencia vacua si no sigue los preceptos naturales. Sin embargo, cabe observar que la referencia al *nómos* como normativa de una *pólis* es repuesto a partir del contexto, mientras que el único término de la raíz *nom-* que aparece en el texto es la forma medio-pasiva del verbo *nomízo* ('tener por costumbre') en *Ley* 4.8. En dicho pasaje, el uso de este término busca reemplazar el valor otorgado a la *phéme* ("opinión de los demás") en la definición del *iatrikós* ("médico") (*Ley* 1.7-10), dándole un matiz normativo; por lo cual, la costumbre no es presentada como necesariamente opuesta a lo que dispone la naturaleza, sino, nuevamente, como un elemento que se complementa a esta. De modo que, si bien exigir su complementación significa que éstos pueden complementarse u oponerse, la antítesis es presentada como una posibilidad, no como una necesidad, es decir, no son considerados por definición dos elementos estructuralmente opuestos entre sí.

En este caso, al igual que en el tratado *Sobre los aires, aguas y lugares*, el marco conceptual en el cual se encuadra el uso de los términos *nómos* y *phýsis* no coincide con el de la interpretación clásica. Si bien hay un tratamiento de estos términos en un marco conceptual con un mayor grado de complejidad y que no necesariamente coincide plenamente con el de *Sobre los aires, aguas y lugares*, queda claro que está ausente el tratamiento del par *nómos-phýsis* en términos antitéticos, tal como lo plantea la interpretación clásica.

Sobre la dieta

En dos pasajes del tratado *Sobre la dieta* se hace referencia al par *nómos-phýsis*. En el primer pasaje (*Sobre la dieta*, 1.4) se afirma explícitamente "pues la convención es contraria a la naturaleza respecto de todo esto (*ho nómos gàr tê phýsei perì toúton enantíos*)", es decir, *nómos* y *phýsis* están "enfrentados" (*enantíos*); mientras que en el segundo (*Sobre la dieta*, 1.11) se dice: "Porque convención y naturaleza, con las que actuamos en todo, no andan de acuerdo, concordando (*nómos gàr kaì phýsis, oîsi pánta diapressómetha, oukh homológeetai homologeómena*)", es decir, no están acordando (*oukh homológeetai*). Sin embargo, se puede observar en ambos pasajes un eco del lenguaje heraclíteo. En el primer pasaje se afirma la oposición *nómos-phýsis* luego de plantear que:

> nacer y perecer es lo mismo; mezclarse y disgregarse, lo mismo; aumentar y disminuir, lo mismo; nacer y mezclarse, lo mismo; morir y separarse, lo mismo; cada ser frente a todos y todos frente a cada uno, lo mismo (*hékaston pròs pánta kaì pánta pròs hékaston toutò*), y nada de todo ello es lo mismo (*kaí oudèn pánton toutó*) (Hipócrates, *Sobre la dieta*, 1.4).

Como se puede observar comparte el uso de conceptos y la lógica de algunos fragmentos de Heráclito. Se puede observar la concordancia entre los pares de opuestos: "nacer"-"perecer" (*genésthai-apolésthai*), "mezclarse"-"disgregarse" (*xymmigênai-diakrithênai*), "aumentar"-"disminuir" (*auxethênai-meiothênai*), "nacer"-"mezclarse" (*genésthai-xymmigênai*), "morir"-"separarse" (*apolésthai-diakrithênai*) afirmando que son "lo mismo" (*toutò*), definiendo "lo mismo" como "cada ser frente a todos y todos frente a cada uno es lo mismo, y nada de todo ello es lo mismo" (*hékaston pròs pánta kaì pánta pròs hékaston toutò, kaí oudèn pánton toutó*). Esta estructura nos rememora algunos fragmentos de Heráclito. En el fr. 10 (DK) [=9D47, D90 (LM)]; por ejemplo, Heráclito dice: "Conexiones: entero no-entero, convergente divergente, consonante disonante: de todos uno y de uno todos (*ek pánton hén kaì henòs pánta*)", lo cual está estructuralmente en consonancia con el fr. 67 (DK) [=9D48 (LM)] donde afirma:

> El dios es: día y noche, invierno y verano, guerra y paz, saciedad y hambre; él toma diferentes formas, lo mismo que el fuego, que al

mezclarse con los sahumerios <sc. inciensos> es llamado según el aroma de cada cual de estos (<ò> *hokótan symmigêi thyómasin onomázetai kath' hedonèn hekástou*).

y con el fr. Fr. 88 (DK) [=9D68 (LM)] donde sostiene:

como <una> y misma cosa existen en nosotros: lo viviente y lo muerto, lo despierto y lo durmiente, lo joven y lo viejo: porque estas últimas cosas, al tornarse, resultan aquellas primeras, y aquéllas, al tornarse, <resultan> éstas (*táde gàr metapesónta ekeîná esti kakeîna pálin metapesónta taûta*).

Esta semejanza estructural en la lógica aplicada en este tratado junto con el uso del verbo *symmígnymi* presente tanto en el pasaje del *Corpus* como en el fr. 67 (DK) nos da una pauta del eco heraclíteo de la estructura. Algo similar ocurre en *Sobre la dieta* 1.11, donde la oposición *nómos-phýsis* se introduce luego de afirmar:

Todo es semejante siendo distinto (*pánta gàr hómoia, anómoia eónta*), convergente siendo divergente (*sýmphora pánta, diáphora eónta*), dialogante sin entrar en diálogo, poseedor de razón siendo irracional. Opuesto es el modo de ser de unas cosas y otras, concertándose entre sí (*hypenantíos ho trópos hekáston, homologoúmenos*).

Aquí se reitera, por parte del autor de este tratado, la semejanza estructural y el uso de algunos de los términos que utiliza Heráclito. El uso de *sýmphoros* y *diáphoros* en este pasaje nos remite al uso de los participios *sympherómenon* ("convergente") y *diapherómenon* en el fr. 10 (DK), los cuales, a su vez, coinciden con el uso dado a estos en el fr. 8 (DK) [=9D62 (LM)], donde afirma: "Lo que se opone es convergente (*symphéron*), y las cosas divergentes (*diapherónton*) tienen la más bella armonía. Y todo se genera según la discordia (*tò antíxoon kaì ek tôn kallíste harmoníe kaì gínesthai kat' érin*)" y en el fr. 51 (DK) [=9D49, R32, R90 (LM)] cuando dice "No entienden <sc. los hombres> cómo lo divergente (*diapherómenon*), sin embargo, converge (*symphéretai*) hacia sí mismo: pues, se trata de una conexión <o acoplamiento> basada en tendencias opuestas, como en el caso del arco o bien de la lira". La construcción antitética a partir del uso de los prefijos opuestos *sym-* y *dia-* en conjunción con un mismo tema recurrente –*pher*– se repite tanto en el tratado del *Corpus* como en los fragmentos de Heráclito[13]. El texto establecido por Miroslav Marcovich para el fr. 51 (DK) [=27 (Marcovich)], siguiendo la propuesta de Zeller, repone *symphéretai* a partir de la versión platónica[14]. Si, en cambio, seguimos la lectura sugerida por Diels y aceptamos *homológeei* en lugar de *symphéretai*, esto haría variar la interpretación del fragmento de Heráclito. Sin embargo, no refutaría el eco heraclíteo del pasaje del *Corpus hippocraticum* donde también se usa el participio *homologoúmenos*.

Los pasajes del tratado afirman la oposición *nómos-phýsei* en el marco conceptual de la armonía de los opuestos heraclítea. Sin embargo, ello no implica que esta oposición haya pertenecido al campo de intereses conceptuales de Heráclito y, por tanto, previa al siglo V a.C. Como el autor mismo afirma al comienzo del tratado: "…no vengo dispuesto a censurar lo que no se ha dicho acertadamente, sino que mi intención es confirmar con mi asentimiento lo que está bien entendido" (Hipócrates, *Sobre la dieta* 1.1]. De modo que, el tratado se propone recuperar los saberes adquiridos. Asimismo, el autor admite que esos saberes fueron adquiridos a través de escritos, tal como se evidencia en el uso insistente de *syngrápho*[15]. Robert Joly reconoce en este tratado una gran cantidad de referencias a escritores previos, tanto filosóficos como médicos (Joly 1984: 25-44). Esta situación convierte al tratado en un testimonio acerca de la extensión en el uso de la escritura

---

13   Mouraviev (2006: 16) sostiene que en el fr. 8, esta estructura le permite construir estructuras horizontales paradojales ligadas a estructuras verticales paralelas de sinonimia y antinomia: divergencia – armonía – discordia / unión – diferencia – generación). Sobre la autenticidad de este fragmento, ver Marcovich (1967: 99-100); Kirk (1975: 220-221); Colli (1977-80: III 137-138); Kahn (1979 [=2011]: 193), Robinson (1987 [=2003]: 80-81); Fronterotta (2013: 57-58).

14   Platón, *Banquete* 187a-b; *Sofista* 242d-e. Cf. Plutarco *Obras morales* 369B, 473F, 1026A; Porfirio, *El antro de las Ninfas de la "Odisea"* 29. En los manuscritos del texto transmitido por Hipólito, en cambio, se lee la forma corrupta *homológeein*, corregida por los editores a *homologeî* y seguida por la mayor parte de los editores de Heráclito. Mouraviev (2006: 63), considera que la versión de Hipólito es la más completa y literaria; mientras la versión de Platón en *Banquete*, las de Plutarco y la de Porfirio son variantes del fragmento. No obstante, considera el pasaje de *Sofista* como un fragmento diferente (F83B).

15   En el primer párrafo del libro I aparece en 6 ocasiones: *syngrapsánton* (122.1), *syngegraphénai* (122.2), *synégrapsan* (122.7), *syngraptéon* (122.8), *syngrápsanta, syngrápsai* (122.13). Asimismo, en el párrafo 67, a comienzos del libro III, se refiere a la imposibilidad de tratar por escrito la justa proporción de alimentos en la dieta, utilizando nuevamente el verbo *syngrápho*.

por ciertos sectores intelectuales. El autor se propone recopilar los saberes de su época acerca de la dieta, pero, como sostiene Werner Jaeger (1933: 816), sería injusto calificarlo de mero compilador. El objetivo del autor del tratado es recuperar, pero también sistematizar los saberes contenidos en escritos previos y avanzar respecto de ellos. Esto se debe a que el autor reconoce en los escritos previos una incapacidad conceptual a causa de que carecían de las herramientas retóricas para poder expresarlos correctamente. Por ello, este tratado no es una recopilación de conocimientos, sino un intento de articulación de doctrinas y saberes en el marco de un nuevo tipo de discurso: el médico.

La datación del tratado hipocrático hacia fines del siglo V a.c. o comienzos del IV a.c. es aceptada por gran parte de los especialistas[16], en tanto se coloca como *terminus post quem* el 420 a.c. debido a que el autor manifiesta conocer a Heráclito, Empédocles, Anaxágoras, Heródico y Protágoras; ello nos permite suponer que la articulación entre la oposición *nómos-phýsis* y la armonía de los opuestos de Heráclito es una construcción del autor del tratado. En virtud de ello, en una organización diacrónica de los testimonios, este tratado no puede ser considerado la primera formulación de la antítesis *nómos-phýsis*. De modo que, hablar de "influencia sofística" respecto del tratamiento de la cuestión en este texto, teniendo en consideración que es un tratado tardío respecto de la intervención intelectual de los llamados "sofistas", resulta difícil.

Consideraciones finales: acerca del modelo explicativo de la "interpretación clásica"

El análisis de estos pasajes nos permite poner el foco de atención en uno de los conceptos explicativos comúnmente utilizados en historia de las ideas: "influencia". En el caso de la interpretación clásica de la antítesis *nómos-phýsis*, la "influencia sofística" que se atribuye a la articulación conceptual de estos términos es argumentada en función de un modelo que retoma al concepto de *influencia* como factor explicativo.

En términos generales, se entiende por *influencia* a "<la capacidad de una cosa para> producir sobre otra <sc. cosa> ciertos

---

16   Cf. Jaeger (1933 [=2003]: 817-818); Kühn (1956: 80 n. 1); Diller (1952: 408); Mansfeld (1971: 25 n. 116); Kirk (1975: 26-28); Joly (1984: 44-49).

efectos", lo cual aplicado a personas significaría "ejercer predominio, o fuerza moral"[17]. Esta forma de conceptualizar una relación pone el acento en el *producir efectos*, es decir, remite a un modelo causal de explicación. El objetivo de la utilización de este concepto es explicar los cambios en el tiempo. Sin embargo, los elementos intervinientes en dicha influencia son definidos como características que perduran en el tiempo. Por este motivo, para el caso de algunos cuerpos físicos se asume que la relación de causalidad es posible gracias a que, entre los elementos intervinientes, existen propiedades compartidas que subyacen a la relación y que garantizan el *paso* del elemento *influyente* de uno a otro cuerpo.

Este modelo de causalidad física aplicado al caso de las "ideas" implica asumir que la *influencia* de las ideas de un autor a otro se sostiene por la conservación del *elemento influyente*. En la "historia de las ideas" este modelo muchas veces suele traducirse en términos fácticos: la causalidad es pensada como *contacto*, el cual se materializa en la lectura de un texto por el autor influido, el acceso a ejemplares de libros que transmiten ideas, el compartir espacios de saber comunes entre sí, el formar parte de los mismos círculos, es decir, la continuidad a partir de ciertos elementos materiales como garantía de la transmisión de ideas. Ahora bien, esto significa que la efectividad del modelo radica en la suposición de una estructura subyacente compartida por las partes intervinientes en el proceso de influencia, lo cual exige necesariamente al modelo la definición de dicha *estructura compartida*.

Podemos ubicar este tipo de aproximaciones en el marco establecido por el análisis de las "mitologías" de la historia de las ideas que realiza Quentin Skinner (1969: 25-27). Para este el estudio de las semejanzas entre términos o afirmaciones conlleva a una mitología, en tanto se suele otorgar a un autor las mismas intenciones que a otro de época posterior, como si hablaran de "las mismas cosas"[18]. De modo que, podemos sostener que el problema del modelo de explicación por influencia para la historia de las ideas

---

17   De modo semejante, en lengua inglesa el *Merriam-Webster* (online) define "influence" por "the power or capacity of causing an effect in indirect or intangible ways", mientras que en francés el *Dictionnaire de français Larousse* por "exercer sur quelqu'un, quelque chose une influence, une action"; lo mismo ocurre con el término alemán "beeinflussen" ("etwas beeinflussen bewirken, dass sich etwas [deutlich] ändert").

18   Skinner (1969: 25-27).

consiste en concebir la historicidad de los *fenómenos intelectuales* como sucesos dentro de un desarrollo secuencial y diacrónico de ideas que se mantienen como idénticas a sí mismas. Como se puede observar en los textos analizados del *Corpus hippocraticum*, la utilización de los mismos términos o estructuras sintácticas que otros autores no implica necesariamente estar diciendo o hablando de lo mismo. Ello se debe a que los textos implican una acción. En los procesos intelectuales la lectura de un autor y la escritura de un texto se realizan en una situación, abriendo así cada uno su propio horizonte de sentido. Por lo cual, la reiteración de un término o una estructura sintáctica no es una mera repetición, sino un acto intelectual que no se puede deducir ni inferir de condiciones previas y, por tanto, al ocurrir reconfigura el pasado, así como las posibilidades del presente y el futuro.

Por otra parte, queda abierta la cuestión respecto del adjetivo "sofístico" atribuido a dicha influencia, lo cual presupone un núcleo conceptual intencionalmente compartido por varios autores que no necesariamente estuvieron articulados entre sí, ni mucho menos conformaron un grupo social con una cierta unidad en torno a la pertenencia a una determinada identidad intelectual. Por este motivo, las explicaciones de la construcción antitética entre *nómos-phýsis* atribuida a estos pasajes como expresión fenoménica de una "influencia sofística" resultan insuficientes y poco operativas.

Bibliografía

Siglas

LM = Laks & Most (eds.) (2016)
DK = Diels & Kranz (eds.) (1958)

Referencias

Bornmann, F. (1978) "Zur Geryoneis des Stesichoros und Pindars Herakles Dithyrambos", *Zeitschrift für Papyrologie und Epigraphik* 31, 33-5.

Burnet, J. (1900-1907) *Platonis Opera: Recognovit Brevique Adnotatione Critica Instruxit*, Oxford.

Castagna, L. (1971) "Pindaro fr. 169 Sn.[3]: interpretazione e proposta di datazione", *Studi italiani di filologia classica* 43, 173-98.

Colli, G. (1977-80) *La Sapienza Greca*, vol. 3 "Heráclito", Milán.

Diels, H. y Kranz, W. (eds.) (1958) *Die Fragmente der Vorsokratiker*, 3 vols., Berlín.

Diller, H. (1952) "Hippokratische Medizin und Attische Philosophie", *Hermes* 80 (4), 385-409.

Ferrari, F. (1991) "Tre papiri pindarici. In margine ai frr. 52n (a), 94a, 94b, 169ª Maehler", *Rivista di filologia e di istruzione classica* 199, 385-407.

Fronterotta, F. (2013) *Eraclito*, Milán.

Gigante, M. (1956) ΝΟΜΟΣ ΒΑΣΙΛΕΥΣ, Nápoles.

Guthrie, W.K.C. (1969 [= 2003]) *Historia de la filosofía griega*, 6 vols., Madrid.

Heiberg, J.L. (1927) Hippocratis, *Lex*, en *Corpus Medicorum Graecorum*, vol. I.1, Leipzig-Berlín.

Heinimann, F. (1945 [= 1980]) *Nomos und Physis: Herkunft und Bedeutung einer Antithese im griechischen Denken des 5. Jahrhundert*, Basilea.

Hirzel, R. (1907) *Agraphos Nomos*, Abhandlungen der sächischen Gesellschaft zu Leipzig, philologisch-historische Klasse.

Jaeger, W. (1933 [=2003]) *Paideia: los ideales de la cultura griega*, México.

Johann, H.-T. (1973) "Hippias von Elis und der Physis-Nomos-Gedanke", *Phronesis* 18, 15-25.

Joly, R. (1970) Hippocrate, *De la génération*, en Œuvres Completes T. XI, París.

Joly, R. (1984) Hippocratis, *De diæta*, en *Corpus Medicorum Graecorum*, vol. I.2, Leipzig-Berlín.

Kahn, Ch. (1979 [=2011]) *The Art and Thought of Heraclitus*, Cambridge.

Kerferd, G.B. (1981) *The Sophistic Movement*, Cambridge.

Kirk, G.S. (1975) *Heraclitus: The Cosmic Fragments*, Cambridge.

Kühn, J.-H. (1956) *System- und Methodenprobleme im Corpus Hippocraticum*, Wiesbaden.

Kyriakou, P. (2002) "The Violence of *Nomos* in Pindar fr. 169ª'", *Materiali e discussioni per l'analisi dei testi classici* 48, 195-206.

Laks, A. & Most, G. (eds.) (2016) *Early Greek Philosophy*, 9 vols., Cambridge.

Littré, E. (1844) *Oeuvres complètes d'Hippocrate*, 9 vol., París.

Lloyd-Jones, H.J. (1972) "Pindar Fr. 169", *Harvard Studies in Classical Philology* 76, 45-56.

López Férez, A. (1975) "La idea de *phýsis* en Demócrito y su utilización en el *Corpus Hippocraticum*", *Cuadernos de Filología Clásica* (G) 8, 209-218.

Mansfeld, J. (1971), *The pseudo-Hippocratic Tract* ΠΕΡΙ ΕΒΔΟΜΑΔΩΝ, *ch. 1–11 and Greek Philosophy*, Assen.

Marcovich, M. (1967) *Heraclitus*, editio maior, Mérida.

Mouraviev, S. (1999-2011) *Heraclitea* III.3.B/iii, Sankt Augustin.

Müller, F. (1940) "Der Hippokratische νόμος", *Hermes* 75 (1), 93-105.

Ostwald, M. & Caplan, H. (1965) "Pindar, *Nomos*, and Heracles: (Pindar, frg. 169 [Snell²] *POxy*. No. 2450, frg. I): Dedicated to Harry Caplan", *Harvard Studies in Classical Philology* 69, 109-38.

Page, D. (1962) *Poetae melici Graeci*, Oxford.

Paton, W.R. et al. (1925-67) Plutarchi, *Moralia*, 7 vols., Leipzig.

Pavese, C. (1968) "The New Heracles Poem of Pindar", *Harvard Studies in Classical Philology* 72, 47-88.

Payne, M. (2006) "On Being Vatic: Pindar, Pragmatism, and Historicism", *American Journal of Philology* 127, 159-84.

Pohlenz, M. (1953) "Nomos und Physis", *Hermes* 81 (4), 418-438.

Robinson, T.M. (1987 [=2003]) *Heraclitus, Fragments. A Text and Translation with a Commentary*, Toronto.

Skinner, Q. (1969) "Meaning and Understanding in the History of Ideas", *History & Theory* 8 (1), 3-53.

Smith, A. (1993) Porphirius, *Fragmenta*, Stuttgart-Leipzig.

Snell, B. y Maehler, H. (1975-80) *Pindari Carmina cum fragmentis*, 2 vols., Leipzig-Stuttgart.

Treu, M. (1963) "ΝΟΜΟΣ ΒΑΣΙΛΕΥΣ: alte und neue Probleme", *Rheinisches Museum* (NS) 106 (3), 193-214.

Withington, E. T. (1928) Hippocrates, *On Wounds in the Head. In the Surgery. On Fractures. On Joints. Mochlicon*, Cambridge, MA.

LEY, EPISTOCRACIA Y MÍMESIS EN EL *POLÍTICO* DE PLATÓN

Pilar Spangenberg
Universidad Nacional de Rosario
Universidad de Buenos Aires

Es curioso el hecho de constatar que la tradición ubica a Platón como iniciador de dos posiciones antitéticas con respecto a la ley: algunos lo consideran un antecedente de la *rule of law*; otros, en cambio, un detractor de la ley y un referente de las posiciones decisionistas.

Si uno recurre a la obra platónica comprueba que ambas posiciones encuentran allí un sustento: en algunos contextos se desprecia la universalidad y la ceguera de la ley y se erige a un ciudadano excepcional, el portador de la ciencia política, en criterio último; y en otros, se defiende el imperio de la ley como condición esencial de la politicidad. Frente a estas divergencias de la posición platónica (como ante otras tantas tensiones a lo largo de su obra) en algunas ocasiones se recurre a un modelo evolucionista; en otras, en cambio, se pretende conciliar los diversos puntos de vista.

El *Político* es un diálogo que resulta especialmente complejo a la hora de determinar el valor que se le confiere a la ley. Allí se aborda la consideración del imperio de la ley en franca oposición al gobierno del verdadero político, aquel personaje que se aspira a definir a lo largo del diálogo y que es descrito como quien está en posesión de la ciencia política. El pasaje 291c-303d ofrece un complejo y por momentos zigzagueante análisis de tal oposición. Sobre la base del análisis de tal pasaje intentaré mostrar que una vía posible para disolver las tensiones que ofrece el texto es focalizar en la noción de *mímesis* que, en cierto modo, articula todo el tratamiento en torno a los regímenes de gobierno en su relación con la ley. En efecto, por un lado, el interlocutor principal, el Extranjero de Elea, despliega una crítica profunda de la ley, sobre todo frente al modelo de la justicia perfecta que encarna el verdadero político. Pero, por el otro, en ausencia de tal personaje presenta el recurso a la ley como una "segunda navegación" (*deúteros ploûs*), la segunda mejor alternativa frente al peligro que representan los gobiernos de los autócratas que carecen de la ciencia política. Intentaré mostrar justamente la dimensión dialéctica del análisis al que la cuestión del imperio de la ley es sometida y el modo en que la noción de *mímesis* logra articular la ley con el modelo ideal, de modo tal que, más allá de los vaivenes dialécticos que demanda la consideración de la ley, el texto resulta consistente.

Ofreceré inicialmente una contextualización del tratamiento de la ley en los pasajes mencionados, poniendo especial atención en la relevancia que asume en pasajes previos el recurso a la mímesis como la vía a partir de la cual cobra sentido el tratamiento del régimen ideal. En ese contexto haré una breve referencia al mito, en que desde mi punto de vista se adelanta un elemento relevante para pensar el vínculo que se establece entre el régimen ideal y aquellos gobernados por la ley. Luego, me referiré al pasaje 291c-303d mencionado para estudiar ahí sí la crítica que se ofrece de la ley y luego su recuperación como recurso necesario frente a la ausencia del verdadero político. Por último, antes de ofrecer unas breves conclusiones, haré referencia al antecedente que marca la *República* en relación con esta consideración compleja de la ley.

Comenzaré entonces por referir a la indagación propuesta por el Extranjero de Elea, en el marco de la cual se insertará el estudio del lugar de la ley. Recordemos que este personaje ya había hecho su aparición en el *Sofista*, diálogo que se presenta como inmediatamente anterior al *Político* desde el punto de vista dramático y en relación con el cual guarda una fuerte unidad en diversos aspectos[1]. Aquí, en el *Político*, el Extranjero intenta definir al verdadero político, aquel que cuenta con la ciencia real que exige

---

1   Tal unidad es tanto dramática como temática, metodológica y doctrinaria. La noción de *mímesis*, que tan central resultará para nuestro análisis, adquiere una importancia fundamental en ambos textos. Para un estudio de la relevancia de la noción de mímesis en *Político* cf. Palumbo (2018) en que la noción se aborda en sus múltiples dimensiones. En este trabajo, en cambio, pondremos el foco exclusivamente en el uso que de ella se hace en el plano político. En rigor, podría pensarse como una idea vertebradora en la medida en que se tome en cuenta su implicación en la noción de paradigma, la cual asume en ambos diálogos un rol central.

el gobierno de la *pólis*. Para definir tal ciencia, se vale de una serie de métodos[2]. En primer lugar, acude a la división dicotómica y alcanza una definición según la cual la política es el arte de apacentar hombres (258b-268d). Tal definición, sin embargo, entraña problemas para el Extranjero en la medida en que la noción de "pastor de hombres" puede aplicarse también a otras artes como la de los comerciantes, agricultores, gimnastas o médicos. Es por eso que recurre a un mito de carácter cosmológico (268d-274d) tendiente a mostrar que tal modelo pastoril no es propio de la era en que habitamos. El mito distingue dos eras: la de Cronos y la de Zeus. En la primera, el sol nace por el oeste y los hombres nacen de la tierra, el dios guía personalmente la marcha del mundo y su revolución circular y ejerce su autoridad directamente sobre el mundo todo. En esa era las divinidades secundarias ejercen su autoridad sobre el conjunto de seres vivos, reunidos en manadas (269c4-272d4). Es una era de felicidad y abundancia para los hombres en que no existen regímenes políticos en sentido propio: el dios ejerce un mando despótico sobre las criaturas. Hay allí una intervención divina directa sobre el mundo, que les brinda a los hombres todo lo que necesitan. Pero en un momento dado, alcanzado ya el plazo de tiempo establecido, el dios abandona el timón del mundo, lo cual ocasiona la irrupción del desorden junto con el inicio de la era de Zeus[3].

En esta segunda era el dios ya no apacenta a los hombres y el mundo queda librado a su suerte (272d4-274e1). Se produce entonces una revolución o inversión (*anakúklesin*, 269e2) en relación con el movimiento que el demiurgo le había conferido al cosmos. En esta era, los hombres deben cuidarse a sí mismos: puesto que

---

2   La aparición de este personaje en estos dos diálogos en tanto interlocutor principal supone importantes novedades también en lo concerniente a la ontología y, sobre todo, a la metodología. En ese sentido, la dialéctica practicada por el Extranjero en el *Político* exhibe una enorme complejidad y riqueza metodológica. Así, además de con la división dicotómica inicial, nos encontramos con el recurso al mito, al paradigma, a la metrética y a otro tipo de división que supone atender a las articulaciones naturales del objeto investigado. Al respecto cf. Smith (2018). Por otro lado, en relación a las fuertes diferencias entre esta propuesta política del Extranjero y la de Sócrates cf. Narcy (1995).

3   Con relación a la cantidad de etapas que son distinguidas en el mito cf. Brisson (1995), quien considera que son tres: la de Cronos, un período de caos intermedio y la de Zeus. Considero que los argumentos que Lisi (2004) opone a tal lectura son certeros.

el gobierno de los dioses sobre los hombres no existe más, los hombres deben asumir el poder político. Ya no nos encontramos frente a la crianza (*trophé*) que ejercían los dioses, seres superiores, sobre los hombres, sino al cuidado (*epiméleia*) de unos hombres en relación con otros (276d). Lo que me interesa marcar con relación al mito surge de los pasajes finales, en que el Extranjero describe el tiempo inmediatamente posterior al abandono de los dioses: en ese momento, el cosmos continúa llevando todo del mejor modo posible, ejerciendo el cuidado y la autoridad (*epiméleian kaì krátos*) sobre lo que contiene (podríamos pensar que así son mentados los hombres y las otras criaturas) y sobre sí mismo puesto que "recordaba (*apomnemoneúon*) en la medida de sus posibilidades las enseñanzas de su padre y creador" (273b). A medida que transcurre el tiempo y avanza el olvido, más se adueña del cosmos su condición de antiguo desorden, propio de su naturaleza corpórea.

El recuerdo, en consecuencia, supondrá una cierta imitación del orden anterior. Así se sugiere en 274d cuando se afirma que todo cuanto contribuye a la preservación de la vida humana ha surgido de los dioses y que una vez que ellos se ausentaron debimos cuidarnos nosotros mismos, como el cosmos todo, al cual imitamos y seguimos (*summimoúmenoi kaì sunepómenoi*) al vivir y crecer (274d). De modo que el hombre constituye una suerte de microcosmos que imita al cosmos, el cual, a su vez, según hemos visto, en la era en la que habitamos se guía por el recuerdo conservado del cuidado y la autoridad que se ejercían en la era de Cronos. Poco más adelante, sobre la base del mito se afirma que la definición brindada anteriormente del político como pastor de hombres no era adecuada porque refería al gobierno en la era de Cronos, no al que se ejerce en la era de Zeus en que habitamos. En efecto, según lo que se afirma en 275b-c, el rey y los políticos actuales no pueden parangonarse al dios puesto que, a diferencia de este último, guardan una relación de semejanza con sus gobernados, fundamentalmente en lo concerniente a su saber. Además, tal definición no explicaba el modo en que el rey gobierna la polis: en la era actual el gobierno supone el consentimiento de los gobernados, mientras que en la era de Cronos no era así, de modo que constituía un gobierno tiránico (276d-e). Más allá de los múltiples elementos de interés que ofrece el mito, querría subrayar que el cuidado que el hombre puede ejercer en esta era sobre sus pares, según surge del mito, responde al "recuerdo"de la era anterior que, de algún modo, habilita algún tipo de imitación con relación al modo de ejercicio de la soberanía por parte de Cronos. De modo que el orden y la racionalidad que pueden llegar a desplegarse en los regímenes de nuestra era, responden a la propia naturaleza racional del cosmos que le permite recordar la era pasada. Su propia naturaleza material, en cambio, determina su caída en el desorden.

Acorde con la ontología y la metodología que se despliega en el diálogo, en su búsqueda de la ciencia propia del político, el Extranjero intentará distinguirla de otros saberes que constituirán concausas (*sunaitíai*) o ciencias auxiliares para la ciencia política en la medida en que brindan o adquieren instrumentos que contribuyen al funcionamiento de la pólis: instrumentos, recipientes, soportes, protecciones, juegos, materiales y alimentos (287b-289c). Así, el Extranjero va distinguiendo una serie de oficios que no deben confundirse con la política, aun cuando resulten necesarios y auxiliares para ella. Luego se refiere a otros personajes que sí rivalizan con el político y se podrían llegar a confundir con él. Al último que intenta distinguir del auténtico político es al sofista, personaje "semejante a centauros, sátiros y otras bestias débiles pero astutas" que cambia rápidamente de características y aptitudes y que conforma un coro que maneja como ningún otro el arte de engañar. La tarea de distinguirlo del político no resulta fácil, según afirma el Extranjero (291c), justamente puesto que, podemos sospechar, se reviste de su aspecto. No debe perderse de vista que el sofista había sido definido en el diálogo homónimo como una imitación fraudulenta del sabio. Este carácter imitativo volverá a ser subrayado aquí al ser presentado como una imitación del verdadero político. Interesa resaltar un elemento que surge del tratamiento en torno a la imagen de *Sofista* 235d-236c y que puede contribuir a iluminar la noción de "imitación" que, según defiendo, en *Político* resulta central para comprender el rol que juega el modelo ideal en su relación con la ley. Allí, en *Sofista*, se distinguen dos tipos de imagen (*eídolon*): aquella que imita las proporciones del original y que no pretende hacerse pasar por el original mismo (*eikón*); y aquella que, por el contrario, no preserva las proporciones del original y oculta su carácter de copia (*phántasma*)[4]. El sofista, evidentemente, pertenece a esta última clase de copia e imita tanto al auténtico sabio como al auténtico político (que, en última instancia, podría ser considerado una clase de sabio). Esta consideración acerca de la naturaleza del sofista en tanto imitación del político es confirmada por el pasaje con el cual el Extranjero cierra el tratamiento en torno a su figura, luego de un periplo en torno a los regímenes de gobierno en su relación con la ley. Allí afirma:

> A quienes participan de todos estos regímenes políticos, excepción hecha del individuo que posee ciencia, hay que excluirlos, dado que no son políticos sino sediciosos (*stasiastikoús*) y, puesto que presiden las más grandes imágenes (*eidólon*), son ellos mismos eso, y por ser los más grandes imitadores y embaucadores (*megístous mimetàs kaì góetas*), son los más grandes sofistas de entre los sofistas (303b-c)[5].

El pasaje es especialmente complejo, puesto que, luego de haber reconocido la posibilidad de buenas y malas imitaciones del verdadero político, censura a todos aquellos que intervienen en los diversos regímenes efectivos por igual y les atribuye sin exclusión alguna el título de sediciosos. Los considerados usualmente políticos resultan así meras imágenes, imitaciones y embaucadores. En función de su carácter fraudulento son identificados entonces como grandes sofistas. Si bien aquí no se establece una diferenciación en tipos de imitación como la trazada en *Sofista*, uno podría suponer que, sin embargo, no toda imitación será condenada por igual en última instancia. Para ello es preciso ver en qué otras instancias interviene la noción de imitación y si en su interior se establece alguna clase de distinción paralela a la trazada en *Sofista* entre buenas y malas imitaciones.

La noción de imitación no sólo es relevante a la hora de definir al sofista y al político efectivo en tanto imitación fraudulenta del verdadero político: resultará fundamental también para entender tanto la relación que se establece entre la ley y la verdad, como aquella que guardan los diversos regímenes políticos y el ideal. Vayamos en primer lugar al examen de los regímenes políticos

---

4   En relación con estas consideraciones acerca de la imagen cf. Marcos (1995: 106-108), Palumbo (1994: 94), Dixsaut (2000: 296-297).

5   Utilizo aquí y en lo que sigue la traducción de Santa Cruz (1988) con modificaciones.

que ofrece el Extranjero en 291c. Para aclarar la naturaleza del sofista, el Extranjero establece en este punto una clasificación de los diversos regímenes políticos (*politeíai*) sirviéndose inicialmente del criterio de la cantidad (el gobierno de uno será la monarquía, el de unos pocos, la aristocracia y el de la multitud la democracia). Pero, señala, si nos atenemos a otros tres criterios que son la sujeción forzada o voluntaria, el nivel de pobreza o riqueza de aquellos que gobiernan y el hecho de que gobiernen con o sin leyes escritas se generan dos formas más, pues la monarquía se desdobla en reinado y tiranía y el gobierno de unos pocos, en aristocracia y oligarquía. La democracia, en cambio, no admite ese desdoblamiento: siempre supone un gobierno de la multitud sobre los ricos, más allá de si es forzado o aceptado voluntariamente y si se ciñe o no a las leyes.

Sin embargo, inmediatamente después de ofrecer tal clasificación, el Extranjero la desestima al establecer que se funda sobre criterios irrelevantes, pues el único criterio a tener en cuenta es si quien gobierna lo hace en posesión de la ciencia política o no. El gobierno real –ya había sido establecido– es una ciencia. Hay, en consecuencia, un único régimen auténtico y es el de aquel gobernante que lo hace en virtud de un saber. Puesto que, establece el Extranjero, la muchedumbre no es capaz de procurarse esta ciencia, el recto gobierno se debe buscar en unos pocos (uno solo o un número muy reducido). Lo único que cuenta es que las prescripciones respondan a una *téchne politiké*.

Ningún otro régimen político al margen del encabezado por el o los que saben, señala, es legítimo y, en rigor, habría que afirmar que ninguno constituye un auténtico régimen político. Y es en este contexto en que caracteriza a todo el resto de los regímenes como meras imitaciones: aquellos que imitan el régimen ideal con buenas leyes serán buenas imitaciones, mientras que aquellos que lo hagan con malas leyes serán malas imitaciones (293e). La noción de imitación adquiere entonces relevancia no solo a la hora de definir al sofista, sino también todos aquellos regímenes que no son el ideal. Pero aquí sí se establece una diferenciación entre buenas y malas imitaciones. En 294a se reconoce como evidente que la ciencia legislativa compete al arte real, pero lo mejor, sin embargo, es que imperen no las leyes, sino el hombre real dotado de *phrónesis*.

Frente a esta afirmación, el joven Sócrates no admite el hecho de que se pueda gobernar sin leyes y se hace eco de la opinión común entre los atenienses al sostener que es una afirmación que "resulta muy dura al oído" (293e). Es por eso que el Extranjero se aboca a mostrar los límites de la ley frente a la *phrónesis* de la que está dotado el verdadero político[6]. La principal deficiencia que le atribuye es que jamás puede abarcar lo mejor y lo más justo para todos y prescribir de ese modo lo mejor (*tò béltiston*) para todos. Sin embargo, señala el Extranjero, existen importantes diferencias entre los hombres, así como también entre las acciones, y el hecho de que nunca ningún asunto humano permanezca quieto impide que una *téchne* disponga nada simple que valga para todos los casos y en todo tiempo. Sin embargo, el gobernante se enfrenta a casos y circunstancias particulares que no se dejan aprehender por ningún universal: siempre son complejos y no pueden ser encuadrados en la simplicidad de la ley. Para exhibir los límites de la ley el Extranjero la compara con un hombre ignorante que no permite que nadie haga nada contra lo que él prescribió ni que se le haga cuestionamiento alguno (294b-c). Así, la ley que es algo simple, difícilmente pueda adaptarse a lo que nunca lo es (294c). De hecho, una noción que resultará clave a la hora de definir al auténtico político es la de *kairós*, término que Platón toma del ámbito de la retórica para referir al sentido de la oportunidad a través del cual el político deberá encontrar la acción precisa (o el momento preciso de una acción) en el escenario siempre inestable de los asuntos humanos[7].

Sin embargo, a pesar de estas críticas, el Extranjero reconoce la necesidad de la ley y trata de indagar en las razones de tal necesidad. Así, parece pegar un golpe de timón en su conside-

---

6   Sobre la importancia de la *phrónesis* en este tratamiento y el carácter anticipatorio de este en relación con la consideración aristotélica de la *phrónesis* cf. Sørensen (2018).

7   La noción de *kairós* aparece en cinco ocasiones en el diálogo. Especial relevancia tienen, según entiendo, la aparición ligada al arte de la metrética o justa medida, condición de toda ciencia y en particular de la política (284a), y sobre todo el pasaje de 305 c-d en que se afirma que "la ciencia verdaderamente real no debe actuar por sí misma, sino gobernar a las que tienen la capacidad de actuar, ya que ella, en lo que toca a la oportunidad (*enkairías*) o inoportunidad (*akairías*), conoce el punto de partida y la puesta en marcha de los más importantes asuntos de la ciudad, mientras que las demás deben hacer lo que les ha sido impuesto". Sobre la noción de *phrónesis* cf. Lane (1995: 279) y Rosen (1995: 156-168).

ración de la ley al proponer una nueva analogía, esta vez con un profesor de gimnasia que debe impartir sus órdenes de un modo más general, prestando atención a lo mejor en la mayoría de los casos y para la mayoría de las personas (294d-e). Al igual que tal profesor, el legislador comanda a los rebaños en lo que refiere a la justicia y los controles recíprocos en términos generales, sin atribuir con exactitud a cada uno lo que le conviene al establecer la ley siguiendo las costumbres tradicionales (295a). Puesto que no es posible que el legislador atienda cada asunto particular para ordenar con exactitud lo conveniente en cada uno, se recurre a la ley que prescribe lo que conviene en la mayoría de los casos. El Extranjero parece descartar así la posibilidad de un asesoramiento personalizado en relación con la acción individual al afirmar que no hay nadie capaz de pasarse la vida sentado junto a cada individuo prescribiendo con exactitud lo que le conviene en cada caso. Si existiera un personaje tal, no debería imponerse trabas a sí mismo escribiendo leyes. Sin embargo, esa posibilidad no existe (295b)[8]. Así, el Extranjero parece descartar la posibilidad misma de contar con un asesoramiento para los casos particulares, lo cual convertiría la principal limitación de la ley en algo inevitable.

El Extranjero ya ha reconocido que aun cuando la función legislativa compete al arte real, lo mejor no es que imperen las leyes, sino el hombre real dotado de *phrónesis* (234a). A partir de allí se ofrece una discusión relativa a las leyes escritas: se vuelve al ejemplo del médico o el maestro de gimnasia. Si ellos se ausentaran y pensaran que sus pacientes no recordarán sus prescripciones, se las dejarían por escrito (295c). Sin embargo, si volvieran antes y hubiera cambiado alguna condición en contra de lo previsto, en presencia y sobre la base de la observación directa del caso particular, podría considerar necesario sustituir lo prescripto oportunamente. No hacerlo sería ajeno al arte (295c-e). De modo que el buen ejercicio del arte supone la capacidad de lidiar no sólo con lo universal, sino también con lo particular, lo cual, según considera el Extranjero, no se deja apresar por completo en lo universal. Así,

---

8   A partir de estos pasajes, Rosen subraya el carácter inexistente del político de carne y hueso. Este no es más que la *phrónesis* misma. Por otro lado, considera que careciendo de la confianza de sus súbditos el rey genuino se reviste del manto de profeta, padre fundador o legislador y gobierna a través de las leyes del régimen o la constitución (1995: 161-162).

quien ha instituido las leyes también podría cambiarlas en caso de considerarlo necesario. Sobre esta base resulta claro que lo que está en juego no es el hecho de que el verdadero político se pueda servir o no de leyes –que, según lo afirmado en 295 resulta inevitable–, sino si en última instancia impera la *phrónesis* o la ley. Y la respuesta del Extranjero al respecto es tajante: impera la *phrónesis*.

Estas consideraciones dan inicio a un tratamiento en torno a la relación entre el arte (*téchne*), la ley y la persuasión que es central. En general, afirma el Extranjero, se dice que en caso de que alguien conozca mejores leyes debe cambiarlas, siempre y cuando persuada a su propia polis (296a). Sin embargo, establece, si no fuera a través de la persuasión sino de la fuerza (*bía*) que se impusiera lo mejor (lo más bello, bueno y justo) en beneficio de los gobernados y se obligara a los otros a hacerlo, no dejaría de ser un cambio positivo. De modo que el consentimiento de los gobernados resulta irrelevante en la medida en que se alcance el bien para ellos, aun cuando no se respeten los preceptos escritos. La violencia resulta entonces justa si es para alcanzar lo que es provechoso (296c-e). Así como el piloto sin establecer norma escrita alguna procura lo más provechoso para la nave y los navegantes y haciendo de su arte ley preserva la vida de estos últimos, el régimen recto procederá de quienes puedan ejercer la fuerza de su arte (*tèn tés téchnes rómen*) que es superior a la de las leyes. Este divorcio entre la *téchne* y la ley es fundamental: la *téchne,* según lo establecido, supone el ejercicio de la *phrónesis* que es justamente la capacidad de lidiar con las particularidades de cada caso. Es por eso que el Extranjero afirma que para quienes gobiernan con sensatez (*toîs emphrósin árchousin*) no hay error (*hamártema*) posible, son infalibles. La ley, en cambio, por su propio carácter universal no puede adaptarse a la singularidad. Quien gobierna con inteligencia y arte (*metà noû kaì téchnes*) será capaz de ofrecer siempre lo más justo a los ciudadanos, de salvarlos y hacerlos mejores de lo que eran en la medida de lo posible (297a-b)[9]. Se vuelve a referir implícitamente

---

9   Esta última es la función principal que Sócrates le asigna al político en el *Gorgias*: hacer mejores a los ciudadanos. En ese sentido, en tal diálogo él mismo se presentaba, no sin alguna provocación, como el único político ateniense, aun diciendo desconocer el camino al ágora. De modo que, en este punto, a pesar de las notorias diferencias entre las concepciones acerca de la política de Sócrates y del Extranjero de Elea, encontramos una continuidad central.

aquí al sentido de la oportunidad o *kairós* del que deberá ser portador el auténtico político, quien debe lidiar siempre con el cambio y la contingencia. La rigidez de la ley, en cambio, la vuelve ciega frente a lo particular.

Avanzado este tratamiento, el Extranjero vuelve a negar rotundamente la posibilidad de que una multitud adquiera el arte político, pues carece de inteligencia (*metà noû*), (297b-c y 300e). Es más bien en la unidad donde debe buscarse este régimen político recto. Esta afirmación parece ubicar entonces tal régimen dentro de las monarquías. Hasta aquí tenemos entonces la insistencia en negar la posibilidad de que sea la multitud la que se erija en criterio, ligada al hecho de negar el carácter imperante de la ley sobre la *phrónesis* (de uno o unos pocos), así como también la negativa de hacer de la persuasión el único medio a partir del cual determinar lo mejor. Y es aquí que reaparece una vez más la noción que interesa: los otros regímenes mencionados, afirma el Extranjero, serán considerados meras imitaciones (*mimémata*) del único régimen justo, el régimen ideal que, según afirmará en 303b, se separa de los otros "como dios de los hombres". Pero entre estos regímenes imitadores, señala el Extranjero, hay algunos que imitan el régimen ideal de la mejor manera y otros de la peor (298c), según había sugerido ya en 293e. Frente a esta afirmación el interlocutor del Extranjero, el joven Sócrates, le pide alguna aclaración y a eso el Extranjero responde que puesto que el único régimen recto es el descripto, "los demás sólo podrán salvarse si se sirven de los lineamientos (*sungrámata*) de aquel" haciendo lo que en la actualidad se aprueba que es el hecho de prohibir modificar las leyes a riesgo de enfrentar duros castigos (298e). Esta posibilidad frente a la ausencia del verdadero político es presentada como una opción peor que la del gobierno del que posee la ciencia, pero mejor que una tercera que es la de la modificación de la ley por parte de quien no sabe. La inmutabilidad de la ley se funda entonces en el temor a sufrir perjuicios en manos de quien no posee el auténtico conocimiento[10]. Así, el diálogo toma en consideración una gran dificultad política que surge no tanto de la imposibilidad de que la sabiduría alcance a todos los ciudadanos, sino del hecho de que

---

10   Sobre la centralidad del temor en el planteo político del Extranjero cf. Lane (1995: 290).

tampoco es sencillo reconocer a aquellos que sí lo son. Esto supone imponer un control sobre todos aquellos que ejerzan el gobierno de modo de no quedar sometidos a su arbitrio. Este temor justifica la institución de una ley rígida (escrita o no) a partir de la cual se podría establecer un sistema de elección de los gobernantes por sorteo que podrían gobernar un año para después ser juzgados por tribunales constituidos con el fin de hacerles rendir cuentas. Así, la rigidez de la ley se ofrece frente al riesgo de que los ciudadanos no reconozcan la sabiduría del verdadero político: resulta el medio para que los buenos gobernantes puedan dar a conocer, o al menos hacer respetar, aquello que es justo. El joven Sócrates le responde que difícilmente alguien admitiría ejercer el gobierno en tales condiciones. En esta situación, responde el Extranjero, se penalizaría la búsqueda del arte o de cualquier modificación al código escrito y, haciendo aparentemente una velada referencia a Sócrates afirma que "si se mostrase que persuadía a jóvenes o a ancianos contra las leyes y las normas escritas, se lo castigaría con las penas más severas" (299c). Si así se procediera, establece el joven Sócrates, cualquier arte quedaría destruido y la vida sería absolutamente intolerable. Sin embargo, lo lleva a reconocer al Extranjero que peor que esto sería el hecho de que quien gobierna no se sometiera a las leyes y gobernara en función de su propio provecho. Este sería un mal mayor que el anterior (300a-b). Hay algo peor entonces que el gobierno de la ley inmutable: el gobierno de quien no es sabio ni se subordina a la ley, quien "sin preocuparse por las normas escritas, por lucro o para lograr una satisfacción personal" intenta llevar a cabo acciones diferentes a las que establecen las leyes. Se produce así la existencia de una nueva clase de imitación: la de aquellos que saben por parte de quienes no saben. Estos últimos llevan a cabo una mala imitación en la medida en que imitan al verdadero político, pero sólo en el aspecto de su no subordinación a la ley, sin estar en posesión de la ciencia política. Por eso la imposibilidad de modificar la ley se abre como una segunda navegación (*deúteros ploûs*). De modo que aquí parece establecer un nuevo criterio en relación con la calidad de las imitaciones: los buenos regímenes ya no son como en 293e aquellos que imitan a través de buenas leyes, y los malos los que lo hacen a través de malas leyes, sino que los buenos serán aquellos que imiten el régimen recto a través de leyes y los malos los que prescindan de ellas o las modifiquen a su arbitrio. Sin embargo, enseguida se retoma lo establecido en 293e al volver a referirse a las leyes como imitaciones, pero esta vez de la verdad. En efecto, en 300c se afirma:

> Las leyes escritas por hombres que en la medida de lo posible (*eis dúnamin*) poseen el saber ¿no serían imitaciones (*mimémata*) de la verdad en cada ciudad?

La primera pregunta que surge de este pasaje es quiénes son aquellos que poseen este saber limitado y que imitan la verdad a través de las leyes en la medida de lo posible. No son los políticos auténticos que, en posesión de un saber, no deberán someterse a leyes, sino quienes poseen algún tipo de saber y, podríamos pensar, a través de las leyes intentan imitar aquello que el verdadero político determina en función de su propia inteligencia. Pradeau y Brisson (2003) consideran que con ellos el Extranjero refiere a aquellos que poseen un saber técnico determinado. Rosen (1995: 162), en cambio, que es el rey genuino aquel que conoce "en cierto modo": no pudiendo generar la confianza necesaria entre los ciudadanos, se reviste de ese rol. Podría pensarse entonces que el papel que podría asumir lo más cercano que hay al genuino político en el contexto de esta polis "precavida" es de legislador y consejero.

Otra cuestión que surge en relación con este pasaje es a qué estará refiriendo en este contexto la noción de "verdad", objeto de imitación de las buenas leyes. Entiendo que ella remite a lo bello, lo bueno y lo justo a lo que se hacía referencia en 296d, que es el objeto del saber del verdadero político y aquello que este pretende implantar en el alma de los gobernados[11]. La referencia que se hará poco más adelante al político efectivo del régimen que imita bien como portador de *dóxa* verdadera ofrece un fundamento para esta hipótesis. La verdad sería objeto de ciencia y es posesión del auténtico político. Los políticos imitadores, en cambio, pueden

---

11 Este no es el lugar para discutir qué carácter tienen aquí "lo bello, lo bueno y lo justo". Se ha encontrado una referencia a las ideas que no parece improbable en función de los tratamientos que reciben estas nociones en los diálogos de madurez. En ese sentido, determinar su estatuto en este diálogo involucra también el problema de la relación que se establece allí entre el político y el filósofo, tema que también ha sido vastamente discutido que tampoco podremos abordar aquí.

acceder a la *dóxa* verdadera que, aun cuando no puede aprehender la verdad al modo del modelo, apuntan en la misma dirección.

En cuanto a la modificación de la ley, el único que podría hacerlo legítimamente si lo considerara necesario sería el verdadero político. Quienes no estuvieran en posesión de la ciencia "tratarían de imitar lo verdadero, pero lo imitaría completamente mal" (300d). Si, en cambio, alguno lo hiciera a partir del arte, ya no constituiría una imitación sino lo que es verdadero por sí mismo (300e). Aquí el verdadero político se muestra entonces no como aquel que prescinde de la ley –necesaria, según hemos visto, en la medida en que no es posible para el verdadero político prescribir a cada uno qué debe hacer en cada caso–, sino como el buen legislador. La afirmación muestra claramente que la imitación puede ir aproximándose al original en la medida en que aquel que gobierna alcance un saber. Así, frente a la posiblidad de la emergencia del gobernante que no sabe y actúa al margen de la ley es que el recurso a esta es presentado como una segunda navegación, como el mejor plan en ausencia del verdadero político.

El Extranjero dispone entonces que para poder imitar lo mejor posible al régimen político verdadero (el de quien gobierna sobre la base de una *téchne*), quienes han recibido leyes no deben actuar jamás contra la letra escrita ni contra las costumbres tradicionales (301a). Ese será, según hemos visto, el criterio para distinguir los regímenes que realizan una buena imitación de aquellos que no. Los regímenes rectos serán entonces los que realizan una buena imitación, los desviados los que realizan una mala. De este modo, cuando los ricos imiten el régimen perfecto se hablará de "aristocracia", cuando no atiendan a las leyes de "oligarquía" (301a) y cuando un solo hombre gobierne de acuerdo a leyes, imitando así a aquel que posee la ciencia, se lo llamará "rey", sin usar un nombre diferente para el que ejerce la monarquía con ciencia y para aquel que lo hace con opinión, siempre y cuando gobiernen conforme a leyes (301a-b). Es de suma importancia esta distinción entre dos clases de monarquía: tanto el monarca que gobierna con ciencia como aquel que lo hace sobre la base de la *dóxa* verdadera, serán llamados "reyes". Esta afirmación nos da la pauta de que la ley es un recurso del político auténtico, aun en presencia. Sin embargo, resulta de alguna manera accesoria para el verdadero político, un medio para ejercer su soberanía, pero en la medida en que este puede modificarla o desatenderla cuando lo considere necesario en función de lo que su prudencia le indica, no se puede pensar en un imperio de la ley. El imperio es, en cualquier caso, del que sabe. De hecho, en 294a, al comienzo del tratamiento acerca de la ley, se había reconocido que la legislación (*nomothetiké*) forma parte de la función real, es uno de los medios de la autoridad real. La pregunta relevante, según hemos señalado anteriormente, es más bien qué vale más, si la prevalencia de las leyes o la del rey. Así, resulta claro que el auténtico político y las leyes no se excluyen. De hecho, el político sabio y el legislador serán identificados como uno y el mismo hombre en 309c-d.

Por otro lado, la referencia del Extranjero a la opinión verdadera ilumina, según entiendo, el modo a través del cual se produce la buena imitación con relación al régimen justo. De hecho, más adelante afirmará que la opinión verdadera con fundamento (*alethé dóxan metà bebaióseos*) sobre lo bello, lo justo y lo bueno y sus contrarios es algo divino que nace en una raza más que humana (309c). El pasaje no sólo parece reconducirnos al pastor divino de la era de Cronos, sino que además ofrece una definición del conocimiento en tanto *dóxa* verdadera con fundamento y nos informa cuál será el objeto acerca del cual gira lo opinión o el conocimiento del político: lo bello, lo bueno y lo justo. Según se afirma en 310a, son las leyes las que generan opiniones verdaderas en los caracteres dotados de nobleza y criados conforme a su naturaleza. De modo que la opinión verdadera acerca de los valores mencionados constituye, por un lado, el fundamento de la imitación correcta y, por el otro, aquello que generan las leyes en los gobernados. Así, ya sea que el gobernante esté en posesión de un saber o de una opinión con relación a tales valores, el efecto podría ser el mismo. Hemos identificado un elemento clave para entender la imitación que se alcanza a través de las leyes: la *dóxa* verdadera, por un lado, surgirá en la ciudadanía gracias al efecto educador de la ley. Y por otro lado, deberá encarnarse en las leyes escritas y las costumbres de la ciudad que imite debidamente al régimen ideal. Como en la era de Zeus, supondrá una cierta aproximación a lo bueno, lo bello y lo justo por vía de la imitación. En muchos contextos de la obra platónica cobra relevancia la distinción entre *epistéme* y *dóxa* verdadera. Si bien no siempre la relación entre ellas es presentada en los mismos términos, el modo en que se hace referencia hacia el final del diálogo al conocimiento como *dóxa* verdadera con fundamento *(bebaióseo)* nos reenvía a un planteo similar al del *Menón*, en que el plus del conocimiento en relación con la *dóxa* verdadera era denominado "atadura" *(desmós)* por ser aquello que sujetaba la opinión recta al alma para que esta no se escape. Esta atadura se alcanzaba al dar cuenta de la causa *(aitías logismós*, 98a). Debemos recordar también que allí en el *Menón* se establecía que en lo relativo a la *práxis* y a la utilidad, la dóxa verdadera y el conocimiento resultaban indiferentes: era posible llegar a buen puerto tanto en posesión de un auténtico conocimiento como de "un saber de oídas". Aquí parece sugerirse lo mismo: el político que imita el único régimen político auténtico puede alcanzar un buen gobierno. Lo que los distingue, se sugería en 296e, es justamente la infalibilidad de este último.

El Extranjero ya ha distinguido entonces la aristocracia de la oligarquía en función de su atención o no a la ley. Ahora opone al rey que se sirve de la ley y que gobierna conforme a las leyes y costumbres al tirano, aquel que, como el político verdadero, no se somete a las leyes y es por eso que lo imita, pero su imitación en cambio es guiada por la concupiscencia y la ignorancia (301c). Sobre esta base, el Extranjero puede volver a la clasificación de los regímenes políticos y distinguir de entre ellos el único que en rigor es tal, aquel en que se gobierna con virtud y ciencia. El resto es producto de la desconfianza de los hombres hacia quienes los gobiernan (301c-d). Si apareciera tal individuo dotado de ciencia, el gobierno sin lugar a dudas debería recaer en sus manos. Sin embargo, establece allí el Extranjero, es preciso disponer mecanismos para enfrentar la ausencia de tal personaje:

> Pero ahora que no hay aún –como, por cierto, decimos– rey que nazca en las ciudades como el que surge en las colmenas, un único individuo que sea, sin más, superior en cuerpo y alma, se hace preciso que, reunidos en asamblea, redactemos códigos escritos, según parece, siguiendo las huellas *(metathéontas tà* íchne) del régimen político más genuino. (301d-e).

A partir del análisis precedente, resulta claro que el hecho de "seguir las huellas del régimen político más genuino" implica imitarlo a través del recurso a la ley escrita según surge de 301a en que se afirma que los regímenes políticos deben servirse de ella "para poder imitar lo mejor posible" al único régimen político verdadero, aquel en que un único individuo gobierna apoyándose en un arte. Así, en ausencia del verdadero político, la ley debe primar.

Ahora bien ¿en qué sentido las leyes escritas imitan al régimen auténtico? Rowe (1995) sugiere que no podemos asumir aquí que aquello que se imita son las leyes de tal régimen. Es más bien el hecho mismo de ceñirse a ley en ausencia del gobernante lo que constituiría tal imitación. Recordemos que en 302d se contemplaba la situación de la ausencia del gobernante en el régimen ideal, caso en el cual los gobernados debían ceñirse también a la ley. Eso explicaría, según Rowe, en qué consiste la imitación en juego. La diferencia sería entonces que mientras en el caso del régimen ideal la ausencia del gobernante que está en posesión de la ciencia política es transitoria, en los regímenes actuales mencionados su ausencia es permanente. Según surge del análisis precedente, yo no creo que lo que imite la ley de los regímenes rectos respecto del régimen ideal sea el recurso a la ley en ausencia del rey que cuenta con el arte. Entiendo que la ausencia pasajera del verdadero político a la que remite el Extranjero no refiere a una dimensión accidental y temporaria como la del maestro de gimnasia o el rey que debe ausentarse, sino que es esencial y constitutiva de toda *práxis*. El Extranjero mismo señalaba, según hemos visto, que es imposible la presencia continua y ubicua del auténtico político que nos indique qué debemos hacer. El político no es el padre, siempre presente para fijar el camino. Entonces es a través de la ley que se encuentra la vía de acceder de alguna manera a lo bueno, lo bello y lo justo.

Otra importante lectura en relación con la cuestión de la imitación es la que ofrece Lane (1995). La autora considera que la afirmación según la cual la ley imita a la verdad no solo atañe a la buena imitación sino también al régimen ideal. De este modo, las leyes del régimen auténtico y las de los regímenes que la imitan bien no se distinguen en nada en cuanto al recurso a la ley. La única diferencia que se ofrece entre ellos responde al hecho de que mientras en el régimen auténtico existe la posibilidad de modificar la ley, en las imitaciones tal posibilidad está vedada. Así, en relación con la posibilidad de modificar la ley se abren tres opciones, según considera la autora: rechazar tal posibilidad (es la imitación correcta); modificarla sobre la base de la ignorancia (los regímenes que imitan mal) y modificarla sobre la base de un conocimiento (el auténtico régimen recto). Según señala, el tipo de imitación del que se sirve Platón se distingue de los usos que hace en todo el resto de los diálogos en la medida en que acá no responde al patrón del modelo y la copia. Por el contrario, siendo que el modelo y la copia tienen que ver en el resto de la obra platónica con lo que permanece frente a lo variable y que acá ese modelo se invierte (puesto que la debilidad de la ley pasaba justamente por su permanencia y rigidez), no es posible pensar en la imitación recurriendo a tal modelo. No acuerdo con la lectura de la autora. Considero, en cambio, que ese esquema de modelo-copia sigue presente y es fundamental para pensar en qué sentido el régimen auténtico opera como ideal y la forma en que las imitaciones pueden aproximarse o no a tal modo. La estabilidad de las ideas que siempre operan como modelos o paradigmas en la obra platónica nunca supuso la mera aprehensión de una máxima o ley universal que podría volcarse idéntica a determinar el rumbo de acción en los casos particulares. En *República* 331c ha quedado establecido que el conocimiento de lo justo, por ejemplo, que sin duda entraña el conocimiento de la idea, no puede volcarse en la forma de una ley que, como en este caso, en su universalidad ignora las circunstancias: dar a cada uno lo suyo, por ejemplo, puede no ser lo correcto si de lo que se trata es de devolverle sus armas a un hombre que no está en sus cabales. Contar con el conocimiento del modelo –de la idea, en el caso de *República*– no implica entonces aprehender un universal a aplicar en casos particulares, sino contar con el criterio a partir del cual juzgar en cada caso particular de acuerdo con las circunstancias. En este sentido, el mismo modelo sigue aplicándose aquí. La sabiduría no podrá entenderse nunca en términos de la aprehensión de alguna instancia de carácter teórico y proposicional, sino más bien como la posesión de una cierta destreza que involucra la capacidad de lidiar correctamente con lo particular[12]. En ese sentido, considero

---

12 En relación con la complejidad de la noción de bien en *República*, cf. González (1998: 212-216), quien a su vez retoma en parte la posición de Wieland (1991) según la cual lo bueno para Platón no tienen un objeto de carácter teórico proposicional, sino que apunta a una instancia que regula nuestro uso de todo conocimiento. En definitiva, es un saber de uso. Esto, evidentemente, se condice muy bien con la concepción de la política que se despliega en este diálogo, en que tal ciencia será definida justamente

factible que aquello a imitar en este caso sea, según he sostenido, lo bueno, lo bello y lo justo a lo que refiere el Extranjero en diversos contextos. Aun cuando en los regímenes imitativos tales modelos no puedan ser aprehendidos al modo de un conocimiento en sentido propio, sí es posible alcanzar una *dóxa* verdadera que se plasmará y se reproducirá en la ley, la cual supondrá justamente una cierta la imitación de tal modelo.

El hecho de que todo régimen efectivo no sea más que una copia y que todo régimen que imite bien se asuma como tal supone que, aun cuando conserva los mismos objetivos que el régimen ideal, es consciente de sus límites. Los regímenes desviados, en cambio, intentan hacerse pasar por el original en la medida en que pretenden negar la distancia respecto al régimen ideal y eludir así toda ley como el caso del político auténtico. Se revisten entonces del aspecto de este último, pero no poseen los ideales de justicia que guían al verdadero régimen.

Otro tema a tener en cuenta es que mientras en el resto de las artes el recurso a la ley implicaría su ruina, el Extranjero afirma que sorpresivamente muchas de las *póleis* que se sujetan a la ley sobreviven, inclusive algunas son estables (*mónimoi*) y fuertes (*ischurón*) (302a). De modo que la analogía con el resto de las artes no es total.

Poco más adelante el Extranjero ofrece una reflexión que muestra la importancia central que asume en este diálogo el estudio de los regímenes efectivos, no perfectos, al preguntarse en cuál de los regímenes que no son rectos es menos difícil vivir. Y afirma allí: "quizás todo lo que hacemos lo hacemos, a fin de cuentas, precisamente en virtud de esto", es decir de determinar en cuál de los regímenes políticos efectivos es menos difícil vivir (302b). Así, mientras en *República* el foco estaba puesto justamente en el modelo, en el régimen ideal, en estas páginas de *Político* el foco se dirige en cambio a los regímenes efectivos y al vínculo que los liga al régimen ideal (y en virtud del cual, en última instancia, asume relevancia también el estudio del modelo)[13]. En ese sentido,

---

como aquella que no actúa por sí misma sino que gobierna a todas las otras que sí tienen la capacidad de actuar, como la retórica, el arte militar y el judicial.

13   En los párrafos finales de este trabajo intentaré mostrar justamente que las consideraciones en relación con la ley no son esencialmente diversas en *República* y *Político*. La diferencia, según creo, está más bien en aquello que se enfoca en cada

la noción de imitación y el modo en la cual esta es comprendida resultan fundamentales. Sobre esta base el Extranjero retoma entonces a la distinción de regímenes según la cantidad: el ejercido por uno, por pocos y por muchos, pero esta vez cada uno de estos es seccionado en dos según si se someten a las leyes o no. De modo que los regímenes serán siete: aparte del único régimen recto, se darán los otros seis de acuerdo con el doble criterio mencionado de la cantidad y la atención o no a la ley. El mejor régimen, es claro, será el del monarca sabio; luego vendrán la aristocracia y la democracia (que atiende a la ley), posteriormente aquella democracia que no atiende a la ley, la oligarquía y, por último, la tiranía. El régimen auténtico es ubicado aparte de todos los regímenes políticos "como un dios frente a los hombres" (303b). Esa distancia entre el régimen ideal y el resto, según hemos visto, no implica un quiebre: si bien la distancia es infranqueable, este régimen opera como modelo para todos aquellos rectos y la imitación se produce, justamente, a través de la ley. De hecho, no resulta del todo claro si el régimen ideal es visto por el Extranjero como efectivamente realizable o si su lugar es justa y exclusivamente el de un modelo[14].

Antes de finalizar me gustaría hacer una breve mención a la cuestión de la ley en *República*, para señalar que si bien en tal diálogo las consideraciones que a ella atañen resultan laterales, es posible encontrar allí un antecedente de la postura compleja o matizada acerca de la posición de la ley que hemos encontrado en el *Político*. Recordemos que el modelo propuesto en *República* estaba asociado a la defensa de una nueva aristocracia (no la de la cuna ni la de los ricos, sino la de los más virtuosos que, desde el punto de vista que defiende Sócrates en el libro V, no pueden ser otros que los filósofos). Este programa, el de la epistocracia, suponía, claro, rechazar por completo cualquier límite que se le impusiera a la clase de los filósofos gobernantes. Esta gobernará en favor de todos, sacrificando aún los intereses privados de aquellos

---

caso: mientras que en *República* el foco se pone en el modelo, aquí en *Político* se pone en las imitaciones.

14   Así lo interpretaba, por ejemplo, Rosen (1995: 149), quien considera que en rigor el verdadero político ni siquiera es un hombre sino la *phrónesis* misma. El *nómos* entonces, desde su punto de vista, es la mejor imagen de la *phrónesis*. Frente a esta posición cf. Rowe (1995) y Lane (1995), quienes consideran que el Extranjero en ningún momento descarta la posibilidad de la emergencia de tal hombre excepcional.

llamados a gobernar –recuérdese que, en el contexto de la alegoría de la caverna, el filósofo que contempla la realidad en sí era obligado a descender a la caverna (519d-520c), por no mencionar las arduas condiciones a las que es sometido en relación con la propiedad (416d-417a), por un lado, y con la familia (424a), por el otro, con el claro objetivo de crear una comunidad de placer y dolor en que todo el cuerpo político se complazca y padezca por idénticas causas.

En este contexto de la *pólis* ideal esbozada por Sócrates, la ley era considerada superflua. Si el ciudadano era adecuadamente educado resultaba innecesario legislar en lo relativo a los contratos y las cuestiones del mercado, así como también con relación a los buenos modales. A través de la educación impuesta a los guardianes, cada uno de ellos adquirirá los valores que guiarían el accionar virtuoso en cada caso. Sócrates establecía así que en cualquier contexto la ley resulta inútil: en el marco de la pólis en que los valores no priman, la ley no será respetada; mientras que en el contexto de aquella en que tales valores se impongan desde la infancia, lo dispuesto por la ley se habrá adquirido y será respetado por los ciudadanos en razón de la educación recibida:

> Yo no pensaría que es necesario que el verdadero legislador se ocupe de esta clase de leyes o de la organización política, ni en una ciudad mal gobernada ni en una bien gobernada. En la primera porque es inútil y no lograría nada, y en la otra porque cualquiera podría descubrir algunas de ellas y las demás se siguen automáticamente de las prácticas previas (427a)[15].

Frente a este panorama de claridad meridiana relativo al lugar marginal de la ley en el contexto de *República* me gustaría señalar dos notas: en primer lugar, no debemos perder de vista el rol paradigmático que, de acuerdo con el mismo Sócrates, adquirirá el modelo esbozado: "por naturaleza la verdad se ajusta más al *lógos* que a los hechos" (473a), afirmaba el filósofo, de modo que habría que evaluar esta prescindencia de la ley en el contexto de la *pólis* efectiva que, aun asumiendo el modelo allí presentado y habiendo impuesto una educación como la descrita, difícilmente

---

15 Traducción de Divenosa y Mársico (2005).

pueda lograr un accionar virtuoso en todos los casos[16]. Al respecto en 590de se establecía:

> Para cualquiera es mejor ser gobernado por alguien divino y sensato, especialmente si tiene en sí como propio este principio [de carácter divino]; y si no lo tienen, es preferible ser gobernado desde afuera para que todos estemos en lo posible en las mismas condiciones y seamos amigos, dado que estaríamos guiados por el mismo principio.

Tal principio de carácter externo es justamente la ley: "Λ csto apunta la ley, que es aliada de todos en la ciudad, así como también el gobierno de los niños, en cuanto no les permitiremos ser libres hasta haber implantado en ellos una organización política tal como en la polis" con el objetivo de que estos hombres se conviertan en gobernantes y guardianes de la ciudad (590e). De modo que la ley adquiere, en ausencia de tales hombres excelentes, un lugar fundamental y propician a través de la educación la emergencia de personajes regidos por la razón aptos para el gobierno[17].

En segundo lugar, habría que evaluar también el estatus de todas las disposiciones elaboradas por Sócrates, por un lado, y aquellas que deberán establecer los gobernantes de esta bella pólis. Es claro que la ley no es concebida por Sócrates como el resultado de la voluntad general y menos de la popular. Pero sí tiene un alcance universal. En este sentido, la *República* constituiría en sí misma un cuerpo de leyes capitales que establecerían las normas básicas a partir de las cuales se regirá la pólis toda. En este sentido, se podría pensar que allí el verdadero legislador es Sócrates y las leyes máximas son las esbozadas por el filósofo.

Conclusiones

En definitiva, en lo relativo al *Político* hemos visto que la imitación es una noción vertebradora en este diálogo y caracteriza diversos vínculos: aquel que guarda nuestro mundo frente al

---

16   De hecho, si nos atenemos a las cartas de Platón, en los casos efectivos en que este tuvo la oportunidad de intentar llevar a la práctica su proyecto político el respeto a la ley se impuso como medular.

17   En relación con la cuestión del imperio de la ley en la obra platónica en general cf. el clásico trabajo de Morrow (1941), que fue quien defendió la importancia de la noción en el pensamiento platónico, sobre todo atendiendo a las *Leyes*.

orden perdido de la era de Cronos, el del sofista frente al político, el del tirano frente al verdadero político, el de los diversos regímenes políticos efectivos frente al único genuino. Así, juega un rol central para explicar el recurso al régimen ideal a la hora de tratar los regímenes efectivos. Las "imitaciones virtuosas", por llamarlas de algún modo, se dan a través de buenas leyes y apuntan en última instancia a lo bello, lo bueno y lo justo. Mientras el verdadero político conoce tal verdad, los políticos efectivos, en cambio, alcanzan en el mejor de los casos una *dóxa* verdadera acerca de ella, si bien apuntan en una misma dirección. La opinión verdadera acerca de estas cosas no solo constituye el fundamento de la imitación correcta, sino también el efecto de la ley sobre los gobernados. Así, según hemos visto, los políticos imitadores copian las huellas del único régimen genuino a través de la ley, de modo que aun cuando el Extranjero establezca una serie de notas que exhiben sus límites, presenta a la vez las condiciones que hacen de ella la herramienta política más adecuada en ausencia del verdadero político. Hemos intentado mostrar que en *República* se sugería una propuesta similar. En efecto, en uno y otro diálogo la ley es presentada como el mejor sustituto del verdadero político al prescribir lo que conviene en la mayor parte de los casos y acercarse de algún modo –via *dóxa* verdadera– a lo bueno, lo bello y lo justo[18]. El régimen ideal opera entonces "como un dios frente a los hombres" con toda su potencia paradigmática: solamente recurriendo al instrumento mimético de la ley la ciudad efectiva puede esperar alcanzar alguna excelencia. Así, si bien la distancia es insalvable, la imitación habilita un vínculo que le otorga sentido al tratamiento del modelo a la hora de tratar acerca de los regímenes efectivos.

Bibliografía

Burnet J. (1900-1907) *Platonis Opera*, Tomus I-V, Oxford.

Brisson, L. (1995) "Interprétation du mythe du *Politique*", en C. J. Rowe (ed.), *Reading the Statesman: Proceedings of the III*

Symposium Platonicum, Sankt Augustin, 349-74.

Brisson, L. y Pradeau, J-F. (2003) Platon, *Le Politique*, Presentation et traduction, París.

18   Al respecto cf. Brisson y Pradeau (2003: 54).

Dixsaut, M. (2000) *Platon et la question de la pensée: études platoniciennes*, Volumen 2, París.

González, F. (1998) *Dialectic and Dialogue: Plato's Practice of Philosophical Inquiry*, Evanston.

Lane, M. (1995) "A New Angle on Utopia: The Political Theory of the *Statesman*", en C.J. Rowe (ed.), *Reading the* Statesman: *Proceedings of the III Symposium Platonicum*, Sankt Augustin, 276-91.

Lisi, F. L. (2004) "El mito del Político", Études platoniciennes I, 73-90.

Marcos, G. E. (1995) *Platón ante el problema del error. La formulación del* Teeteto *y la solución del* Sofista, Buenos Aires.

Morrow, G. R. (1941) "Plato and the Rule of Law", *Philosophical Review* 50 (2),105-26.

Narcy, M. (1995) "La critique de Socrate par l' Étranger dans le Politique", in C. J. Rowe (ed.), *Reading the Statesman: Proceedings of the III* Symposium Platonicum, Sankt Augustin, 227-35.

Palumbo, L. (1994) *Il non essere e l'apparenza: Sul* Sofista *di Platone*, Nápoles.

Palumbo, L. (2018) "Mimesis in the *Politicus*" en B. Bossi y T. Robinson (eds.), *Plato's Statesman revisited*, Berlin- Boston.

Rosen, S. (1995) *Plato's* Statesman. *The Way of Politics*, New Haven-Londres.

Rowe, C. J. (1995) *Plato:* Statesman. *Translation and Commentary*, Warminster.

Rowe, C. J. (1995b) (ed.), *Reading the* Statesman: *Proceedings of the III Symposium Platonicum*, Sankt Augustin.

Santa Cruz, M. I. (1988) El *Político* de Platón, Introducción, traducción y notas en Platón, *Diálogos* V, Madrid.

Smith, C. C. (2018) "The Groundwork for Dialectic in *Statesman* 277a-287b", *The International Journal of the Platonic Tradition* 12, 132-150

Sørensen, A.D. (2018) "Political office and the rule of law in Plato's *Statesman*", *Polis* 35 (2), 401-417.

Wieland, W. (1991) "La crítica de Platón a la escritura y los límites de la comunicabilidad", *Méthexis* IV, 19-37.

ORIGEN Y CAUSA DE LA COMUNIDAD POLÍTICA EN MARSILIO DE PADUA

Jazmín Ferreiro
Universidad Nacional de General Sarmiento
Universidad de Buenos Aires

Apartir del siglo XIII, y como respuesta teórica al enfrentamiento entre el papado y los poderes seculares, se desarrollan un conjunto de tratados que exponen el origen del gobierno, su fundamento, su poder y sus límites. Frente al poder eclesiástico que reclamaba para sí la llamada *plenitudo potestatis*, se promueven una serie de tratados políticos de carácter publicista, es decir, escritos de circunstancia. Muchos de los escritos de la época, entre ellos el *Tractatus de potestate regia et papali*, de Juan de París, el *De Ecclesiastica potestate*, de Egidio Romano, el *Defensor Pacis*, de Marsilio de Padua, y el *De Monarchia* de Dante –aunque respondiendo a diversas situaciones históricas–, pueden comprenderse dentro del género *"pièces d'occasion"*.

Dos textos de particular importancia fueron producidos en este contexto: la *Monarchia* de Dante Alighieri (*c.* 1313) inspirada en Enrique de Luxemburgo, y el *Defensor pacis* (*c.* 1324) de Marsilio de Padua, quien se unió a Luis de Baviera ofreciendo fundamentos teóricos en contra de las pretensiones de Juan XXII[1].

---

1 Después del interregno de 1250-72, Rodolfo de Habsburgo fue elegido emperador con el apoyo papal, y lo sucedió Adolfo de Nassau (1291-98), quien fue depuesto a favor de su hijo, Alberto de Austria (1298-1308). A Alberto le siguió Enrique de Luxemburgo (1308-13). Luego de su muerte, Luis de Baviera y Federico de Austria reclamaron para sí la Corona. Luis derrocó en la batalla de Mühldorf (1322) a Federico, pero el papa Juan XXII no lo reconoció como emperador, prolongando la disputa hasta la muerte de Luis, sucedida en 1347. Mientras que, en términos generales, Rodolfo de Habsburgo, Alberto y Federico de Austria eran aliados del papado abandonando las ambiciones imperiales; Adolfo de Nassau, Enrique de Luxemburgo y Luis de Baviera aspiraban a una monarquía fuerte, enfrentándose con el papado. El *Defensor pacis*

En el presente texto se analizará la argumentación de Marsilio en su tratado *El Defensor de la paz,* especialmente en cuanto se dirige a fortalecer la autonomía del orden político a partir de la explicación de su origen y de sus causas.

Intención y metodología del *Defensor de la paz*

El *Defensor de la Paz* tiene como propósito refutar la doctrina de la *plenitudo potestatis* papal, a la que se refiere en los términos de una cierta *opinio perversa* que debe ser desenmascarada. En efecto, Marsilio llama la atención sobre cierta *opinio perversa,* sobre cierto sofisma, causa de la discordia entre los hombres. La intención del tratado es ofrecer una demostración que exponga la naturaleza de tal sofisma para poder así restituir la paz y la tranquilidad.

El primer capítulo ofrece los elementos de una introducción: reconstruye el contexto en el que se inserta la problemática a tratar, y expresa su posición en el conflicto histórico a través de su dedicatoria a Luis de Baviera. Presenta el propósito del tratado, así como la división del mismo y la metodología utilizada. Con una cita de Casiodoro sintetiza los elementos que se irán desplegando a lo largo del tratado:

> Así, a todo reino ha de ser deseable la tranquilidad, en la cual los pueblos progresan y se asegura la utilidad de las naciones. Pues ésta es la madre hermosa de las buenas artes. Ésta multiplicando, con una sucesión renovada, el género de los mortales, ensancha sus dominios y apura sus costumbres. Y se muestra tan ignorante de tan altas cosas quien no se ocupó nada en buscarlas[2].

---

fue concluido en París junto a Juan de Jandun 1324. En 1326 ambos debieron huir de París y se refugiaron en Nuremberg bajo la protección de Luis de Baviera. La producción intelectual de Marsilio fue motivada por un interés de carácter práctico: pretendió dar respuestas teóricas a circunstancias históricas. Esto puede verse tanto en la intención del *Defensor Pacis* de oponerse a las pretensiones papales como en la redacción del *De iurisdictione imperatoris in causis matrimonialibus,* con los que pretendió servir al emperador en dificultades de orden práctico que exigen una justificación de orden teórico. En el primer caso su ataque se refiere a "pretensiones específicas de eclesiásticos específicos". Ver Copleston (1971: 169).

2 *"Omni quippe regno desiderabilis debet esse tranquillitas, in qua et populi proficiunt, et utilitas gencium custoditur. Hec est enim bonarum Artium decora Mater. Hec mortalium genus reparabili successione multiplicans, facultates protendir, mores excolit. Et tantarum rerum ignarus agnoscitur, qui eam minime quesisse sentitur".* Marsilius von Padua, *Defensor pacis,* ed. Scholz, Hannover, 1932 (= *DP*). *DP,* I.

La *tranquillitas* –o lo que se presenta a continuación como sinónimo de la misma: la paz– se ofrece como marco para el progreso y la multiplicación del género humano. Marsilio apoya la interpretación de Casiodoro en numerosos pasajes bíblicos, anticipando una característica del tratado: la intención de probar la misma tesis desde dos enfoques distintos: a partir de demostraciones racionales y a través de una correcta interpretación de pasajes bíblicos. Según Marsilio, la tranquilidad y la paz se vieron interrumpidas por cierta causa de discordia excepcional. A lo largo del tratado se destacará en numerosas ocasiones la condición histórica de tal causa que, precisamente por ser histórica, no pudo nunca ser advertida por los pensadores y filósofos de la antigüedad.

Marsilio traza un recorrido histórico acentuando las condiciones de vida del reino itálico antes y después del surgimiento de dicha *opinio perversa*. En esta reconstrucción, recupera como ideal de vida más perfecta la que se realizaba en los tiempos en los que los habitantes del reino itálico gozaban de la paz en tal modo que "llegaron a someter a su imperio toda la tierra habitable"[3]. En estos términos la extensión del dominio imperial es evidencia del buen ordenamiento político y de la presencia de la paz, porque sólo en el marco de la paz y la tranquilidad es posible el progreso de los pueblos. Mientras que la paz hace posible el progreso de los pueblos, la discordia lo impide, privando a los hombres de la vida suficiente. Las causas de los conflictos del orden civil fueron señaladas por "el eximio entre todos los filósofos de la ciencia civil", Aristóteles[4]. Sin embargo existe una causa de discordia muy singular, que, por su condición histórica, no pudo ser conocida por éste[5]. Marsilio observa que Aristóteles, habiendo señalado

---

1, 1. La traducción citada corresponde a Marsilio de Padua, *El defensor de la paz*, estudio preliminar, trad. y notas de Luis Martínez Gómez.

3   *DP*, I, 1, 2.

4   "*Cuius quidem atsi cause primitive sint plures et coniunctenon pauce, quas solitis modis evenire possibiles, philosophorum eximius in civilis sciencia omnes fere descripsit...*" *PD*, I, 1, 3.

5   Marsilio llama la atención acerca de la originalidad de su tratado, directamente vinculado a la condición histórica de la doctrina a la que se enfrenta: "esta causa ni Aristóteles ni otro de los filósofos de su tiempo ni anterior pudo ver en su comienzo y en su forma" *DP*, I, I, 3; "Pero de esta que ni Aristóteles alcanzó a ver ni después de él ninguno, aunque lo pudiera". *DP*, I, I, 7. Es posible encontrar también en la *Monarchia* de Dante una pretensión de originalidad ausente en los *specula principum*. En las primeras líneas de la obra, Dante hace explícita su intención de "exhibir verdades no

con precisión la mayor parte de las causas de la paz y la discordia civil, "no vio ni pudo ver"[6] el comienzo ni la forma de esta causa de la discordia a la que describe en los términos de "cierta *opinio perversa* ocasionalmente tomada de un hecho admirable acaecido después de los tiempos de Aristóteles, realizado por la causa suprema más allá de la posibilidad de la naturaleza inferior y más allá de las acciones que suelen ejercer las causas en las cosas"[7]. La perversa opinión a la que Marsilio alude es la llamada doctrina de la *plenitudo potestatis* papal, y el hecho admirable al que se refiere es el advenimiento de Cristo. En defensa de la autonomía del poder político respecto del poder espiritual, Marsilio se propone exponer la verdadera naturaleza de tal doctrina, así como la naturaleza y el origen del orden político.

Con el fin de exponer la causa de la discordia, presenta la metodología a utilizar y su correspondencia con las distintas partes de la obra:

En la primera demostraré el intento por las vías encontradas por el ingenio humano, con proposiciones firmes, de por sí evidentes a toda mente no corrompida por la costumbre o por la pasión descarriada. En la segunda, lo que creí haber demostrado, lo confirmaré con testimonios de la verdad de validez eterna, con las autoridades de los santos intérpretes de ellas, y también de otros probados doctores dentro de la fe cristiana[8].

---

conocidas", en lugar de exponer lo que ya Aristóteles y Cicerón hicieran con maestría: "*Hec igitur sepe mecum recogitans, ne de infossi talenti culpa quandoque redarguar, publice utilitati non modo turgescere, quinymo fructificare desidero, et intemptatas ad iliis ostendere veritates. Nam quem fructum ille qui theorema quoddam Euclidis iterum demonstraret? qui ab Aristotile felicitatem ostensam reostendere conaretur? qui senectutem a Cicerone defensam resummeret defensandam?*" *Mon.*, I, 1, 9-15. Este aspecto es propio de los denominados escritos de ocasión, en los que se percibe una mayor conciencia de los condicionamientos históricos que motivan los tratados.

6   "*Hanc siquidem eiusque ortum et speciem Nec Aristóteles aut philosophorum alter sui temporis vel prioris conspicere potuit*". *PD*, I, 1, 3.

7   "*(…) opinio perversa quedam in posteris explicanda nobis, occasionaliter autem sumpta, ex effectu mirabili post Aristotelis tempora dudum a suprema causa producto, preter inferioris nature possibilitatem et causarum solitam accionem in rebus*". *DP* I, 1, 3.

8   "*In prima quarum demonstrabo intenta viis certis humano ingenio adinventis, constantibus ex proposicionibus per se notis cuilibet menti non corrupte natura, consuetudine vel affeccione perversa. In secunda vero, que demonstrasse crediderо, confirmabo testimoniis veritatis in eternum fundatis, auctoritatibus quoque sanctórum*

El *Defensor pacis* se propone dar una respuesta concluyente que exponga la falta de fundamentos para sostener la pretenciosa tesis papalista tanto en el orden filosófico por medio de argumentos racionales, como en el orden teológico a través de la interpretación del texto sagrado. La primera y segunda *dictio* comparten el mismo propósito, erradicar la falsa doctrina que afirma que el poder de la Iglesia puede intervenir en asuntos temporales; pero difieren en el carácter de su indagación. La tercera *dictio* constituye un compendio de las tesis conclusivas. Con esto Marsilio pretende autonomizar el tratado de pruebas extrínsecas ulteriores, pero a su vez logra presentarlo como una indagación exhaustiva y una respuesta concluyente contra la doctrina de la *plenitudo potestatis* papal, recuperando de este modo un espacio de interpretación que los teóricos papales reservaban para sí: la exégesis del texto bíblico. El tema que nos ocupa se desarrolla de modo completo en la primera *dictio*.

El origen y la causa de la *communitas civilis*

Siendo el motivo del tratado desenmascarar el sofisma que atenta contra la tranquilidad y la paz, condiciones de la vida suficiente, es necesario precisar en qué consiste la *tranquillitas* y su opuesto. Puesto que ambas, *tranquillitas* e *intranquillitas,* son disposiciones de la *civitas* o *regnum*, Marsilio comienza determinando cuál es el sentido y el fin del *regnum*. Para despejar toda posible confusión surgida de la ambigüedad terminológica, es necesario expresar el sentido de la palabra *regnum*. Marsilio distingue cuatro sentidos del término[9]. De la indagación concluye que con el término *regnum* hará referencia a todo tipo de régimen temperado, se ejerza sobre una o múltiples *civitates*. En estos pasajes se introduce uno de los temas más importantes del tratado: el tema

---

illius interpretum necnon et aliorum approbatorum doctorum fidei Christiane (…)". *DP*, I, 1, 8.

9   En primer lugar, se denomina *regnum* a una pluralidad de ciudades o provincias comprendidas bajo un régimen; en segundo lugar, a la especie de política o régimen templado al que Aristóteles llama "Monarquía templada"; en tercer lugar, a la combinación de las dos definiciones anteriores. Finalmente, se llama *regnum* a algo común a toda especie de régimen templado, sea en una o en muchas ciudades. Marsilio opta por la última significación, privilegiando un criterio cualitativo como determinante del significado del *regnum*, por sobre un criterio cuantitativo. *DP*, I, 2, 2.

de la ley. El *regnum* es el tránsito del orden político hacia la ley. Mientras que el orden político es el resultado de la experiencia humana que busca alcanzar la autosuficiencia, el *regnum* es lo que hace que este ordenamiento político sea de acuerdo a leyes. A partir de estas precisiones, se establece una distinción entre los términos *regnum* y *civitas*. En esta definición Marsilio identifica el *regnum* con un *regimen* de gobierno que se establece de acuerdo a leyes, y define a la *civitas* en los términos con los que la habría caracterizado Tomas de Aquino: "agrupación perfecta y con una extensión suficiente"[10]. *Civitas* alude así a la comunidad política concebida como una totalidad, cuya perfección está vinculada con la distinción de sus partes; con la noción de *regnum*, refiere a la forma de organización de dicha comunidad, vinculada a una forma de gobierno: el gobierno templado, es decir, el gobierno de acuerdo a leyes.

Siendo el *regnum* la forma de la *civitas*, Marsilio comienza analizando la *civitas* y sus partes componentes. Pero aun antes de tratar estos temas conviene –afirma Marsilio, siguiendo uno de los *loci communes* de los tratados políticos medievales– analizar el origen de la misma.

> Pero antes de que tratemos de la ciudad, de sus especies o modos que hacen lo que es una comunidad perfecta, debemos primero declarar el origen de las comunidades civiles y de sus regímenes y modos de vivir. Desde los cuales, como desde lo imperfecto, progresaron los hombres a las comunidades perfectas, regímenes y modos de vivir en ellas. Porque el paso y el orden de la naturaleza y del arte imitador de ella es siempre de lo menos perfecto a lo más perfecto. (…) las comunidades civiles, según las diversas regiones y tiempos, comenzaron de lo pequeño y poco a poco, tomando incremento, finalmente llegaron a la consumación[11].

---

10 "*Hec autem congregacio sic perfecta et terminum habens per se sufficiencie vocata est civitas*", *DP*, I, IV, 5. Estos pasajes de Marsilio presentan a la civitas en términos muy cercanos a los de Tomás de Aquino en el *De regno* I, 1: 154-170.

11 "*Ante tamen quam de civitate illiusque speciebus aut modis agamus, que perfecta comunitas est, debemus inducere primo civilium communitatum originem suorumque regiminum et modorum vivendi. Ex quibus, tamquam imperfectis, processerunt homines ad perfectas communitates, regimina et modos vivendi in eis. Nam ex minus perfectis ad perfecciora Samper est nature atque artis, sue imitatricis, incessus. (...) communitates civiles secundum diversas regiones et tempora inceperunt ex parvo, e*

Con el fin de explicar el origen de la comunidad civil, Marsilio ofrece una descripción del surgimiento de la *civitas* a partir de las comunidades prepolíticas. En este pasaje, la *civitas* se presenta como resultado de un proceso que va de lo imperfecto a lo perfecto. Tal proceso se inicia en lo incompleto y pequeño y crece, desenvolviéndose hacia su consumación. La descripción del origen de la *civitas* es formulada por Marsilio en términos de un proceso histórico-genético que va de lo imperfecto a lo perfecto. A continuación, vincula este proceso de despliegue de las distintas comunidades con el operar del arte y la naturaleza: ambos proceden de lo menos perfecto a lo más perfecto. Esta formulación es bien conocida y de clara filiación aristotélica.

> Porque la primera y más reducida de las uniones humanas, de las que las otras a su vez provinieron, fue la del varón y la hembra. (…) Porque de ésta se propagaron los hombres que primero llenaron una casa; a partir de ella se hicieron luego más amplias reuniones, y tan ancha propagación de los hombres, que no les bastase una casa única, sino que hizo falta hacer muchas casas, cuya pluralidad se denominó aldea o poblado; y ésta fue la primera comunidad. (…) Crecidas éstas con el tiempo, creció la experiencia de los hombres, se inventaron las artes y las reglamentaciones y fueron más perfectos los modos de vivir y más distinguidas entre sí las partes componentes de las comunidades. Finalmente, lo necesario para vivir y vivir bien descubierto por la razón y la experiencia de los hombres llegó a su plenitud y se constituyó la comunidad perfecta llamada ciudad, con distinción de sus partes[12].

---

paulatim suscipientes incrementum demum perducte sunt ad complementum", DP, I, III: 2-3.

12 *"Prima namque humanarum et minima combinacio, ex qua eciam alie provenerunt, fuit masculi et femine (...) Ex hac nempe propagati sunt homines, qui primo repleverunt domum unam; ex quibus ampliores facte huiusmodi combinaciones, tanta hominum propagacio facta est, ut eis non suffecerit domus unica, sed plures oportuerit facere domos, quarum pluralitas vocata est vicus seu vicinia; et hec fuit prima comunitas (...)"*, DP, I, 3, 3. *"Augmentatis autem hiis successive, aucta est hominum experiencia, invente sunt artes et regule ac modi vivendi perfecciores, distincte quoque amplius communitatum partes. Demum vero que necessaria sunt ad vivere et bene vivere, per hominum racionem et experienciam perducta sunt ad complementum, et instituta est perfecta communitas vocata civitas cum suarum parcium distinccione (...)"*. DP. I, 3, 5.

Lo que impulsa el paso de una comunidad a otra es la propagación del género humano. Ahora bien, si la propagación o la multiplicación del género humano es aquello que impulsa a la conformación de sucesivas comunidades cada vez más abarcadoras, es a partir de la experiencia de los hombres que se descubre o inventa aquello que hace posible las formas de vida humana más perfectas. La institución de la comunidad política es el resultado de un proceso de sucesivos descubrimientos de las mejores formas de comunidad, y éstas son producto de la razón y la experiencia de los hombres. El origen de la *communitas civilis* es presentado por Marsilio en términos de una instancia de un proceso genético que se desarrolla o desenvuelve en el tiempo. Así, la propagación del género humano es lo que impulsa a la conformación de comunidades cada vez más abarcadoras, pero el descubrimiento de dichas comunidades, y de las artes y reglamentaciones que las hacen posible, es resultado de un proceso racional definido como un aprendizaje producto de la experiencia. La propagación de la especie y la búsqueda de la suficiencia de vida son notas que describen la complexión biológica de todo ser vivo. En el caso del hombre dicha propagación a su vez incentiva la creación de distintas formas de comunidades.

En el pasaje analizado, Marsilio vincula el origen de la *civitas* con la *propagatio* de la *humanitas* y el descubrimiento de modos de alcanzar la *sufficientia vitae*. Hay que señalar que Marsilio distingue en términos aristotélicos el origen de la causa de la comunidad política. Origen y causa no se identifican, mientras que el primero se vincula con la satisfacción de las necesidades de la vida, la segunda se define en función del fin de la vida buena. Analiza ambos aspectos en capítulos distintos[13]; y cuando se pregunta por la causa de la *civitas* no hace referencia a la propagación de la especie, ni hace referencia a que la *civitas* es resultado de la experiencia, por el contrario ofrece aquello que efectivamente opera como causa o razón de la *civitas*:

> (…) los que viven civilmente no sólo viven, lo que hacen las bestias y los esclavos, sino viven bien, se dedican, en efecto, a las actividades liberales, como son las de las facultades del alma, tanto de la práctica

---

13   Cf. *DP*, cap. III, "*De origine communitatis civilis*" y cap. IV, "*De causa finali civitatis et quesitorum civilium et suarum parcium distinccione oin generali*".

como de la especulativa. Así definida la ciudad por el vivir y el bien vivir como fin, conviene tratar primero del mismo vivir y de sus modos. Pues es aquello, como dijimos, por razón de lo cual se ha instituido la ciudad y es una necesidad que está en la base de todo lo que es y se hace por la comunicación de los hombre en ella[14].

En este pasaje encontramos la distinción, de matriz aristotélica, entre la vida buena y la mera vida. Al igual que en otros tratados, en el *DP* la causa del despliegue argumentativo no es la noción de "vida buena", sino el mero vivir. En este tratado se plantea con singular claridad el hecho de que, más allá de fórmulas retóricas, la causa de la comunidad civil –la razón de su institución– es la búsqueda de la *sufficientia vitae*. El carácter causal que adquiere la noción de *sufficientia vitae* respecto de la institución de la *civitas* queda expuesto cuando, siguiendo lo propuesto en el primer capítulo –llevar a cabo demostraciones a partir de principios–, presenta aquello que opera como principio de todas las demostraciones:

> Y asentaremos como principio de todas las demostraciones, principio inserto en la naturaleza, creído y admitido por todos, que todos los hombres, no tarados ni impedidos por otra razón, desean naturalmente una vida suficiente y rehúyen y rechazan lo que la daña, lo cual no sólo se admite para los hombres, sino también para los animales de todo género, según Tulio 1º De los deberes, cap. 3º, donde dice así: Lo primero, proveyó la naturaleza a todo género de animales de lo necesario para que defiendan su cuerpo y su vida, y eviten aquello que les resulte nocivo, y adquieran y se proporcionen todo aquello que les es necesario para vivir. Cosa que también, por inducción razonable, palmariamente puede cualquiera aceptar[15].

---

14 "(…) *quoniam viventes civiliter non solum vivunt, quomodo faciunt bestie aut servi, sed bene vivunt, vacantes scilicet operibus liberalibus, qualia sunt virtutum tam practice, quam speculative anime. Sic itaque determinata civitate propter vivere et bene vivere, tamquam finem, oportet de ipso vivere ac modis eius tractare primum. Est enim, ut diximus, cuius gracia civitas instituta est et necessitas omnium que sunt et fiunt per hominum communicacionem in ea.*", *DP*, I, 4, 1-2.

15 "*Hoc ergo statuamus tamquam demonstrandorum omnium principium naturaliter habitum, creditum et ab omnibus sponte concessum: omnes scilicet homines non orbatos aut aliter impeditos naturaliter sufficientem vitam appetere, huic quoque nociva refugere et declinare; quod eciam nec solum de homine confessum est, verum de omni animalium genere secundum Tullium 1º De Officis, capitulo 3º, ubi sic inquit: Principio generi animancium omni a natura tributum est, ut se, corpus vitamque tueatur, declinetque ea que nocitura videantur, omnia que necessaria sunt ad viven-*

Así, pues, si bien Marsilio alude a la clásica definición aristotélica entre la vida buena y la mera vida atribuyendo a la *civitas* ambos modos, lo que ocupa un lugar central en la argumentación –al punto de presentarse como principio de todas las demostraciones de la *dictio* primera– no es la vida buena, sino la *sufficientia vitae*. La *sufficientia vitae* pone de manifiesto, en este sentido, una dimensión que podríamos llamar "biologicista" de la vida, en oposición a su dimensión ético-política. El carácter biologicista del fin se acentúa aun más por la extensión del mismo a hombres y animales. Marsilio apoya esta afirmación en un pasaje del *De officiis,* reafirmando la importancia del tratado ciceroniano en la composición de los textos de teoría política medievales, en particular, en las formulaciones de corte naturalista[16].

Al afirmar como fin la suficiencia de vida, Marsilio presenta un *continuum* entre las distintas comunidades: el fin de todas es el mismo, pero se alcanza de modo menos perfecto en algunas comunidades y de modo más perfecto en otras. En todos los seres se manifiesta este principio, pero en el caso del hombre, la suficiencia de vida no se da sino a partir de la institución de diversas comunidades, artes y oficios que satisfacen distintos tipos de necesidades. La *sufficientia vitae* es la causa de la institución de la comunidad civil, y por esto, el principio del que se deriva la necesidad de la comunidad civil. En estos pasajes parece haber un tránsito continuo, sin irrupciones, entre un orden natural descrito en términos biológicos, y otro orden, el humano, que se distingue por ser continuación y perfeccionamiento de aquél.

En la descripción histórico-genética del origen de la *civitas,* Marsilio recupera en esta formulación un elemento presente en la cita de Casiodoro, con la que daba comienzo al tratado. Esta idea es la de "progreso", "progresión" o "propagación"[17]. Casiodoro

---

dum, adquirat et paret. Quod eciam ex induccione sensata palam quilibet accipere potest", *DP,* I, 4, 2.

16   Ver Nederman (1988).

17   La relevancia de la dinámica del proceso queda reflejada en la cantidad de términos involucrados con dicha lógica. La cita de Casiodoro asevera "…a todo reino ha de ser deseable la tranquilidad, en la que los pueblos *progresan* (…)", *DP* I, 1, 1. Al reconstruir la historia del reino itálico, Marsilio afirma que mientras sus habitantes convivieron pacíficamente, "gozaron de los frutos de la paz antes nombrados, por ellos y con ellos progresando tan adelante…", *DP,* I, 1, 2. Afirma también que desde lo imperfecto "progresaron los hombres a las comunidades perfectas", *DP,* I, 3, 2.

afirma que es en el contexto de la *tranquillitas* que los pueblos "progresan" y la especie humana se renueva. La terminología utilizada implica la idea de avance y expansión, de despliegue y crecimiento en el tiempo. En este doble aspecto del origen de la *communitas civilis* se anticipa así una característica de la formulación marsiliana: la idea de una continuación o un acabamiento por parte del arte humano de cierto movimiento propio del mundo natural. Se trata de una consideración de tipo cuantitativo: la especie se acrecienta por un impulso a la propagación y las comunidades crecen y se desarrollan gracias a la acumulación de saberes resultado de la experiencia.

La explicación marsiliana de la conformación de la *civitas* desde el doble aspecto de su origen y su causa se apoya en una lógica de acrecentamiento en el tiempo motivado por la búsqueda de la vida suficiente. El crecimiento cuantitativo del género humano empuja el despliegue hacia la institución de diversas comunidades que permiten satisfacer las necesidades de vida de una especie que se propaga y multiplica. En el planteo marsiliano, el impulso a la *sufficientia vitae* opera como principio y causa de la invención de artes y oficios, las que aseguran dicha suficiencia de vida como partes de la comunidad política. Como la perfección de dicha comunidad se establece en virtud de la capacidad de satisfacer de modo más acabado dichas necesidades, la comunidad más perfecta es la que más se especializa, la que desarrolla más oficios, y, por lo tanto, en la que mejor se distinguen sus partes. Aquí podemos establecer una relación con el *De regimine principum* de Tomás de Aquino: mientras que en el texto de Tomás la búsqueda de la *sufficientia vitae* conduce al establecimiento de formas de comunidad más abarcadoras, en Marsilio conduce a la expansión *en el interior* de la comunidad política. En el tratado tomasiano se formula la posibilidad de una apertura *hacia afuera* a través de la existencia de comunidades ulteriores al *regnum*; en el planteo marsiliano tal apertura deviene en una apertura *hacia adentro*, bajo la forma de

---

Desde la comunidad primera, la casa "se propagaron los hombres", *DP*, I, 3, 3. La *civitas* se conforma "multiplicándose las aldeas y crecida la comunidad, lo que tuvo que suceder aumentando la propagación humana", *DP*, I, 3, 4. El crecimiento de las comunidades y el desarrollo de las artes a partir de la experiencia humana se expresa en términos de "progresión", "proceso", "propagación", etc. (*procedo; processio, processus, propago, propagatio, proficio, provenio*).

una diferenciación interna, a través de la ilimitada posibilidad de ulteriores especializaciones.

La idea de proceso implicada por las nociones a las que Marsilio hace referencia involucra, por otra parte, un desarrollo que se da *en el tiempo*. La inclusión de tal desarrollo temporal, transfiere a la explicación cierto carácter histórico. La descripción de las instancias o momentos del establecimiento de la *civitas* se colocan en una *línea temporal*. También para que sea posible el conocimiento por vía de la experiencia es necesario la reiteración en el tiempo de las mismas. El planteo marsiliano supone así la idea de un crecimiento cuantitativo, de instancias que se suceden unas a otras en el tiempo, como resultado, por un lado, de la multiplicación del género humano, pero, por otro, como resultado de la experiencia de los hombres adquirida a lo largo del tiempo. Una tal experiencia se cristaliza en la invención de artes y oficios que hacen posible una mejor forma de vida. Como resultado del conocimiento que se adquiere por experiencia se descubren cada vez mejores y más específicos modos de satisfacer necesidades, y, como consecuencia, se extienden las partes de la ciudad con las que dichos oficios se corresponden.

La función de la experiencia en la conformación de la *comunitas civilis*

Habiendo establecido el paralelo entre los órdenes y oficios necesarios y las partes componentes de la ciudad[18], Marsilio desarrolla la distinción de las partes urbanas en función de su fin. En el origen del orden político, sostiene Marsilio, el hombre es un ser carente y es en razón de esta carencia que debe producir un tránsito hacia una instancia no-natural que permita neutralizar tales carencias.

> Por nacer el hombre compuesto de elementos contrarios, por cuyas contrarias acciones y pasiones se corrompe continuamente algo de su substancia, y además, por nacer desnudo e inerme, pasible y corruptible por el exceso del aire y de los otros elementos, como se dijo en la ciencia de las cosas naturales, necesitó de artes de diversos géneros y especies para defenderse de los daños dichos. Las cuales artes, no

---

18   *DP*, I, IV, 5.

pudiendo ser ejercitadas sino por mucha gente, ni mantenerse sino por su recíproca comunicación, convino que los hombres se agruparan para tener la ventaja de esas cosas y apartar los inconvenientes[19].

El hombre es descrito, pues, en primer lugar, como un ser que nace compuesto de elementos contrarios, susceptible a la corrupción por sus acciones y pasiones contrarias. En segundo lugar, como ser que nace desnudo e inerme, lo que lo vuelve pasible y corruptible "por el exceso del aire y de los otros elementos, como se dijo en la ciencia de las cosas naturales". Tal constitución natural es así la causa de la institución de las diversas artes que vienen a reparar la insuficiencia humana. Como consecuencia directa de la fisiología humana se establecen, pues, los diversos oficios para que la naturaleza humana se complete o perfeccione a través del arte. El hombre debe completar por medio de su razón aquello que no recibe de modo perfecto –esto es, acabado– por naturaleza. Sus acciones, pasiones y sentimientos encuentran en los productos de la razón un modo de regularse.

Para el análisis de las pasiones y acciones del hombre, Marsilio parte de lo primero y más general de la naturaleza humana, al estilo de tratados como el *De anima* de Aristóteles –citado por lo demás en este contexto–, para avanzar hacia lo más específico. En primer lugar, identifica de modo esquemático las "porciones del alma" que reciben su acabamiento por parte de las artes y los oficios. Distingue así entre las acciones y pasiones propias de la "porción nutritiva", que se caracterizan por proceder de las causas naturales sin conocimiento, de aquellas virtudes o fuerzas apetitivas y cognoscitivas:

> Para moderar estas acciones y pasiones todas y darles cumplimiento en aquello que pueden por su naturaleza, se inventaron diversos géneros de artes y fuerzas, como ya dijimos antes, y se instruyeron

---

19 "(…) *quod quia homo nascitur compositus ex contrariis elementis, propter quorum contrarias acciones et passiones quasi continue corrumpitur aliquid ex sua substancia; rursumque quoniam nudus nascitur et inermis, ab excessu continentis aeris et aliorum elementorum passibilis et corruptibilis, quemadmodum dictum est in scientia naturarum, indiguit artibus diversorum generum et specierum ad declinandum nocumenta predicta. Que quoniam exerceri non possunt, nisi a multa hominum pluralitate, nec haberi, nisi per ipsorum invicem communicacionem, oportuit homines simul congregari ad commodum ex hiis assequendum et incommodum fugiendum*", *DP* I, 4, 3.

diversos hombres en diversos oficios para ejercitar aquellas artes con vistas a remediar la humana indigencia; esos órdenes no son sino las partes de la ciudad antes mencionadas[20].

Para regular los distintos aspectos de la constitución natural del alma humana, el hombre habría creado un tipo de arte específico. Para la parte nutritiva del alma se instituyó la agricultura y la cría de ganado, "para moderar y salvar los actos propios de la parte nutritiva del alma, cesando los cuales se corrompería absolutamente el animal, como individuo y como especie"[21]. Para ordenar aquellas acciones y pasiones que se vinculan con la capacidad sensitiva del alma, y por lo tanto se relacionan con los elementos exteriores, se inventaron las artes que pertenecen al género de lo mecánico. Para regular aquellas acciones y pasiones relacionadas con las fuerzas motivas se establece una parte u oficio que corrija los excesos, restableciendo la igualdad. Es la parte judicial, gubernativa o deliberativa, la que hace posible que la comunidad permanezca unida y no se disuelva como consecuencia de los conflictos y luchas entre los ciudadanos. A estas partes de la ciudad, que se corresponden con diversos oficios, se agrega la parte militar, cuya función es la defensa de la comunidad de enemigos externos y también la de hacer cumplir, a través de un poder coactivo, lo sentenciado por los jueces. Una quinta parte es la tesorera, cuya función es la acumulación y administración de bienes para la vida en común. Marsilio describe, en último lugar, la parte de la ciudad llamada sacerdotal. En efecto, el sacerdocio es *una parte* de la *civitas*, cuya necesidad no se prueba, sin embargo, del mismo modo que las otras. Según nuestro autor, en términos estrictos, la causa del sacerdocio se funda en la tradición divina y, por lo tanto, es imposible probarla por medio de la razón humana porque no forma parte del orden natural, sino del orden sobrenatural. No obstante, el sacerdocio, e inclusive el sacerdocio pagano, tiene un

---

20 "*Propter has ergo temperandas acciones et passiones omnes atque complendas in eo, ad quod natura perducere nequit, inventa fuerunt artificiorum diversa genera et reliquarum virtutum, quemadmodum diximus priur, institutique sunt homines diversorum officiorum ad illa exercenda propter supplendam humanam indigenciam; quui ordines nichil aliud sunt, quam partes civitatis enumerate pridem*", *DP*, I, 5, 5.

21 "*Ad temperandos enim atque salvandus actus nutritive partis anime, quo cessante simpliciter corrumperetur animal secundum individuum et speciem, instituta fuit agricultura camporum et cura pecorum*", *DP* I, 5. 5.

fin vinculado al orden natural: inducir mediante el temor a Dios aquello que el legislador no puede regular con la ley humana[22]. De este modo el sacerdocio es causa de la moderación de los actos humanos, de los que depende la *tranquillitas* de la comunidad civil y, con ella, la capacidad de alcanzar la *sufficientia vitae*.

En síntesis, la disposición, por naturaleza carente, del hombre lo impulsa a instituir las diversas partes u oficios de la ciudad, que se corresponden a su vez con las diversas partes que componen la ciudad. A causa de su indigencia natural, el hombre debe desarrollar diversas artes y oficios para asegurarse la suficiencia de vida, y este desarrollo lo conduce a la institución de la comunidad perfecta, definida como aquella comunidad que alcanza la mejor diferenciación de sus partes. La división del trabajo y de los oficios se apoya, a su vez, en ciertas disposiciones naturales de los hombres, las que los hacen más aptos para determinado oficio u otro[23]. Marsilio define la *civitas* como una agrupación perfecta y de extensión suficiente, determinada por la diversidad y multiplicidad de partes y por los diferentes órdenes y oficios. Como la congregación humana conduce a contiendas y reyertas que acabarían con la destrucción de la comunidad civil, es necesario establecer una norma de justicia y un guardián o ejecutor. Esta necesidad determina la existencia de la parte gubernativa de la ciudad. En otras palabras, si la *civitas* es condición de posibilidad de la *sufficientia vitae*, la institución de la parte gubernativa es condición de posibilidad de la permanencia de la *civitas*:

> El vivir (…) depende de las causas naturales, no es, sin embargo, el propósito presente su consideración, cómo la vida procede de aquellas, que de ello se ocupa la ciencia natural de las plantas y los animales. Nuestra investigación presente es de esas mismas causas, según que reciban su perfección del arte y de la razón, de lo que vive el género humano[24].

La *communitas civilis* tiene un fundamento en el orden natural, pero su desarrollo involucra procesos que no son naturales, sino que completan o acaban impulsos naturales a través del arte.

---

22   *DP*, I, 5, 11.
23   *DP* I, 7. 1.
24   *DP*, I, v, 2.

Desde este punto de vista, naturaleza y arte no se oponen, pero tampoco se identifican, pues el arte es el acabamiento de procesos que tienen su origen en el mundo natural. Finalmente, si bien las artes son necesarias para revertir la innata indigencia humana, éstas no pueden ser ejercitadas sino por una pluralidad de hombres, lo que conduce a la congregación de los mismos.

La metáfora orgánica

Como correlato de la consideración de la política como parte o continuación de las ciencias de la naturaleza, y por tanto sometida al método científico propio de estas, el objeto mismo de la *scientia* política, la *civitas*, es considerado por Marsilio en términos de un *organismo natural*[25]. En efecto, la asociación entre el conocimiento natural y la *scientia civilis* se refuerza con la presencia de un lenguaje estrechamente vinculado a la medicina, y con su constante comparación entre la *civitas* y el organismo animal. Marsilio, siguiendo a Aristóteles, confía en la inducción como medio para acceder a un conocimiento probable del mundo empírico. La naturaleza exhibe una constancia en la repetición de sus manifestaciones, lo que permite universalizar conocimientos en virtud de la reiteración de las observaciones. Aristóteles llama "organización funcional" a aquella estructura que se observa de manera reiterada en los entes naturales. En efecto, en sus obras naturales define la estructura orgánica como una cierta disposición de las partes con miras al cumplimiento de las funciones esenciales para la vida. Con variaciones, es posible identificar esta organización funcional en todos los seres vivos[26]. Del mismo modo, Marsilio caracteriza la *civitas* como *natura animata*, cuyas partes pueden cumplir funciones equivalentes con las partes de otros seres naturales, respondiendo así a la equivalencia funcional señalada por Aristóteles.

---

25   "*La figura di Marsilio... richiama sul piano teorico l'esigenza fondamentale, che sarà propria del Rinascimento, di una scienza naturale degli aggregati umani, considerati come organismi naturali*", ver Garin (1966: 176) y Quillet (1970: 61). Sobre la metáfora orgánica ver Nederman (2004).

26   "Hay analogía, por ejemplo, entre la escama y la pluma, entre el hueso y la espina, entre el ala y el brazo, entre el pulmón y las branquias, entre la raíz de las plantas y las bocas de los animales". Aristóteles, *De partibus anim.* I, 5, 645 b 14 y ss.

Habiendo, pues, de describir la tranquilidad y su opuesto, asentemos con Aristóteles, 1º y 5º de su *Política*, capítulos 2º y 3º, que la ciudad es como una naturaleza animada o animal. Porque como el animal bien constituido según su naturaleza se compone de ciertas partes ordenadas entre sí con proporción, y con sus funciones combinadas entre sí y en orden al todo, así la ciudad se forma de determinadas partes cuando está bien constituida según razón. Cuál es, pues, la relación del animal y sus partes a la salud, tal parece ser la relación del reino o de la ciudad a la tranquilidad[27].

La salud en el animal, como afirma el buen *physicus*, es la buena disposición de las partes hacia el todo, en la cual cada parte cumple adecuadamente con su función propia. La salud es al animal lo que la *tranquillitas* es al *regnum*: la buena disposición en la cual cada una de sus partes puede realizar perfectamente las operaciones convenientes a su naturaleza según la razón que ha movido a su institución. En este contexto, Marsilio ofrece una explicación de la formación de la parte gobernante. Según nuestro autor, el problema de la conducción del cuerpo de la *civitas* puede comprenderse por la analogía con el cuerpo animal. En efecto, si fueran muchos los principios motores al interior del compuesto animal, éste sería conducido en direcciones contrarias. Del mismo modo, en la *civitas* es necesario imitar al animal bien formado en el que no existe pluralidad de principios[28]. Así como el alma regula la coexistencia de una multiplicidad de partes que cumplen distintas funciones, en el ser vivo se instituye la función del legislador humano, cuya función también es regular y buscar la cooperación y la armonía de los opuestos. Del mismo modo, es función del *anima universitatis civium* formar en ella una parte rectora análoga al corazón del animal, por cuya acción se mantiene la comunidad civil lejos

---

27 "*Debentes itaque describere tranquillitatem et suum oppositum, suscipiamus cun Aristotele primo et quinto Politice sue capitulis 2º et 3º civitatem esse velut animatam seu animalem naturam quandam. Nam sicuti animal bene dispositum secundum naturam componitur ex quibusdam proporcionatis partibus invicem ordinatis suaque opera sibi nutuo communicantibus et ad totum, sic civitas ex quibusdam talibus constituitur, cum bene disposita et instituta fuerit secundum racionem. Qualis est igitur comparacio animalis et suarum parcium ad sanitatem, talis videbitur civitatis sive regni et suarum parcium ad tranquillitatem*", DP, I, 2, 3.
28 *DP*, I, 13, 8.

de la lucha que conduce a la desintegración y de la pérdida de la suficiencia y la vida[29]:

> Porque por el alma de la totalidad de los ciudadanos, o de su parte prevalente, se forma o se ha de formar en ella, primero, una parte análoga al corazón, en la cual puso aquella totalidad una virtud o forma con poder activo o autoridad de instituir las otras partes de la ciudad. Esta parte es el principado. (...) El principio creador de la ciudad, a saber, el alma de la totalidad, estableció en esta primera parte una cierta virtud universal de causalidad, la ley, y la autoridad o poder de realizar juicios civiles[30].

De este modo, Marsilio establece una relación entre la comunidad política y su correcta disposición, y el organismo viviente y su salud, en la que la enfermedad en el viviente será asimilada a la depravación del régimen civil[31]. Marsilio extiende su metáfora orgánica al afirmar que la causa de los males de la *civitas* es, como la "peste", "en extremo contagiosa"[32]. Ficino juega con la doble significación del término *salus* al afirmar que la verdad que desenmascare al sofisma conducirá a la "salvación de la vida civil, y es no menos provechosa para la eterna"[33]. Es también en estos términos en los que se refiere a la situación humana posterior al pecado. Así, sostiene que existe un estado de enfermedad propio del hombre caído, y los ritos y prácticas espirituales apuntan a sanar su naturaleza: la culpa del pecado es una enfermedad (*aegritudo*); para sanarla, Dios puso remedios (*remedia)* procediendo como diestro médico (*peritus medicus*) de lo más fácil a lo más difícil. Estos remedios son propios del orden espiritual y explican el origen en el tiempo del sacerdocio.

---

29   *DP*, I, 15, 5-6.

30   "*Nam ab anima universitatis civium aut eius valencioris partis formatur aut formari debet in ea pars una primum proporcionata cordi, in qua siquidem virtutem quandam seu formam statuit cum activa potencia seu auctoritate instituendi partes reliquas civitatis. Hec autem pars est principatus (...)*". *DP*, I, 15, 6. "*Statuit eciam principium factivum civitatis, anima videlicet universitatis, in hac prima parte virtutem quandam causalitate universalem, legem scilicet, auctoritatem quoque seu potestatem agendi secundum illam iudicia civilia*", *DP*, I, 15, 7.

31   Marsilio dice que hablará de la tranquilidad y de su opuesto *figuraliter,* estableciendo una *analogia*. La comparación entre la comunidad política y el organismo animal parece cumplir una función pedagógica. *DP* I, 2, 3.

32   "*que velut animalis egritudo, sic prava civilis regiminis disposicio fore dignoscitur*", *DP*, I, I, 3; "*vehementer contagiosa*", "pestis", I, I, 4 y I, I, 5.

33   *DP* I, 1, 5.

Algunas conclusiones

En varios sentidos es posible afirmar que el *Defensor pacis* es uno de los muchos tratados políticos influenciados por Aristóteles. Sin embargo, es necesario establecer dos precisiones. En primer lugar, el uso de la *Política* no implica una recepción acrítica. Marsilio retoma explícitamente la analogía aristotélica entre la *pólis* y el organismo, pero reformula completamente el sentido de la misma: mientras que en el caso de Aristóteles la analogía sirve para potenciar el aspecto metafísico de la relación de las partes con el todo, en Marsilio sirve para potenciar la idea de la salud, es decir, el aspecto "fisiológico" de la analogía. En segundo lugar, y en relación con esto último, no es ni exclusiva ni principalmente la *Política* del estagirita la obra bajo la que se modela el *DP*. Lo importante son las obras físicas, esto es, los escritos consagrados al estudio de la naturaleza los que ejercen notable influencia en esta obra del florentino.

Para Marsilio la *scientia civilis* tiene un fundamento en la *scientia naturalis*. Sin embargo, no por esto pretende deducir la legalidad humana de la natural[34]. Es ley, para Marsilio, aquello que es pronunciado por el legislador y tiene poder coercitivo. Niega de este modo que la ley evangélica sea propiamente *ley* para considerarla "enseñanza" o "doctrina". La ley divina y la ley natural no son propiamente leyes, porque no poseen un carácter coercitivo. Niega explícitamente que la ley eclesiástica pueda ser norma de justicia, reduciendo su injerencia a la de consejo o advertencia.

Ahora bien, es necesario señalar que, si bien el contenido de la ley humana no se desprende ni deduce de otros principios de la naturaleza, ésta, entendida como el orden regular de los fenómenos físicos, sí funciona como garante de la corrección, no del contenido, pero sí del mecanismo de formulación de la ley[35]. La ley, en su aspecto formal, descansa así en principios de la dimensión física (tales como "la naturaleza no se equivoca", "nadie elige lo que es malo para sí"). Más allá de la efectividad de la deducción, es evidente que, en la concepción marsiliana, es una consideración

---

34   Se podría decir que en Marsilio el orden político no queda absorbido en el orden teológico ni en el orden natural, a pesar de que vincula la *civitas* con un doble origen: respecto de la historia de la salvación, es como consecuencia del pecado, y respecto de la historia natural es como producto del impulso a la *conservatio sui*. Ver Ferreiro (2011).

35   Sobre el concepto de ley en Marsilio, ver Castello Dubra (1997).

fisicista de la naturaleza aquello que opera como garante de lo que es extensión artificial de sus principios.

Es posible hablar de un *giro marsiliano*, que se expresa en la postulación de una naturaleza que la razón humana reconoce como tal cuando percibe en ella el orden de la regularidad. La ley tiene su fundamento en la naturaleza, pero no es una ley natural, solamente es ley cuando es formulada por los hombres. Así, es el hombre mismo quien percibe la racionalidad de una causalidad que fundamenta el conocimiento político de la *scientia civilis*.[36]

Bibliografía

Aristóteles (1944) *De partibus animalum*, I. Düring (ed.), Gotemburgo.

Castello Dubra, J. (1997) "Finalismo y formalismo en el concepto marsiliano de ley: la ley y el legislador humanos en el *Defensor pacis*", *Patristica et Mediaevalia* 18, pp. 81-96.

Copleston, F. (1971) *Historia de la filosofía*, Barcelona.

Ferreiro, J. (2011) "Acerca de la existencia de vínculos de dominio *in statu innocentiae*", *Scripta Mediaevalia* 4, No 2, 31-44.

Garin, E. (1966) *Storia della filosofia italiana*, Turín.

Marsilius von Padua (1932) *Defensor pacis*, R. Scholz, (ed), Hannover.

Marsilio de Padua (1989) *El defensor de la paz*, L. Martínez Gómez (trad.), Madrid.

Nederman, C. (1988) "Nature, Sin and the Origins of Society: The Ciceronian Tradition in Medieval Political Thought", *Journal of the History of Ideas* 49, 1, 3-27.

Nederman, C. (2004) "Body politics: The Diversification of Organic Metaphors in Later Middle Ages", *Pensiero Politico Medievale* 2, 59-87.

Sancti Thomae de Aquino (1979) "De Regno ad Regem Cypri", ed. H. Dondaine, en *Opera omnia iussu Leonis XIII*, Roma.

Quillet, J. (1970) *La philosophie politique de Marsile de Padoue*, París.

Ullmann, W. (1999) *Historia del pensamiento político en la Edad Media*, Barcelona.

---

36   Ullmann llama la atención sobre este proceso o giro, que podríamos llamar de "humanización" o "positivación" de la naturaleza, en el que se pone de relieve una relación autónoma y positiva del hombre con ésta, anticipa en este sentido el movimiento humanista de los próximos siglos. Ver Ullmann (1999, 266).